INTERMÉDIALITÉS | INTERMEDIALITIES

HISTOIRE ET THÉORIE DES ARTS, DES LETTRES ET DES TECHNIQUES | HISTORY AND THEORY OF THE ARTS, LITERATURE AND TECHNIQUES

NUMÉRO 12 | NUMBER 12

mettre en scène

sous la direction de
GEORGE BROWN,
GERD HAUCK
et JEAN-MARC LARRUE

centre de recherche
sur l'intermédialité

Intermédialités est publiée avec le soutien du Centre de recherche sur l'intermédialité de l'Université de Montréal (CRI), du Conseil de recherches en sciences humaines du Canada (CRSH) et du Fonds québécois de la recherche sur la société et la culture (FQRSC).

Intermédialités publie deux « numéros papier » et un « numéro électronique » par année (disponible sur le site de la revue : www.intermedialites.ca).

Intermédialités est membre de la Société de développement des périodiques culturels québécois (SODEP).

Prière d'adresser toute correspondance concernant la revue (manuscrits, abonnements, publicité, etc.) à :

Revue Intermédialités
CRI, Université de Montréal
C. P. 6128, succursale Centre-ville
Montréal (Québec)
H3C 3J7 Canada
Tél. : 514 343-2438
Téléc. : 514 343-2393

Courrier électronique : intermedialites@umontreal.ca
Site Internet : www.intermedialites.ca
© Centre de recherche sur l'intermédialité, 2009

Image en couverture :
© Michel Goulet, *Elsewhere* (détail), 2002, Biennale de Vancouver. Avec l'aimable autorisation de l'artiste.

intermédialités

Fondateur
ÉRIC MÉCHOULAN, Université de Montréal

Directrice
JOHANNE LAMOUREUX, Université de Montréal

Comité de rédaction
MICHAEL COWAN, McGill University
LUCIE DESJARDINS, Université du Québec à Montréal
PHILIPPE DESPOIX, Université de Montréal – Centre canadien d'études allemandes et européennes
GILLES DUPUIS, Université de Montréal
MARIE FRASER, Université du Québec à Montréal
MARION FROGER, Université de Montréal
WILL STRAW, McGill University

Secrétaire de rédaction et administratrice
JENNY BRASEBIN

Secrétaire de rédaction des numéros électroniques
PATRICK POULIN

Mise en page et production
GENEVIÈVE NADEAU et SANDRA SOUCY (Presses de l'Université de Montréal)

Correction des épreuves
JEANNE LACROIX
ANN RAJAN

Conception et réalisation du site Web
ADAM ROSADIUK
SYLVANO SANTINI
DENIS SIMARD

Comité de lecture*
JACQUES AUMONT (Université Sorbonne Nouvelle-Paris 3)
JANE BALDWIN (Boston Conservatory)
SUSAN BENNETT (University of Calgary)
JOHANNES BIRRINGER (Brunel University School of Arts)
THOMAS ELSAESSER (Universiteit van Amsterdam)
ROBERT FAGUY (Université Laval)
PATRICK FEASTER (Indiana University)
ALAN FILEWOOD (University of Guelph)
JENNIFER FISHER (York University)
LUCILE GARBAGNATI (Université de Franche-Comté)
GERARDO GUCCINI (Università di Bologna)
DOUGLAS KELLNER (University of California, Los Angeles)
MARIE-CHRISTINE LESAGE (CEAD-Université du Québec à Montréal)
CLAIRE PICHÉ (Université du Québec à Montréal)
IRÈNE ROY (Université Laval)
MARIELLE SILHOUETTE (Université Paris Sorbonne-Paris IV)
CANDIDA TOALDO (Universita Cattolica del Sacro Cuore, Brescia)

* La composition du comité de lecture est déterminée en fonction des textes qui apparaissent dans chaque livraison de la revue.

Imprimeur
Marquis

Dépôt légal :
Bibliothèque et Archives nationales du Québec
Bibliothèque et Archives nationales du Canada

ISSN 1705-8546
ISBN-10 2-923144-11-2
ISBN-13 978-2-923144-11-5
EAN 9782923144115

Abonnement
Fides – Service des abonnements
306, rue Saint-Zotique Est
Montréal (Québec)
H2S 1L6 Canada
Tél. : 514 745-4290
Téléc. : 514 745-4299
Courrier électronique : andres@fides.qc.ca

Abonnement en ligne
www.sodep.qc.ca

Vente en librairie
Diffusion Fides
www.fides.qc.ca

Sommaire/Contents

Mettre en scène
Directing

« Mettre en scène »

Une approche intermédiale
de la réalité théâtrale actuelle

George Brown
Gerd Hauck
Jean-Marc Larrue

C e numéro d'*Intermédialités* marque un nouveau pas dans la pénétration de l'approche intermédiale dans le champ des études théâtrales. Bien qu'on relève l'influence grandissante de la pensée intermédiale chez des chercheurs et théoriciens du théâtre au cours des quinze dernières années, on note une réticence du monde du théâtre à adopter cette autre et nouvelle façon de percevoir et de concevoir sa pratique. Ce n'est qu'en 2006 que l'intermédialité fait une première incursion majeure et s'affiche dans ce terrain *a priori* peu hospitalier grâce à l'ouvrage *Intermediality in Theatre and Performance*[1], publié sous la direction de Freda Chapple et Chiel Kattenbelt. La série d'essais que contient ce numéro prend comme point focal la mise en scène. Pourquoi ce choix ? D'une part, parce que l'apparition de la mise en scène est contemporaine de la révolution électrique et, d'autre part, parce qu'elle subit au premier chef les pressions intermédiatiques et celles des nouvelles technologies. C'est également la mise en scène qui compose avec l'acteur, module sa présence — corporelle, visuelle, sonore — et celle du public.

L'approche intermédiale change radicalement les perspectives et remet en cause des hypothèses qui, au fil des décennies, s'étaient transformées en vérités immuables fondant l'essence même de la pratique. On ne s'étonne donc pas des résistances qu'elle suscite et suscitera encore. Mais en même temps, rares sont ceux au sein des études théâtrales qui ne reconnaissent pas la nécessité et l'urgence de revoir l'histoire du théâtre, de sa dynamique et, surtout, de ses

---

1. Freda Chapple et Chiel Kattenbelt (dir.), *Intermediality in Theatre and Performance*, Amsterdam et New York, Rodopi, 2006.

rapports complexes et nombreux avec les autres médias, ce qui inclut, dans une perspective intermédiale, les autres pratiques artistiques.

Ce numéro s'ouvre donc sur un article de Jean-Marc Larrue qui explore les différentes causes pouvant expliquer cette rencontre tardive — si on la compare avec ce qui s'est produit dans d'autres pratiques — du théâtre et de l'intermédialité. On ne sera pas surpris de l'importance du concept de « présence », qui se développe sur près d'un siècle, dans ce phénomène de « résistance ». On ne s'étonnera pas non plus que sur six des articles suivants, trois portent spécifiquement sur le son. Parent pauvre des études théâtrales traditionnelles, oublié par les historiens, le son est pourtant l'une des composantes essentielles de la pratique. Si le théâtre est un art de la vue — où l'on voit, où l'on est vu —, il est aussi un art du son, celui de la scène, bien sûr, mais aussi celui du public et celui du lieu où se produit la représentation. Il est normal que, dans une perspective intermédiale, qui se fonde sur les dynamiques des relations, le son occupe une position centrale, à la mesure de celle qu'il occupe dans la réalité de la pratique.

Après avoir abordé la question des possibles « causes du retard », ce dossier consacré à la mise en scène s'ouvre par une importante mise en garde. Certains créateurs, Bertolt Brecht en tête, ont lié l'utilisation sur scène des nouvelles technologies ou d'autres médias à des projets de transformation radicale du théâtre ou de la société. Il découle de cette pratique, et des travaux qui lui ont été consacrés, une équation en apparence anodine qui lie, au théâtre, radicalisme et nouvelles technologies. C'est sur cet amalgame que se penche Robin Nelson, dans « After Brecht: the Impact (Effects, Affects) of Intermedial Theatre ». Cet essai s'articule autour de deux questions essentielles :

1. « [D]oes intermedial theatre dispose some impacts/effects/affects rather than others? » and, taking up the references to Brecht,

2. « Does intermedial theatre have an inherently radical disposition and, if so, what kind of radicalism[2]? »

Après le réexamen rigoureux et solidement étayé de Nelson, Tatiana Burtin propose une exploration du concept d'interartialité tel que l'a développé Walter Moser. Prenant pour base de sa réflexion les spectacles « Art » de Yasmina Reza et Seuls de Wajdi Mouawad, Burtin explore les défis que pose la théâtralisation de la peinture, soit dans le dialogue, soit dans l'action dramatique, ce qui ramène à l'acteur et à sa fonction médiatrice. « Questions de cadres : mise en scène de la peinture dans « Art » de Yasmina Reza et Seuls de Wajdi Mouawad »

2. Supra., p. 32.

élargit et renouvelle la réflexion sur l'interartialité comme modalité spécifique de l'intermédialité.

Cette première section se termine par l'examen d'une pratique singulière, le *progetto*, qu'Erica Magris assimile à un «projet multithéâtral». Développé en Italie par la «Génération 90», le *progetto* est conçu comme un parcours de quelques années autour d'un thème, d'une œuvre ou d'un auteur. Les créateurs avancent par étapes, «en réalisant non seulement des spectacles ou des performances, mais en se consacrant également à d'autres formats artistiques et en faisant usage de plusieurs médias[3]». Cet essai intitulé « Le "projet multi-théâtral" — Transformations intermédiales des scènes italiennes contemporaines» offre une excellente illustration de la dynamique intermédiale qui lie le théâtre aux autres pratiques.

La deuxième section de ce numéro regroupe, tel qu'indiqué plus tôt, trois études consacrées au son qui abordent le phénomène de l'audition et de la production sonore selon trois perspectives différentes. Partant de certaines observations faites au sujet de spectacles de Marie Brassard, dont *Jimmy, créature de rêve*, Michael Darroch examine la relation de la voix humaine avec l'espace théâtral lors de la représentation. «Digital Multivocality and Embodied Language in Theatrical Space» soulève la question de la matérialité de la voix humaine sous l'effet des technologies numériques, ce qui conduit l'auteur à s'interroger sur la nature même de la médialité du théâtre actuel. «[T]oday's voice can not only be recorded, cut up and spliced together again, but also modulated, reconfigured or simply generated via modern speech technologies[4].» Plutôt que de comprendre la voix humaine comme l'expression de l'auteur, Darroch démontre que les technologies numériques de reproduction sonore ont plutôt révélé son statut de média, avec pour résultat, comme c'est le cas chez Marie Brassard, un recentrage de l'espace théâtral sur la voix humaine, devenue le cœur d'une expérience synesthésique.

Approfondissant dans ces pages une réflexion menée depuis quelques années sur le son au théâtre, Marie-Madeleine Mervant-Roux analyse une tendance nouvelle qui se dessine sur la scène contemporaine et qui entraîne un renouvellement palpable de la réception chez le spectateur. «Quand le son écoute la scène. Une exploration inédite de la matière théâtrale» scrute les causes possibles de ce changement. Selon Mervant-Roux, «c'est *l'articulation de deux médias*, le décalage volontairement maintenu entre deux systèmes techniques et symboliques distincts, un médi[a] archaïque, le théâtre, et un médi[a] à l'état naissant,

3. *Supra.*, p. 50.
4. *Supra.*, p. 96.

11

l'écriture sonore, qui provoqu[e] chez le spectateur un jeu entre un mode non théâtral d'écoute et le traditionnel mélange de vision et d'audition, entraînant finalement un renouvellement du regard[5] ».

Il était normal que ce numéro qui s'ouvre par une discussion sur le rôle central de l'acteur dans l'épistémè et la réalité du théâtre consacre ses dernières pages à ce même acteur. « Sense & Sensation: the act of mediation and its effects » rend compte d'une expérience audacieuse et rigoureuse par laquelle les technologies numériques démultiplient et transforment les capacités d'expression sonore du corps. Julie Wilson-Bokowiec et Mark Bokowicc y montrent comment, contrairement à ce que suggère le discours essentialiste, le mariage du corps de l'acteur et des technologies enrichit l'expérience théâtrale. Ce corps « augmenté » par des capteurs hypersensibles, qui transforment le geste en son et qui modulent la voix, crée un univers sonore et visuel inexploré qui n'est pas sans évoquer la « voix suicidée » d'Artaud et le rêve de cette voix profonde que la tradition théâtrale a rendue inaudible.

« Mettre en scène » à l'ère intermédiale implique non seulement un renouvellement des pratiques mais aussi une redéfinition des relations entre les créateurs. C'est ce qu'illustre le dossier visuel que Johanne Lamoureux a constitué autour du travail scénographique que le sculpteur Michel Goulet a réalisé, depuis près de 20 ans, dans le cadre de ses collaborations avec le metteur en scène Denis Marleau et le Théâtre Ubu.

Ce numéro se termine par un texte inédit de Paul Zumthor (1915-1995) retrouvé et présenté par Philippe Despoix. Médiéviste réputé, partisan d'une approche comparatiste généralisée des phénomènes culturels et historiques, Paul Zumthor a été l'un des principaux promoteurs du concept de poésie orale[6]. Dans ce texte, l'un de ses derniers (rédigé entre 1989 et 1994), l'auteur poursuit sa réflexion sur l'oralité, qu'elle soit médiatisée ou non, en examinant particulièrement sa dimension performative : la valeur qualitative de la vocalité, l'importance du corps et du geste comme médium de la voix, le lien indissociable entre parole poétique et chant. L'intérêt de ce texte réside autant dans la richesse et l'originalité des concepts qui y sont développés que dans son approche de l'oralité que Zumthor perçoit comme une forme élémentaire de théâtralité.

5. *Supra.*, p. 117.

6. C'est le titre d'un de ses ouvrages marquants : *Introduction à la poésie orale*, Paris, Éditions du Seuil, coll. « Poétique », 1983.

Théâtre et intermédialité

Une rencontre tardive

Jean-Marc Larrue

S i les études intermédiales, qui sont nées dans le sillon de la révolution numérique, n'ont pas vingt ans, les processus qu'elles contribuent à mettre au jour remontent bien au-delà de cette dernière vague technologique majeure, comme l'a clairement illustré *Remediation: Understanding New Media*, l'ouvrage-clé que Jay Davis Bolter et Richard Grusin publiaient en 2000[1]. Selon certains chercheurs, tel Peter Boenisch, les processus intermédiaux sont présents dès l'invention de l'alphabet[2] et les théoriciens de l'interartialité (Walter Moser[3], Claus Clüver[4]) voient dans les relations complexes et constantes entre les pratiques artistiques depuis la Renaissance des modèles probants de dynamique intermédiale. Quant aux travaux menés depuis une trentaine d'années sur cette autre révolution qu'a provoquée l'avènement de

13

1. Jay David Bolter et Richard Grusin, *Remediation: Understanding New Media*, Cambridge, MIT Press, 2000.

2. Cette thèse rejoint celle de Derrick de Kerckhove pour lequel l'origine du théâtre occidental, dans la Grèce antique, est directement attribuable au développement de l'alphabet phonétique deux ou trois siècles avant les premières Dionysies (vers le 8ᵉ siècle av. J.-C.). Voir en particulier Derrick de Kerckhove, « A Theory of Greek Tragedy », *Sub-Stance*, n° 29, mai 1981, p. 23-25. Michael Darroch (*infra.*, p. 97) aborde cette question dans le texte qu'il consacre au son et à la voix.

3. Walter Moser, « L'interartialité : pour une archéologie de l'intermédialité », dans Marion Froger et Jürgen E. Müller (dir.), *Intermédialité et socialité : histoire et géographie d'un concept*, Münster, Nodus Publikationen, coll. « Film und Medien in der Diskussion », vol. 14, 2007, p. 69-92.

4. Claus Clüver, « Intermediality and Interarts Studies », dans Jens Arvidson, Mikael Askander, Jørgen Bruhn et Heidrun Führer (dir.), *Changing Borders: Contemporary Positions in Intermediality*, Lund, Intermedia Studies Press, 2007, p. 19-37.

l'électricité[5], ils montrent bien, par les similitudes frappantes qu'on observe dans le développement des technologies électriques et la formation des médias électriques, d'une part, et celui des technologies et médias numériques, d'autre part, que les mêmes phénomènes sont à l'œuvre[6] à cent ans d'écart.

On s'étonne que le théâtre, qui a connu de remarquables mutations grâce à l'électricité et qui vit actuellement un important renouveau attribuable à l'effet conjugué de l'éclatement des barrières disciplinaires traditionnelles et de l'invasion des nouvelles technologies (numériques) — les deux ne sont pas sans lien —, n'ait pas plus tôt attiré l'attention des chercheurs intermédiaux. Pratique fertile où se croisent et se mêlent, de temps immémoriaux, les arts et les technologies, où la question du dispositif est cruciale, le théâtre se trouve lié, d'une façon ou d'une autre, à tous les grands bouleversements médiatiques qui ont marqué le monde des communications et du divertissement depuis un siècle, soit qu'il y ait contribué, soit qu'il les ait subis, soit les deux à la fois. Pourtant, Bolter et Grusin évoquent à peine le théâtre dans leur essai historique ; Jürgen Müller, figure de proue de l'école allemande de l'intermédialité, n'en traite qu'accessoirement ; et Walter Moser, qui a pourtant examiné les manifestations les plus diverses de l'interartialité, n'a pas inclus le théâtre dans ses observations ! Ce silence s'explique sans doute en partie par l'origine disciplinaire (et les intérêts) des premiers chercheurs intermédiaux. Mais il y a davantage. En affirmant la primauté des systèmes de relations sur les objets dans la dynamique et la genèse des médias et, surtout, en plaçant au centre de leurs préoccupations la question de la matérialité des processus médiatiques, les théoriciens de l'intermédialité n'ont rien fait pour s'attirer la sympathie d'un milieu qui, depuis près

5. D'ailleurs, le Centre de recherche sur l'intermédialité de l'Université de Montréal est historiquement plus lié à la révolution électrique (fin 19ᵉ et début 20ᵉ) qu'à la révolution numérique survenue cent ans plus tard.

6. Dès 1988, Carolyn Marvin publiait un ouvrage marquant sur la question, soulignant, elle aussi, tous ces phénomènes de transfert et l'importance du milieu dans la genèse des médias électriques. Voir Carolyn Marvin, *When Old Technologies Were New: Thinking About Electric Communication in the Late Nineteenth Century*, New York, Oxford University Press, 1988. Les ouvrages subséquents de Lisa Gitelman (*Always Already New: Media, History and the Data of Culture*, Cambridge, MIT Press, 2006), celui de Siegfried Zielinski (*Deep Time of the Media: Toward an Archeology of Hearing and Seeing by Technical Means*, trad. Gloria Constance, Cambridge et Londres, MIT Press, coll. « Electronic Culture: History, Theory, Practice », 2006) et le développement des *Sound Studies* (Jonathan Sterne, *The Audible Past: Cultural Origins of Sound Reproduction*, Durham, Duke University Press, 2003) participent du même mouvement d'ensemble et témoignent autant de sa vitalité que de son éclectisme.

d'un siècle, élabore un discours identitaire fondé sur l'acteur (sa voix, son corps) et son rapport immédiat au spectateur.

LE RÉFLEXE IDENTITAIRE

Jonathan Sterne[7] rappelle que les slogans-concepts de « fidélité » puis « haute fidélité » — à quoi ? — qu'a forgés l'industrie des technologies de reproduction sonore[8] de la fin du 19ᵉ siècle au milieu du 20ᵉ siècle n'avaient d'autre but que de contrecarrer les accusations de « trahison » portées contre ses « dispositifs » qui interféraient entre le corps de l'artiste et l'oreille de l'auditeur-spectateur. Ces dispositifs brisaient un lien que ses défenseurs prétendaient « direct », « pur », « naturel », « unique » avec, évidemment, tout ce que cela pouvait induire de nostalgie et d'appréhension. Les technologies de reproduction sonore portaient atteinte à l'*aura*[9] de la scène qui avait été, jusque-là, le lieu unique de consécration des « belles voix ». En plus des questions de reproductivité et d'authenticité qu'elle soulevait, l'intrusion du son médiatisé sur la scène du théâtre était ainsi perçue — et présentée — sous l'angle d'une double agression par ses détracteurs qui étaient aussi les défenseurs de la scène dite « séculaire » : celle de la « nouvelle culture décadente » des amusements mécaniques contre l'« autre » culture ; celle de la technologie contre l'artiste et contre l'art, du factice contre le vrai. Non seulement ce son instaurait-il une première rupture historique de la voix et du corps[10], mais il lançait la pratique « contre-nature » de l'écoute acousmatique[11].

15

7. Jonathan Sterne, *The Audible Past: Cultural Origins of Sound Reproduction*, p. 215 *sq.*

8. Destinées soit à la transmission à distance soit à l'enregistrement, elles étaient électriques ou acoustiques.

9. Le terme rendu célèbre par l'essai retentissant de Walter Benjamin n'est évidemment pas utilisé à l'époque, mais les enjeux qu'il soulève sont les mêmes.

10. Mladen Dolar, *A Voice and Nothing More*, Cambridge, MIT Press, coll. « Short Circuits », 2006, p. 9-12.

11. Rappelant les fameuses leçons que Pythagore donnait à ses disciples, séparé d'eux par un rideau, de sorte qu'ils l'entendaient sans le voir, Pierre Schaeffer développe le concept d'acousmatique en démontrant tout l'apport de la vue à l'audition. Voir Pierre Schaeffer, *Traité des objets musicaux : essai interdisciplines*, Paris, Éditions du Seuil, coll. « Pierres vives », 1977, p. 91 *sq.*

Ce débat, qui n'est pas clos ainsi que nous allons le voir, visait la préservation d'une relation « en direct » — *live*[12] — qu'on n'allait pas tarder à ériger en valeur distinctive[13], essentielle et transcendante du théâtre autour du concept de présence[14]. C'était évidemment nouveau.

Dans son imposant *Dictionnaire historique et pittoresque du théâtre et des arts qui s'y rattachent* publié en 1885, qui est l'un des premiers ouvrages encyclopédiques du théâtre, Arthur Pougin examine méthodiquement le champ sémantique du mot « théâtre » dont il relève plus d'une demi-douzaine d'acceptions. Aucune d'elles ne traite de la présence, qu'il s'agisse de celle de l'acteur ou de celle du spectateur. Pougin consacre également un long paragraphe à l'« art théâtral » :

16

Voici un mot dont la portée est vaste, un mot qui représente et sous-entend un ensemble de qualités très diverses, dont l'heureuse réunion peut seule permettre d'atteindre la perfection toute relative permise à la nature humaine. L'art théâtral est un art particulièrement complexe, très varié dans ses manifestations comme dans ses moyens, parlant tout ensemble à l'esprit, à l'imagination, à l'oreille et aux yeux, et

12. Ce terme usuel dans le monde du spectacle de scène, de la radio et de la télévision combine les propriétés de présence, de direct et de ce que, à l'époque du numérique, on qualifie de « temps réel ». Il s'oppose, en principe, au différé, au retransmis, à l'enregistré. Mais les technologies numériques ont pour effet de brouiller ces catégories dont la pertinence s'amenuise.

13. En référence au critère de distinction de Pierre Bourdieu : « La dialectique de la prétention et de la distinction qui est au principe des transformations du champ de production se retrouve dans l'espace des consommations : elle caractérise ce que j'appelle la lutte de concurrence ». Pierre Bourdieu, *Questions de sociologie*, Paris, Les Éditions de Minuit, coll. « Documents », 1984, p. 201.

14. Ce concept n'est pas facile à cerner, d'abord parce qu'il est complexe, ensuite parce qu'il n'a pas cessé d'évoluer. Je m'en tiendrai, pour les besoins de cet article, à la définition qu'en propose Philip Auslander : « In theatrical parlance, *presence* usually refers either to the relationship between actor and audience—the actor as manifestation before an audience—or, more specifically, to the actor's psychophysical attractiveness to the audience, a concept related to that of *charisma*. Concepts of presence are grounded in notions of actorly representation; the actor's presence is often thought to derive from her embodiment of, or even possession by, the character defined in a play text, from the (re)presentation of self through the mediation of character, or, in the Artaudian/Grotowskian/Beckian line of thought, from the archetypal psychic impulses accessible through the actor's physicality ». Voir Philip Auslander, *Presence and Resistance: Postmodernism and Cultural Politics in Contemporary American Performance*, Ann Arbor, University of Michigan Press, coll. « Theater: Theory/Text/Performance », 1993, p. 37.

produisant par cela même des impressions d'une rare puissance et d'une étonnante intensité[15].

Si on peut voir dans cette définition un écho du projet globalisant de Wagner[16] ou du rêve synesthésique des symbolistes, on n'y trouve pas la moindre trace de cette notion de présence. Et pour cause! Comme le rappelle Philip Auslander, les Grecs de l'Antiquité allaient au théâtre sans savoir ni se demander si c'était du théâtre *live*[17] parce qu'il n'existait pas d'autres formes de théâtre. De la même façon, le concept de présence n'a pu émerger que quand des formes médiatisées de représentation sont apparues.

Il y a évidemment des enjeux ontologiques à toute innovation techno-logique — ou tout transfert intermédiatique (d'un média à un média) — enjeux qui deviennent majeurs et donc terriblement inquiétants lorsque l'innovation — ou le transfert — a la capacité de bouleverser les protocoles en usage et les valeurs établies. C'était le cas à l'époque électrique, ce l'est tout autant, sinon plus, à l'époque actuelle. Les technologies fondées sur le numérique sont souples et ont un potentiel de transformation nettement supérieur à celui des technologies électriques. Il n'est donc pas étonnant que les inquiétudes suscitées par la média-tion électrique soient non seulement relayées mais qu'elles soient amplifiées dans le discours contemporain.

LE CORPS DE L'ACTEUR ET LA PRÉSENCE COMME FONDEMENTS IDENTITAIRES

Dans la section de *L'œuvre d'art à l'époque de sa reproductibilité* qu'il consacre au théâtre, Walter Benjamin fait très largement écho aux critiques et appréhensions qu'exprime le dramaturge et metteur en scène Luigi Pirandello à l'égard

15. Arthur Pougin, *Dictionnaire historique et pittoresque du théâtre et des arts qui s'y rattachent : poétique, musique, danse, pantomime, décor, costume, machinerie, acroba-tisme*, Paris, Librairie De Firmin-Didot, 1885. Entrée « théâtre », p. 704-705 ; entrée « Art théâtral », p. 63.

16. L'influence du concept de *Gesamtkunstwerk* défendu par Wagner et perpétué par les symbolistes contemporains de Pougin.

17. « It was the development of recording technologies that made it possible to perceive existing representations as *live*. Prior to the advent of those technologies (e.g., sound recording and motion pictures), there was no such thing as live performance, for that category has meaning only in relation to an opposing possibility », Philip Auslander, *Liveness: Performance in a Mediatized Culture*, Londres et New York, Routledge, 2008, p. 56.

du cinéma dans son roman *Si gira*[18]. Choisissant un opérateur de vues animées comme protagoniste, Pirandello témoigne dans cet ouvrage du peu de considération, pour ne pas dire du mépris, qu'il a pour le «nouveau divertissement». Il voit dans le cinéma ni plus ni moins que la fin de l'art de l'acteur. Le cinéma comme anti-théâtre !

> Les acteurs de cinéma [...] se sentent comme en exil. En exil non seulement de la scène, mais encore d'eux-mêmes. Ils remarquent confusément, avec une sensation de dépit, d'indéfinissable vide et même de faillite, que leur corps est presque subtilisé, supprimé, privé de sa réalité, de sa vie, de sa voix, du bruit qu'il produit en se remuant [...][19].

Ou encore,

18

> C'est l'acteur de théâtre en personne qui présente au public sa performance artistique à l'état définitif; celle de l'acteur de cinéma réclame la médiation de tout un appareillage. [...] [L]'interprète du film, ne présentant pas lui-même sa performance au public, n'a pas, comme l'acteur de théâtre, la possibilité d'adapter son jeu, en cours de représentation, aux réactions des spectateurs[20].

La présence immédiate de l'acteur au spectateur et leur interaction, auxquelles Pougin n'avait fait aucune allusion quarante ans plus tôt, s'imposent désormais comme LA qualité distinctive du spectacle théâtral et semblent bien garantir sa supériorité ontologique face aux performances «reproduites». L'effet dépréciatif s'étend non seulement aux médias électriques mais à toutes les formes de médiations réalisées à l'aide de dispositifs technologiques — qu'ils soient acoustiques ou électriques.

On pourrait sans doute reprocher à Benjamin d'avoir accordé une bien trop large place — en fait, toute la place — au Pirandello de ces années 1910 et de ne s'en être tenu qu'à lui. Si on peut présumer que l'opinion de Pirandello reflétait

---

18. Le texte original (italien) est publié en 1915. La version française, *On tourne*, date de 1925. Voir Luigi Pirandello, *On tourne*, Paris, Éditions du Sagittaire, coll. «de la revue européenne», 1925.

19. Walter Benjamin, «L'œuvre d'art à l'époque de sa reproductibilité technique», version de 1939, dans *Œuvres*, vol. 3, trad. Maurice de Gandillac, Rainer Rochlitz et Pierre Rusch, Paris, Gallimard, coll. «Folio Essais», 2000, p. 291. Les citations de Benjamin sont tirées de Léon Pierre-Quint, «Signification du cinéma», dans Léon Pierre-Quint, Germaine Dulac, Lionel Landry, Abel Gance (dir.), *L'art cinématographique*, II, Paris, F. Alcan, 1927, p. 14 *sq*.

20. Walter Benjamin, «L'œuvre d'art à l'époque de sa reproductibilité technique», *Œuvres*, vol. 3, p. 289.

effectivement un sentiment assez partagé dans le milieu théâtral de l'époque, elle n'exprimait ni un point de vue unanime ni un point de vue progressiste. En ces années d'avant-guerre, Gabriele D'Annunzio, le grand rival de Pirandello, et les futuristes ne cessaient de vanter, quant à eux, les vertus et le potentiel du cinéma. D'ailleurs Pirandello lui-même n'allait pas tarder à se ranger de leur côté, effectuant une véritable conversion au cinéma[21], pour reprendre le mot ironique de Fabio Andreazza.

On comprend le parti pris de Benjamin. Ce concept de présence, si cher à l'épistémè théâtrale contemporaine, doit en effet être compris comme l'application à la réalité théâtrale du principe du *hic et nunc* de l'œuvre d'art qu'il a développé dans cet essai[22] majeur, ce *hic et nunc* qui fait son « unicité » et « constitue ce qu'on appelle son authenticité[23] ». En cette époque où le monde du théâtre entreprend de construire son discours identitaire[24], tout écart par rapport à cette « authenticité » serait donc perçu négativement. Si les « conditions nouvelles dans lesquelles le produit de la reproduction technique peut être placé ne remettent peut-être pas en cause l'existence même de l'œuvre d'art, elles déprécient en tout cas son *hic et nunc*[25] ». Les défenseurs du théâtre traditionnel ont fait leur ce modèle dualiste où le « reproduit » — ce qui inclut le médiatisé — accuse inévitablement une perte par rapport à l'original. Et ils présentent le spectacle théâtral comme l'un des ultimes lieux de résistance à la domination de la reproductibilité technique. Cette thèse bien discutable est, en l'occurrence et paradoxalement, appuyée par Benjamin lui-même.

19

21. En particulier quand il entrevoit la possibilité d'adapter sa pièce *Six personnages en quête d'auteur* à l'écran. Voir à ce propos l'article de Fabio Andreazza « La conversion de Pirandello au cinéma », *Actes de la recherche en sciences sociales*, n° 161-162, « Cinéma et intellectuels », mars 2006, p. 32-41.

22. Il a aussi abordé ce principe dans ses essais « Petite histoire de la photographie », *Œuvres*, vol. 2, p. 295-321, et « Sur quelques motifs baudelairiens », *Œuvres*, vol. 3, p. 329-390.

23. Walter Benjamin, « L'œuvre d'art à l'époque de sa reproductibilité technique », *Œuvres*, vol. 3, p. 274.

24. Cette quête identitaire n'est pas spécifique au théâtre comme l'attestent les essais retentissants de Jean-Paul Sartre, *Qu'est-ce que la littérature?*, Paris, Gallimard, coll. « Folio Essais », 1993 et André Bazin, *Qu'est-ce que le cinéma?*, Paris, Éditions du Cerf, coll. « 7ᵉ art », 1999.

25. Walter Benjamin, « L'œuvre d'art à l'époque de sa reproductibilité technique », *Œuvres*, vol. 3, p. 275.

Rien, en effet, ne s'oppose plus radicalement à l'œuvre d'art entièrement envahie par la reproduction technique, voire, comme dans le film, née de cette reproduction, que le théâtre.

Benjamin n'a pas seulement reconnu le statut particulier du théâtre à l'heure de la reproductibilité, il a souligné la fonction essentielle qu'y joue l'acteur. C'est à lui que le théâtre doit sa singularité, voire sa supériorité. « Le dernier progrès du film consiste à réduire l'acteur à un accessoire, qu'on choisit caractéristique [...] et qu'on situe à la bonne place[26]. »

L'interférence « dénaturante » de la caméra dont se plaignait Pirandello[27] est la même qui motivait les accusations de « trahison » proférées à l'encontre des technologies de reproduction sonore qu'évoque Jonathan Sterne. On aurait pu croire que trois quarts de siècle plus tard, la réalité de la pratique — qui, elle, ne se formalisait pas de l'invasion des technologies de reproduction et des transferts intermédiatiques — aurait relégué au rang d'argument historique classé ce réquisitoire empreint de nostalgie, mais il n'en est rien. Dans un ouvrage marquant publié en 1993, Peggy Phelan rappelait avec insistance cette caractéristique qu'elle présente comme un fait ontologique primordial pour le théâtre :

> only life is in the present. Performance cannot be saved, recorded, documented, or otherwise participate in the circulation of representations of representations: once it does so, it becomes something other than performance.

Cette affirmation est suivie d'un avertissement contre toute contamination médiatique de la scène qui n'est pas sans rappeler les accusations relevées par Sterne ou la « faillite » dénoncée par Pirandello.

> To the degree that performance attempts to enter the economy of reproduction, it betrays and lessens the promise of its own ontology[28].

Ainsi, frayer avec « l'économie de la reproduction » au milieu des années 1990, alors que déferlait la vague numérique, c'était encore trahir la « promesse ontologique » du théâtre !

---

26. Walter Benjamin, « L'œuvre d'art à l'époque de sa reproductibilité technique », *Œuvres*, vol. 3, p. 291-292.

27. Sa réflexion portait sur le cinéma muet.

28. Peggy Phelan, *Unmarked: The Politics of Performance*, Londres et New York, Routledge, 1993, p. 146.

Dans son essai sur la mémoire, l'histoire et l'oubli[29] publié la même année que l'ouvrage de Bolter et Grusin[30], Paul Ricœur, approfondit sa réflexion sur la construction identitaire et ses enjeux amorcée une dizaine d'années plus tôt[31]. Reprenant les concepts de « mêmeté » et d'« ipséité », cette dernière correspondant davantage aux arguments des défenseurs — dont Phelan — d'une sauvegarde d'une pureté originelle de la pratique, Ricoeur souligne les failles du processus d'affirmation identitaire et les dérives qu'il peut provoquer. Car l'identité n'est pas sûre ! « Qu'est-ce qui fait la fragilité de l'identité ? Eh bien, c'est le caractère purement présumé, allégué, prétendu de l'identité.[32] » Et c'est justement pour légitimer cette présomption-allégation-prétention que les défenseurs de l'identité — en l'occurrence, de l'ipséité — en appellent avec tant d'insistance au passé.

> Le cœur du problème, c'est la mobilisation de la mémoire au service de la quête, de la requête, de la revendication d'identité.
>
> [...]
>
> Il faut nommer comme première cause de la fragilité de l'identité son rapport difficile au temps ; difficulté primaire qui justifie précisément le recours à la mémoire, en tant que composante temporelle de l'identité, en conjonction avec l'évaluation du présent et la projection du futur[33].

On comprend que Ricœur évite, dans ces pages, d'aborder la question de l'essentialisme mais comment qualifier autrement le discours virulent qui, de Pirandello à Phelan, prône la supériorité ontologique du théâtre sur toutes les pratiques de reproduction et défend ses qualités singulières (ou présentées comme telles)[34] ?

29. Paul Ricœur, *La mémoire, l'histoire, l'oubli*, Paris, Éditions du Seuil, coll. « L'ordre philosophique », 2000.

30. Jay David Bolter et Richard Grusin, *Remediation: Understanding New Media*.

31. Dans Paul Ricœur, *Soi-même comme un autre*, Paris, Éditions du Seuil, coll. « L'ordre philosophique », 1990.

32. Paul Ricœur, *La mémoire, l'histoire, l'oubli*, p. 98.

33. Paul Ricœur, *La mémoire, l'histoire, l'oubli*, p. 98.

34. Opposé à l'existentialisme, au nominalisme, au constructionnisme, l'essentialisme doit être traité avec prudence surtout dans le champ des sciences humaines et des pratiques artistiques. Je l'emploie aussi dans son sens le plus large : certaines propriétés d'une pratique sont — prétendues — permanentes, inaltérables et transhistoriques.

Identifiant comme première cause de la fragilité de l'identité le rapport au temps — à la mémoire —, Ricœur aborde ensuite les effets de la présence de l'altérité dont le surgissement semble inévitablement marqué de violence.

> Deuxième cause de fragilité, la confrontation avec autrui, ressentie comme une menace. C'est un fait que l'autre, parce que autre, vient à être perçu comme un danger pour l'identité propre [...].

[...]

> Troisième cause de fragilité, l'héritage de la violence fondatrice. C'est un fait qu'il n'existe pas de communauté historique qui ne soit née d'un rapport qu'on peut dire originel à la guerre[35].

Fondé sur une identité forgée et légitimée par la mémoire, mais alimentée par une actualité perçue ou présentée comme désespérante — pour ne pas dire « violente » —, le discours essentialiste s'est imposé jusqu'à devenir hégémonique. Et pour cause ! D'un point de vue de « résistant », comment comprendre l'avènement ininterrompu pendant tout un siècle de médias nouveaux et de nouvelles pratiques autrement que comme une érosion du statut — de dominant — du théâtre et un appauvrissement de ses qualités ?

En raison de la primauté qu'elle accorde aux relations, l'approche intermédiale est évidemment peu préoccupée par les questions d'identité et de territoire — et donc de frontières —, mais c'est justement son intérêt pour les mouvements complexes et omnidirectionnels à l'œuvre dans le champ des médias et des technologies, sa capacité d'en mesurer l'ampleur et d'en saisir l'impact qui permettent de mieux comprendre les tenants et aboutissants du discours essentialiste, dans sa nature comme dans sa conjoncture.

L'APPROCHE HISTORIENNE

Ce discours essentialiste qui se développe et s'impose pendant près d'un siècle — si l'on tient compte du rejet initial des technologies de reproduction sonore dès les années 1880 — trouve des alliés dans tous les camps, y compris celui des historiens. Profondément marqués par la pensée sémioticienne qui domine le champ des études théâtrales pendant le dernier quart du 20e siècle, les historiens ont relayé et légitimé le discours identitaire autour du concept de théâtralité puis de performativité. Or il allait vite apparaître que la théâtralité

35. Paul Ricœur, *La mémoire, l'histoire, l'oubli*, p. 99.

n'est pas propre au théâtre et qu'une position théâtrocentrique qui situerait la scène comme matrice unique de la théâtralité est difficilement défendable.

Loin de réduire l'importance du réflexe identitaire et du discours quasi hégémonique qu'il a produit, l'histoire intermédiale en propose au contraire une lecture en trois temps fondés sur des moments-clés de l'histoire des médias au 20e siècle. Selon ce que propose Peter Boenisch[36], l'évolution du théâtre depuis un siècle est le produit direct des vagues technologiques successives qui ont déferlé sur les pratiques médiatiques et des réactions — en ressac — qu'elles y ont provoquées. L'histoire du théâtre, de la modernité à la période actuelle, est une histoire médiatique.

On ne s'étonnera pas que le premier cas relevé par Boenisch survienne au moment de la révolution électrique et de la naissance du cinéma. Optant assez rapidement pour l'illusionnisme[37], le cinéma en serait arrivé à concurrencer le théâtre sur son propre terrain et l'aurait condamné à se redéfinir en changeant son rapport au réel. La théâtralisation de la scène correspondrait donc d'abord et avant tout, selon Boenisch, à une volonté de se distinguer et se distancer du cinéma : à faire ce que le cinéma ne pouvait pas faire. Il y a là plus qu'un paradoxe. En affirmant une identité fondée sur la théâtralité, le théâtre reniait sa propre et longue quête réaliste et sacrifiait la scène à l'italienne — elle n'a pas disparu pour autant ! — qui visait justement à occulter sa médialité. Au cinéma qui cherchait la transparence[38] pour rapprocher le spectateur du réel représenté à l'écran puis à travers les haut-parleurs, le théâtre réagissait en affichant sa matérialité, son « hypermédiacie ».

Boenisch élargit ainsi la formule-choc de l'historien Thomas Postlewait « theatricalism as anti-realism » à « theatricalism as anti-realism as anti-cinema[39] ». L'équation est sans doute rapide et soulève une question de fond : est-ce que le vaste et long mouvement de « théâtralisation » du théâtre qui va des avant-gardes — le constructivisme, l'expressionnisme, en particulier — au théâtre

23

36. Peter Boenisch, « Aesthetic Art to Aisthetic Act: Theatre, Media, Intermedial Performance », dans Freda Chapple et Chiel Kattenbelt (dir.), *Intermediality in Theatre and Performance*, Amsterdam et New York, Rodopi, 2006, p. 103-115.

37. Les premières vues animées étaient des documentaires.

38. Ce qui correspond à l'« *immediacy* » de Bolter et Grusin. Voir Jay David Bolter et Richard Grusin, *Remediation: Understanding New Media*.

39. « [M]odernist theatre reconfigured another aspect of theatricality according to the realist-theatricalist polarity, whereby realist conventions sought to erase the apparent operations of theatricalism », dans Tracy C. Davis, Thomas Postlewait (dir.), *Theatricality*, Cambridge et New York, Cambridge University Press, 2003, p. 11.

épique de Bertolt Brecht ne serait que l'effet d'une stratégie de repositionnement médiatique ? La « coïncidence » relevée par Boenisch vaut d'être approfondie[40].

Le deuxième moment de résistance du théâtre à une remédiation dangereuse — ou perçue comme telle — se produit, toujours selon le système de périodisation de Boenisch, lors du développement de la télévision — puis de la vidéo. La crise débute dans les années 1950. Dans un mode envahi par l'artifice, le théâtre s'impose par son authenticité, il est l'ultime « residue of pure and authentic culture in a world of mass-media and television daftness[41] ». Dominée par la quête d'une communication qu'on veut « vraie », intense et qui, on le comprend, ne saurait être médiatisée par quelque technologie que ce soit, une nouvelle génération de créateurs entreprend de dépouiller la scène de tous ses artifices.

Alors que le studio de télévision et le plateau de tournage se présentent comme des bazars technologiques au service du factice, la scène est réduite à l'essentiel — un plateau rudimentaire, un éclairage minimal, un espace public sommaire — pour ne laisser place qu'aux acteurs communiant directement avec leurs spectateurs. C'est ce partage de l'émotion pure, palpable, physique, de sens à sens, dénuée de toute interférence technologique qui guide autant la recherche de Jerzy Grotowski que celle de Peter Brook. C'est l'ère du « théâtre pauvre », de « l'espace vide » ; c'est celle aussi du « théâtre direct », ramené à sa plus simple expression — son « esthétique économique » comme l'appelait Jean-Claude Germain[42] —, instauré par la création collective dans sa période la plus turbulente (de 1968 à 1975). Le vide contre l'abondance, l'art comme « forme d'expérience maximale » contre l'art qui « renforçait la structure » — ainsi que le déplorait Julian Beck, cofondateur du Living Theatre[43] —, la vérité profonde contre le mirage du matérialisme, le corps de l'acteur — mis à nu, naturel, « entier » — contre sa reproduction, la présentation contre la re-présentation.

24

40. Et une approche sociomédiale révélerait le rôle moteur du « milieu » dans cette conjoncture.

41. Tracy C. Davis, Thomas Postlewait (dir.), *Theatricality*, p. 103.

42. Jean-Claude Germain est directeur et fondateur du Théâtre du Même Nom, l'une des troupes de création collective les plus marquantes du Québec à cette époque (voir Jane Baldwin, Jean-Marc Larrue et Christiane Page [dir.], *Vies et morts de la création collective*, Boston, Vox Theatri, 2008). Le « théâtre pauvre » que prône Grotowski est perçu comme une force. Voir Julian Beck, *La vie du théâtre*, trad. Fanette et Albert Vander, Paris, Gallimard NRF, coll. « Pratique du théâtre », 1978, p. 43.

43. Julian Beck revenait sur l'expérience de cette troupe phare du mouvement des collectifs au festival d'Avignon, en 1968, année où, dit-il, « la culture est morte ». Voir Julian Beck, *La vie du théâtre*, p. 214.

Boenisch voit dans cette période un autre moment fort de la pensée essentialiste. Je suggère plutôt qu'elle en marque le déclin irréversible. Rappelons-le, les années 1970, qui voient se multiplier les méga-spectacles, sont aussi celles de la performance et du triomphe de la postmodernité. Or, dans leur entreprise de déconstruction, les artisans de la postmodernité théâtrale se sont d'abord et avant tout attaqués à la présence et au type de relation — jugée factice par eux — qu'elle induit entre spectateur et acteur. En rejetant la présence, les praticiens de la scène postmoderne se sont attaqués aux hiérarchies établies et aux manipulations qu'elles permettaient. La présence, rappelle la performeuse canadienne Vera Frenkel, tient du charisme qui déclenche une projection « by which we attribute to others, especially a leader, entertainer or artist the secret images within ourselves[44] ». Elle poursuit en affirmant que la performance postmoderne doit échapper au piège de la présence en évitant ces projections mutuelles grâce à « a non charismatic understanding which permits us not to believe so readily in the other as the keeper of our treasure and our disease[45] ». Cet argument sert de fondement à l'essai *Presence and Resistance* que Philip Auslander consacre à la performance en 1994. La démarche des créateurs postmodernes, appuyée par les théoriciens de la postmodernité, doit être comprise en réaction contre le théâtre des années 1960-1970 et non en continuité avec lui.

25

> Postmodernist theater and performance artists and theorists implicitly and explicitly rejected the premises of the ecstatic political theater of the 1960s : its reliance on the presence of the performer [...][46].

Philip Auslander poursuit son entreprise « déconstructionniste » dans un autre essai percutant publié cinq ans plus tard, *Liveness: Performance in a Mediatized Culture*[47]. Il y mène une charge dévastatrice contre ce concept fondateur que la critique avait jusque-là étonnamment épargné. Et cela survient alors que le théâtre subit l'effet de la révolution numérique qui transforme autant ses modes

44. Vera Frenkel, « Discontinuous Notes on and after a Meeting of Critics, by One of the Artists Present », *Artscanada*, n° 240-241, 1981, p. 37-38 (cité par Philip Auslander, *Presence and Resistance–Postmodernism and Cultural Politics in Contemporary American Performance*, Ann Arbor, The University of Michigan Press, 1994, p. 43).

45. Vera Frenkel, « Discontinuous Notes on and after a Meeting of Critics, by One of the Artists Present », p. 43.

46. Philip Auslander, *Presence and Resistance: Postmodernism and Cultural Politics in Contemporary American Performance*, p. 42.

47. Publié une première fois à New York par Routledge en 1999.

de représentation que ses processus créatifs et narratifs[48]. L'ouvrage d'Auslander et l'âpre débat qu'il suscite constituent, selon Boenisch, le troisième temps de l'histoire médiatique du théâtre.

Auslander démontre que la notion de présence n'est pas propre au théâtre et qu'elle ne correspond même pas à la réalité de la scène telle que nous la vivons depuis un siècle. Les arguments sont forts et ont eu l'effet d'un électrochoc dans le champ des études théâtrales. Non seulement les défenseurs du théâtre s'étaient-ils convaincus eux-mêmes de la supériorité ontologique de la présence « vivante » sur toutes les formes de reproduction — donc du théâtre sur les médias tels la radio et le cinéma —, mais ils en auraient convaincu les praticiens des autres médias. En érigeant cette caractéristique en vertu cardinale exclusive à la scène, ils suscitaient toutes les convoitises, dont celle de la télévision naissante.

Il y a en effet deux aspects importants au discours essentialiste. Obsédé par la question de la définition de l'identité, il construit non seulement cette identité en dévalorisant les autres — au moins dans un premier temps —, mais il rend ces autres redevables de la pratique qu'il défend. Il s'est dégagé de cela, pendant près d'un siècle, l'image euphorisante d'un théâtre servant de matrice aux médias plus récents. Ceux-ci, à commencer par le cinéma des premiers temps, ne se seraient pas privés. Ils auraient débauché le public et les agents du théâtre, ils se seraient approprié son organisation institutionnelle, ses stratégies narratives, ses modalités communicationnelles (la frontalité, l'expérience commune), ses espaces. Exprimant un sentiment largement partagé chez les théoriciens et les historiens traditionnels du théâtre, Jack Poggi n'hésite pas à assimiler le processus à du pillage.

> Early cinema took over and reformed a theatrical vocabulary and also rapidly usurped the theatre's cultural position as the dominant form of entertainment. Indeed, film had thoroughly routed the theatre by 1926, so there was little left to pillage when television arrived in force some twenty years later[49].

Mais Poggi oubliait « l'essentiel » ! Préservé de ce pillage, le concept de présence si attaché au mode de représentation scénique allait séduire les pionniers de la télévision et devenir leur principal argument, non pas à l'encontre d'un théâtre dépecé et qui semblait à l'agonie, mais à l'encontre du cinéma, qui

---

48. C'est le sujet d'un autre essai marquant publié par Janet Horowitz Murray, *Hamlet on the Holodeck. The Future of Narrative in Cyberspace*, New York, The Free Press, 1997.

49. Jack Poggi, *Theater in America: The Impact of Economic Forces, 1870-1967*, Ithaca, Cornell University Press, 1968, p. 85-86, cité par Philip Auslander, *Liveness: Performance in a Mediatized Culture*, p. 12.

reposait, lui aussi, sur le dispositif filmographique. La chose est moins étonnante que ne le suggère Auslander.

> There can be no question that the advent of film had a devastating cultural-economic impact on the theatre, but that fact, taken by itself, leaves an important question unanswered. If the theatre as a popular form had been so thoroughly usurped by film in the 1920s that it was hardly even a force to be reckoned with when television came around, *why* [souligné par l'auteur] did television embrace « the theatre as a model for representation » [...] as the cinema itself had done in its earliest days, rather than model itself on film? As a camera-bound medium, television might well have striven to be cinematic; but instead it strove to be theatrical[50].

Dans un marché hautement concurrentiel, il était en effet inévitable que le concept de présence, irrécupérable par le cinéma, serve, en vertu de ses valeurs d'authenticité et d'unicité — le *hic et nunc* de Benjamin —, de stratégie d'émergence et de légitimation pour la radio puis pour la télévision, prouvant bien l'hégémonie du discours essentialiste au-delà de la sphère théâtrale.

DISCOURS ET *PRAXIS* : DE L'APRÈS-AUSLANDER AU TEMPS DE L'INTERMÉDIALITÉ

La charge d'Auslander n'a pas seulement ébranlé un discours tenace, elle a permis de révéler le gouffre qui le séparait de la réalité de la pratique, et cela bien avant la vague de la performance postmoderne. Pendant des décennies, le discours essentialiste a en effet ignoré, occulté ou minimisé les innombrables apports des autres médias et des technologies au théâtre et à ses agents depuis l'avènement de l'électricité, à commencer par l'éclairage électrique. Les mouvements de va-et-vient étaient et sont pourtant continuels et le théâtre n'a pas cessé au cours du dernier siècle d'importer, d'emprunter, d'exploiter tout ce qui pouvait enrichir et faciliter ses créations, ainsi qu'il l'avait toujours fait ! Et rien ne permet de dire que le théâtre ait été le continuel perdant de ces flux et reflux provoqués par les diverses innovations technologiques et révolutions médiatiques. Rappelons quelques faits. Les artistes et gestionnaires de théâtre ont été les principaux responsables et bénéficiaires du succès initial du gramophone et de la radio ; le théâtre a très vite compris le potentiel du téléphone nouvellement créé et s'en est servi sans tarder pour augmenter sa diffusion « en direct » hors de ses salles[51] ; la bande-son, qui fait son entrée dans les salles de théâtre au cours des années

---

50. Philip Auslander, *Liveness: Performance in a Mediatized Culture*, p. 12.

51. C'est le cas du Théâtrophone, dont on trouve des variantes dans la plupart des capitales à la fin du 19ᵉ siècle, dans lequel on peut voir une première tentative de système de radiodiffusion... théâtrale.

1950 et qui est une composante indispensable de la théâtralité contemporaine, provient du cinéma et a été implantée au théâtre par des réalisateurs de film[52]. Que dire encore de tous les recours aux projections d'images fixes et animées, qui jalonnent l'histoire des genres théâtraux, du théâtre épique aux genres populaires du théâtre victorien, de la revue au mélodrame et à la féerie, depuis l'invention du projecteur à lampe ?

L'angoisse du changement, qui selon Auslander, « underlies many performance theorists' desire to reassert the integrity of the live and the corrupt, co-opted nature of the mediatized[53] », a non seulement rendu suspecte, dans le discours essentialiste, toute forme d'assistance technologique à l'acteur — à l'exception notoire de l'éclairage électrique —, elle a également dévié l'attention des analystes d'autres dangers.

L'art — indéfini et changeant — de l'acteur sur lequel se fonde l'art du théâtre a en effet ses détracteurs au sein même de la pratique, mais ceux-là — Meyerhold, Craig, Maeterlinck (qui allait jusqu'à souhaiter un théâtre libéré de ses acteurs en chair et en os — un théâtre véritablement post-humain) —, en dépit des transformations radicales qu'ils préconisaient ou qu'ils ont réalisées (dans le cas de Meyerhold), ont été relativement épargnés par les tenants de ce discours montrant à quel point il se nourrissait d'abord et aveuglément de « technophobie ».

Or, créateurs et spectateurs ont adopté sans réticence — et même parfois avec empressement — les technologies numériques qui envahissent désormais nos scènes et nos lieux de production et de création, comme elles envahissent notre espace public et privé. Elles s'y trouvent visiblement en terrain hospitalier. On comprend que, dans ce contexte, le concept de présence perde de sa pertinence, sapant les fondements mêmes du discours identitaire. L'acteur d'aujourd'hui, peut, en effet, être présent en temps réel mais non dans l'espace, il peut être présent dans l'espace mais occulté ou supplanté par sa propre image médiatisée, il peut donner l'illusion d'être là mais ne pas y être — sans que personne ne s'en rende compte. L'acteur peut se fragmenter, se multiplier ; être là olfactivement mais non visuellement ou inversement, se disjoncter (associer une voix à un autre corps), etc. Bref, on peut difficilement prétendre aujourd'hui que la présence et le direct sont la nécessité ultime, le dernier rempart qui peut, hors de tout doute, caractériser la pratique théâtrale et fixer son identité[54].

52. Le réalisateur Luchino Visconti a été l'un des premiers à utiliser une bande-son sur scène.

53. Philip Auslander, *Liveness: Performance in a Mediatized Culture*, p. 44.

54. Auslander conclut que le tribunal serait le seul système où le *live* existe vraiment…

Les analystes de la représentation ont saisi toute la portée de ce changement, délaissant récemment la quête de la présence pour celle de ses « effets » — « effets de présence » — et François Jost, en réexaminant la stratégie d'émergence et de développement de la télévision, en venait à se demander en 2006 « [à] qui profite la question de l'identité[55] ? » La prochaine interrogation pourrait bien porter sur sa raison d'être : à quoi sert-elle ? À quoi a-t-elle servi ? Et on voit bien que ce sujet si lié aux relations intermédiales concerne aussi les socialités. Mais nous n'en sommes pas tout à fait là. Parmi ces « effets de présence » plane toujours la tentation essentialiste. Aujourd'hui encore, affirmer que le théâtre est un média et que l'acteur relève de sa matérialité suscite l'embarras. Assimiler ce dernier au concept d'« appareil » développé par Jean-Louis Déotte[56] ou le considérer comme un « média technique » — tel que l'affirme Lars Elleström[57] — heurte les sensibilités.

29

Les études intermédiales n'ont évidemment pas ignoré les innombrables créations qui, depuis *La biche au bois*[58], misent sur les ressources et la présence sur scène d'autres médias ou de technologies nouvelles, mais ce n'est qu'en 2006 que de tels spectacles et les questions qu'ils soulèvent ont été abordés selon une approche intermédiale. L'ouvrage *Intermediality in Theatre and Performance*[59], publié sous la direction de Freda Chapple et Chiel Kattenbelt, marquait ainsi une première percée majeure de l'intermédialité auprès des théoriciens du théâtre et confirmait tout autant la nécessité que l'urgence de revoir le fonctionnement du théâtre et son histoire.

---

55. C'est le titre même de son article : « À qui profite la question de l'identité ? », *MédiaMorphoses*, n° 16, avril 2006, p. 55-59.

56. Voir en particulier Jean-Louis Déotte, Marion Froger et Silvestra Mariniello (dir.), *Appareil et intermédialité*, Paris, L'Harmattan, coll. « Esthétiques », 2007.

57. « A *technical medium* is any object or body that "realizes," "mediates," or "displays" basic and qualified media. A technical medium can thus be described as "form," while basic and qualified media are "content," and it can be identified according to the range of basic media it has the capacity of mediating. » Lars Elleström, « The Modalities of Media: A Model for Understanding Intermedial Relations », *Media Borders, Multimodality, and Intermediality*, ouvrage à paraître chez Palgrave sous la direction de Lars Elleström en mars 2010.

58. Présentée au Théâtre du Châtelet de Paris à partir du 14 novembre 1896, cette féerie comportait la projection d'une vue animée en couleurs réalisée à l'aide d'un chronophotographe Demenÿ-Gaumont.

59. Freda Chapple et Chiel Kattenbelt (dir.), *Intermediality in Theatre and Performance*.

After Brecht:
the Impact (Effects, Affects)
of Intermedial Theatre

ROBIN NELSON

This essay arises from continuing discussions in the Theatre and Interme-diality, Working Group of the *Fédération Internationale pour la Recherche Théâtrale*. Having been struck by claims made by commentators such as Boenisch[1] about the "effect" of intermedial theatre, I began to wonder what the impact of such theatre and performance was generally assumed to be. I say "assumed" be-cause, to the best of my knowledge, substantial audience research on the impact of deploying new media technologies in otherwise live theatre events is yet to be undertaken. Nevertheless, there appears to be a widely held assumption—on the part of those who engage in intermedial theatre practices and those who expe-rience them—that intermedial theatre has assumed the mantle of radicalism. This mantle may have become a little threadbare as the aspirations of histori-cally utopian conceptions of theatre have failed to live up to their promise, and audiences, at least for building-based theatre, appear to be in decline worldwide. But it may be that the engagement of live theatre with new media technologies, which has certainly produced interesting new modes of presentation, may revive interest in theatre and breathe new life into a venerable project: that theatre might make a difference in the world by means of social intervention in matters aesthetic, ethical and political.

I must acknowledge at the outset that I am no more in a position to offer hard data on the impact of intermedial theatre than other commentators, and that this essay remains largely conceptual. The aim of the essay is to unravel knots of complexity and to share some of my own experiences rather than to offer

1. Freda Chapple and Chiel Kattenbelt, (ed.), *Intermediality in Theatre and Performance*, Amsterdam and New York, Rodopi, 2006.

hard data. But, as I have argued elsewhere,[2] I believe anecdotal evidence based in experience can be insightful in respect of arts encounters. My guiding questions are: "does intermedial theatre dispose some impacts/effects/affects rather than others?" and, taking up the references to Brecht, "does intermedial theatre have an inherently radical disposition and, if so, what kind of radicalism?" But before these questions are directly addressed, it will be helpful to specify which artefacts and experiences are under discussion.

In an otherwise positive review of *Intermediality in Theatre and Performance*,[3] Sarah Gorman observes that the definitions of "intermediality" the book contains are "numerous and all-encompassing".[4] In this essay, I am centrally concerned with "intermedial theatre" defined in the traditionally established sense of theatre practices consciously performed "live" before an aware audience but which overtly deploy digital media technologies. Guy Cassiers' *Rouge Décanté*, experienced by many delegates as part of the *Festival TransAmériques* at *Usine C* in Montreal, 2007, would afford an appropriate instance. However, some of my examples involve engagement with internet devices in allegedly "interactive" performances because I am concerned to explore the aesthetics and politics of works which demand that "experiencers" actively negotiate "live" the play between mediums.

Immediately I am aware that, in aiming to clarify terms in as neutral a discourse as possible, I have begged an important question. I have implicitly loaded the concept of "intermedial theatre" with a disposition towards disjunctive principles of composition. That is to say in bringing together separate elements—or media, if you will—the disposition is to avoid harmonising them into a coherent whole (cf. Wagner's *Gesamtkunstwerk*[5]) but rather to leave them in play, related to each other merely by articulation and juxtaposition. It is evident from Dixon's encyclopaedic review of digital performance,[6] however, that a significant amount of practice in this domain aims—to use Bolter and Grusin's sem-

2. Robin Nelson, "Practice as Research and the Problem of Knowledge," *Performance Research*, vol. 11, n° 4, December, 2006, p. 105-116.

3. Freda Chapple and Chiel Kattenbelt, (dir.), *Intermediality in Theatre and Performance*.

4. Sarah Gorman, "Review of Chapple F & Kattenbelt, C, eds, Intermediality in Theatre and Performance. Amsterdam & New York, Rodopi," *Contemporary Theatre Review*, vol. 16, n° 4. November 2006, p. 517-518.

5. Richard Wagner, "*Die Kunst und der Revolution*" in William Ashton Ellis (trans.) "*The Art-Work of the Future*" *and Other Works*, Lincoln, University of Nebraska Press, 1993, p. 21-57.

6. Steve Dixon, *Digital Performance*, Cambridge and London, MIT Press, 2007.

inal distinction—at "immediacy" rather than "hypermediacy".[7] For this reason alone, it seems to me unhelpful to talk of digital practices as if they were all aesthetically disjunctive, let alone politically radical in the wake of Brecht. My concern in this essay, however, is primarily with examples of those many digital works which do draw attention to the devices in their principles of composition. For it is the lack of seamless connectedness, the gaps in the play between two elements juxtaposed rather than fused, which typically requires the experiencer to be active in engaging with the work. If the work is bound in a sense-making frame, the ("enculturated") human disposition to understand, to make sense of things, is satisfied by closures and the drive to negotiate meanings and pleasures is not mobilised.

"Parataxis", the grammatical term used to signify a lack of joining words between nouns, verbs and other components of a sentence, might usefully be adopted to describe the principle of disjunctive composition. A "paratactical" approach to making work would be one in which, to a greater or lesser extent, the media, though structured in relation to each other, are consciously left in play rather than fused together or harmonised. Theatre scholars familiar with Brecht's seminal critique of the "dramatic theatre" and advocacy of the "epic theatre" will recognise in his comparative table[8] the roots of such a distinction between conjunctive and paratactical principles of composition. The plot and linear development, with an eye on the finish, of "dramatic theatre", its creation of the illusion of a real (though fictional) world to draw the spectator into an emotional empathy are set by Brecht in contrast with the "radical *separation of the elements*" in the "epic theatre" (his emphasis). The aim is to bring the spectator through critical thought to "the point of recognition" that change is possible that "man is a process", that "he is alterable or able to alter". Though things have moved on in the theatre and in culture since Brecht, as we shall see, his seminal essay is the point of reference in the numerous allusions to him in the context of debate on intermedial theatre.

Boenisch, for example, proposes to define "intermediality" in terms of its "intermedial effects".[9] In placing different media (actors, pictures, tape) on-stage, Boenisch argues, they are "*theatrically reproduced* into something beyond their

33

7. See Jay David Bolter and Richard Arthur Grusin, *Remediation: Understanding New Media* Cambridge, MIT Press, 2000, p. 20 *sq.*

8. See John Willett (ed. and trans.), *Brecht on Theatre*, London, Methuen, 1987.

9. Peter Boenisch, "Aesthetic Art to Aisthetic Act: Theatre, Media, Intermedial Performance," in Freda Chapple and Chiel Kattenbelt (ed.), *Intermediality in Theatre and Performance*, p. 116 *sq.*

mere (even less: *pure*) original presence."[10] The mediums are doubled, becoming both the sign and the thing itself and a gap of the kind described above as paratactical remains perceptible between the sign and the thing. Thus, for Boenisch, intermediality is an "effect of performance [...] created in the perception of observers,"[11] because the relational aspect between thing and sign is a matter of experiencing. As Boenisch summarises:

> Theatre multiplies its objects in a remarkable way into objects on stage that are present and representations at the same time, and—above all—they are presented to someone who is perceiving and observing them.[12]

Whilst this account is broadly persuasive, I am not convinced, as noted, that such disjunction is a necessary condition, inherent in all intermedial theatre. Indeed, I would emphasise the importance when speaking of "intermedial theatre" of distinguishing different principles of composition precisely because much work tends to immediacy.

The political effects envisaged by Brecht are another matter. The assumption of the experience of dislocation arising from semiotic disjunctions does not, in my view, justify Boenisch's second claim that "intermediality offers a perspective of disruption and resistance [...] and creates effects of *alienation* and *dys-referential* un-realities."[13] For, if theatre in its three inherent layers of "presence, presentation, and representation"[14] always produces a gap between sign and thing, intermedial theatre cannot be distinguished from other modes. Boenisch, to some extent anticipates the objection that not all theatre disposes alienation. He points out that:

> According to the standard hegemonic logic of representation, all these simultaneous, alternative layers, levels and perspectives offered en-route would be homogenized again into a single, closed and coherent final product of representation: in the

---

10. Peter Boenisch, "Aesthetic Art to Aisthetic Act: Theatre, Media, Intermedial Performance," p. 114 (his emphases).

11. Peter Boenisch, "Aesthetic Art to Aisthetic Act: Theatre, Media, Intermedial Performance," p. 113.

12. Peter Boenisch, "Aesthetic Art to Aisthetic Act: Theatre, Media, Intermedial Performance," p. 114.

13. Peter Boenisch, "Aesthetic Art to Aisthetic Act: Theatre, Media, Intermedial Performance," p. 115 (his emphases).

14. Peter Boenisch, "Aesthetic Art to Aisthetic Act: Theatre, Media, Intermedial Performance," p. 114.

destination of the ideal viewpoint, the single sharp focused picture of the reading camera-eye, or the one defined meaning of the text.[15]

This account evokes immediacy, the "dramatic theatre" decried by Brecht involving principles of composition recognised above as conjunctive rather than paratactical. But Boenisch proceeds to argue that:

> [t]he plurality of the perspectives might also spill over, crack and produce an untidy mess of meaning—either as a calculated result or somewhat subversive side effect. It is at this busy multi-dimensional junction of perspectives that intermediality and theatrical performance meet on the same platform.[16]

The keyword here is "might". But what is there to prevent the "standard hegemonic logic of representation" from operating? It partly depends on the disposition of the experiencer, itself culturally positioned. If it is a matter of perception, and that perception is ossified through enculturation into making sense of things, then something is needed in the principles of composition of the text to mobilise the possibility of a shift in perception.

My argument is that such an interruptus or disjunction is not inherent in intermediality but arises from particular principles of composition disposed towards—they cannot guarantee it—a dislocation in perception. The potential lies in any kind of disjunctive mix of media, or mediated presentation with actual experience, wherein juxtaposition creates a *frisson*. I do accept, however, that the strategic deployment of new technologies in live theatre events has considerable potential to produce experiential dislocations at this historical moment because, in themselves, digital media have the capacity to create new viewpoints and dynamics. The examples in the following discussion will bear this out. But such dislocations and disorientations do not necessarily entail "a perspective of disruption and resistance"[17] as Boenisch claims. To justify such an inference about human experience, it is important to locate that experience historically in respect of both theatre and politics.

In humanist, dramatic theatre, linear narrative and renaissance perspective organised time and space to make sense of the world in a particular way. The conventions of Western theatre, as they emerged and developed from the

35

15. Peter Boenisch, "Aesthetic Art to Aisthetic Act: Theatre, Media, Intermedial Performance," p. 114.

16. Peter Boenisch, "Aesthetic Art to Aisthetic Act: Theatre, Media, Intermedial Performance," p. 114.

17. Peter Boenisch, "Aesthetic Art to Aisthetic Act: Theatre, Media, Intermedial Performance," p. 105.

early 17th century to the late 19th century, constructed an eye-mind relationship privileging the perspective of the rational individual from a fixed, though unacknowledged, Eurocentric standpoint. The illusionistic representations of real life at the height of late 19th century realism demanded an empathetic emotional engagement with individual character which Brecht denounced in the essay cited above. Indeed, when Brecht is evoked, it must be recalled that, for all his avowed radicalism, his practice was ultimately logocentric, aimed at rational persuasion.[18] In the experience of intermedial theatre practice, some of the dislocations may be at the level of rational cognition but many are effected through embodiment. I will return to the range of intermedial theatre experiences and body-mind relationships below.

To make an historical comparison with the context of contemporary theatre as distinct from the European tradition prior to Brecht, digital technologies contribute to shifting experiences in their capacity to afford a range of new perspectives and dynamics. Established conceptions of time and space, in particular, have been roundly challenged through time-space compressions. Telematic theatre practices, for example, might bring into a theatre space in "the here and now" spaces on other continents and in different time zones. To some, networked cyberspace affords an entirely new spatial dimension, and time has been fundamentally destabilised. As Dixon summarises, "the juxtaposition of different 'simultaneous' temporalities (live and recorded/computer rendered) can complicate the audience's perceptions of time and space to the extent that rather than simply "suspending disbelief" and experiencing performance time according to traditional protocols of live theatre, a different perception of extratemporality is experienced."[19] In addition, the body has been digitally fragmented and, more than ever, extended through digital devices into that accent of "the posthuman" which sees the capacities of digital technologies as adjuncts to human capabilities.[20] To take a very simple example from *Rouge Décanté*, the highly skilled and physically present actor, Dirk Roofthooft, constructs a range of consciously performed playful but intimate relations with the audience as his voice is mediated by microphone whilst he is facing up-stage but able to see himself in close-up

<hr/>

18. Philip Auslander, *From Acting to Performance: Essays in Modernism and Postmodernism*, London and New York, Routledge, 1997, p. 34 *sq*.

19. Steve Dixon, *Digital Performance*, p. 524.

20. See N. Katherine Hayles, *How We Became Posthuman: Virtual Bodies in Cybernetics, Literature, and Informatics*, Chicago, The University of Chicago Press, 1999, p. 84, for Gregory Bateson's taking up Alan Turing's question of whether a blind man's stick is part of the man.

36

projected on a big screen "venetian blind". Cyborg practices and virtual theatres pose even greater challenges to normative perceptual assumptions when,
as Foucault puts it, "our experience of living in the world is less of a long life
developing through time than that of a network that connects points and inter-
sects with its own skein."[21]

My point in marking a very significant shift in culture—and, in specific,
theatre culture—between Brecht's time and the rise of digital intermedial theatre
is to probe the implications of the unquestionable opportunities for Boenisch's
"effects of *alienation* and *dys-referential* un-realities". I doubt if he—or any other
commentator who evokes Brecht in the intermediality and theatre debate—has
Marxist revolution in mind as a potential effect. If the reference to alienation
echoes a Marxist sense of alienation through false consciousness, I would observe
that such politics in the context of theatre practice died out with the agit-prop
and subsequent political theatres of the late 1960s and early 1970s.[22] Since the
fall of the Berlin wall in 1989, and the ensuing sense of victory of the capita-
list West over the Eastern communist bloc as even China embraces free market
economics, any address of inequalities in the social process are more likely to be
figured in terms of the politics of the personal than in the raising of collective
consciousness mobilised into action. Indeed some modes of digital intermedial
theatre afford an individual, rather than a shared, experience

In a keynote address, Chiel Kattenbelt related his own experience of a piece
called *U Right Standing*.[23] This intermedial performance event involved an
individual experience through a virtual reality head-set combined with a sense
of substantial physical dislocation. Having seemingly ascended an escalator
and been backed against a wall, the experiencer senses that wall slowly, almost
imperceptibly, but palpably, inclining forward until he is laid flat out on his
stomach before being returned to the vertical. This example instances a mix
of digital media and physical performance juxtaposed in a playful but, at the
time for the experiencer, significantly disorientating way being disposed towards

21. Cited in Steve Dixon, *Digital Performance*, p. 518.

22. For an account of such political theatre primarily in the United Kingdom, see
Catherine Itzin, *Stages in the Revolution: Political Theatre in Britain since 1968*, London,
Methuen, 1980.

23. Chiel Kattenbelt, *U Right Standing*, conference presented in Montreal during
the 9th International Conference of the CRI: *Intermédialité, théâtralité, (re)-présentation
et nouveaux médias/Intermediality, Theatricality, Performance, (Re)-presentation and the
New Media*, Neuvième colloque international du CRI et du LANTISS/An International
Conference of CRI and LANTISS, Montreal and Quebec City, 24-29 May 2007.

37

a new perception. The question I wish to pursue is the nature and impact of this new perception. Though it might have the effect of Boenisch's *"alienation and dys-referential* un-realities" does it produce his "perspective of disruption and resistance"?

Prior to Brecht developing his theory of epic theatre, the Russian Formalists theorised an artistic process of making strange. As Duyfhuizen relates:

> When Victor Shlovsky recognised the concept of estrangement (*ostraneniye*, sometimes translated as "defamiliarization") in literary texts, he and his fellow Russian Formalists momentarily redirected perception away from representation and towards the "literariness" of literary devices.[24]

In short, Formalist theory in the early 20th century worked with a notion of defamiliarisation which did not entail the radical politics of Brecht's *Verfremdungseffekt*. Claims made for intermedial effect may sit more happily in this tradition which entails a politics of aesthetics rather than a politics of action and resonates with Rancière's account of the contemporary as we shall see.

A play between the cognitive and felt experience might account for the dislocations involved in the experience of *U Right Standing*. In respect of intermedial theatre, however, Boenisch's phrase "dysreferential unrealities" would seem to imply a more radical shift in perception. The question accordingly arises as to whether a new kind of perceptual dislocation is mobilised by the interplay of the live and the digitally mediated brought into one space at a particular time (in the case of building-based intermedial theatre events). The "in the here and now" of live theatre might also be embracing the "then and there" of pre-recorded material (e.g. video, soundtrack, CGI). But there is a substantial history from Piscator onwards of combining mechanical, analogue media such as film with live action to effect such juxtapositions. So the specific question in the digital era is whether the juxtaposition of digital mediums with live action operates differently from earlier mediums, and perhaps radically, in respect of space, time and experiencer's perception of them.

Much has been written about the functioning of time in cinema (notably by Deleuze[25]), but attention is increasingly being paid to time in digital media.

24. Bernard Duyfhuizen, "Mimesis, Authority and Belief in Narrative Poetics: Toward a Transmission Theory for a Poetics of Fiction" NOVEL: A Forum on Fiction, Novel Corp., Brown University, vol. 18, n° 3, Spring 1985, p. 217.

25. Gilles Deleuze, *Cinema 1: The Movement-Image*, trans. Hugh Tomlinson and Barbara Habberjam, London, Athlone Press, 1986, originally published as Gilles Deleuze, *Cinéma I: L'image-mouvement*, Paris, Les Éditions de Minuit, coll. "Critique", 1983 and

Sean Cubitt, for example, in a lecture entitled "Cybertime: Ontologies of Digital Perception"[26] reflects upon how digital media have impacted upon notions of time and particularly on the alleged rapidity of digital transference. His view is that, although new digital media may be faster than their analogue predecessors, speed is not the key to any ontological difference. Acknowledging that, "[t]he purpose of most media forms since the invention of the alphabet has been preservation",[27] Cubitt proceeds to delineate what he takes to be the ontology of digital culture which lies in ephemerality and erasure. Digital culture:

> provides us with a compulsory opportunity to erase and start again. It renders every document ephemeral. Where erasure is a constant option, accidental erasure, like unconscious forgetting, is a constant generator of random cultural mutation. The fixed form of textuality is lost in the possibility of erasing.[28]

Recalling Phelan's much quoted conception of performance as ephemeral, as that which "becomes itself through disappearance",[29] there might thus appear to be an ontological resonance between theatre and digital media. But, leaving the seminal Phelan-Auslander (see 1993 and 1999 respectively) debate parked, I propose to consider another example of practice taking the perspective and sensual awareness of an experiencer at a building-based intermedial theatre event,

In *peep* (2003), a piece by Sarah O'Brien, a live feed from a camera trained on the seated audience projected its image on to the cyclorama such that the audience appeared to be watching itself watching the on-stage action.[30] However, at an indiscernible point, the projection became a looped recording of the audience which, if noticed, dislocated the spatial bearings of the experiencer. At the

---

Cinema 2: The Time-Image, trans. Hugh Tomlinson and Barbara Habberjam, London, Athlone Press, 1989, originally published as Gilles Deleuze, *Cinéma 2: L'image-temps*, Paris, Les Éditions de Minuit, coll. "Critique", 1985.

26. Sean Cubitt, "Cybertime: Ontologies of Digital Perception" paper for the Society for Cinema Studies, Chicago, March 2000, published online at http://dtl.unimelb. edu.au/R/M55P4H74ABARG1AGSJIGJ4GE2L3C67NS3FH7NASL9C5F3BGTNP-01004?func=dbin-jump-full&object_id=67228&pds_handle=GUEST (last accessed: 4th of November, 2009).

27. Sean Cubitt, "Cybertime: Ontologies of Digital Perception".

28. Sean Cubitt, "Cybertime: Ontologies of Digital Perception".

29. Peggy Phelan, *Unmarked; The Politics of Performance*, London and New York, Routledge, 1993, p. 146.

30. *peep* was made and shown initially as part of a practice as research PhD project by Sarah O'Brien at Lancaster University, 2003.

same time in the on-stage action, pre-recorded video images of performers were projected on to actual performers masked from head to toe in a light-coloured cloth to take the life-size image. As the actual performers moved in pre-rehearsed choreography, the video projection mapped closely, but inexactly, on to the bodies creating another disjunction, temporal as well as spatial. The overall impact, I can report, was one not only of a *frisson* of dislocation of time and space but an awareness of a disjunction which could not readily be accommodated in the moment by any attempt at rational analysis of how the effects were achieved. The phenomenological impact was similar to what I understand to be Kattenbelt's experience of *U Right Standing*, though mobilised by a very different kind of intermedial theatre as a shared experience. "Normative" sense-perception is disrupted in a way which demands that the experiencers, in trying to make sense of what is happening to them, become aware of "dysreferential unrealities", namely that human perception is not fixed but capable of alteration.

40

Once again, we may seem to hear a resonance with Brecht's account of epic theatre. But there is a significant difference between the dislocations described and Brechtian *Verfremdungseffekt*. Shifts in perception may open up possibilities of political change in the sense that things may be otherwise than they are and that the "human condition" may be seen to be mutable. But such a perception does not necessarily entail political action to change things. And it is in this aspect of accounts of intermedial theatre that I sense some serious slippage between notions of agency, action and interactivity.

It was an integral part of Brecht's epic theatre strategy to activate the audience rather than render it passive. One of the distinctive features of digital media is their capacity for interactivity in respect of a wireless, two-way communicative manipulation of the os and 1s from which digital sounds and images are rendered. Indeed this aspect strongly informs digital culture. Different media historically have been seen to have different distinguishing features in respect of time, space and phenomenology. In Vivian Sobchack's account, for example, the still photograph:

> exists for us as never engaged in the activity of becoming . . . it never presents itself as the coming into being of being . . . . when we experience the "timelessness" that a photograph confers on its subject matter, we are experiencing the photograph's compelling emptiness; it exists as the possibility of temporality but is a vacancy within it.[31]

31. Vivian Carol Sobchack, *The Address of the Eye: A Phenomenology of Film Experience*, Princeton, Princeton University Press, 1992, p. 59.

Film, by contrast, Sobchack argues,

> does not transcend our lived-experience of temporality but rather it seems to partake of it, to share it. Unlike the still photograph, the film exists for us as always in the act of becoming.[32]

If Sobchack's account allows for an experience of becoming in the viewing of a film, through the fluidity of its treatment of time, Cubitt recognises *a fortiori* an additional temporal fluidity in the experience of digital media:

> The filmic "fullness" constructed in the congruence of film time with subjective time is broken in the digital media through the constant flickering of the digital file between existence, erasure and permutation. Though still not absence, this is not presence in the phenomenological sense. It is a subjunctive mood of being, a moment in which subject and object are as like as not to go their separate ways.[33]

41

Such accounts of the experience of digital time and space place emphasis on process, a subjunctive becoming which, fluid and fragmentary, resists materialisation into being. In intermedial theatre events, a dislocating impact may arise phenomenologically from a simultaneous sense of both absence and presence, an experience of processual becoming, in tension with an affirmation of being "live" in a theatre space. In the first instance, however, it is a matter of individual felt experience, an (aesthetic) affect rather than a (political) effect and presupposes a collaborative engagement. But such theoretical insights into process are all too often applied wholesale when, in practice, variable levels of agency of the experiencer need to be taken into account. Indeed, levels of interactivity required by texts range from a merely reactive engagement (what Yamashita has dubbed "dumb" interactivity[34]) to genuine opportunities for the experiencer to alter a work in process. Two examples of digital internet dance projects will illustrate the point: *dad.project* (David Corbet and Simon Ellis, 2006), and ICI (Interactive Choreography Installation) from the 2005 TISCH ITP Spring Show.

The *dad.project* website offers a range of what the creative archivists, Corbet and Ellis call "digital flickbooks". By moving the mouse around the image, the stick figure of the dancer is minimally animated in much the same way as stick people drawn in different positions on the corners of the pages of a notebook appear to be in motion when the pages are flicked. I have enjoyed inter-acting

32. Vivian Carol Sobchack, *The Address of the Eye: A Phenomenology of Film Experience*, p. 60.

33. Sean Cubitt, "Cybertime: Ontologies of Digital Perception".

34. Allen Yamashita is Creative Director of Chimera, an entertainment industry partnership making interactive media facilities.

with the twenty or so dancers on the site but I have to say I do not feel that I have danced with them. The *dad.project* purports to lend agency to the spectator, affording:

> an opportunity for viewers to breathe life into "static" embodied images: to make them move to contribute to their liveness, and to imagine performativity inbetween (*sic*) traditional theatrical contexts.[35]

But the engagement is, in my view not interactive but merely reactive, physically constrained to a contact only between hand and mouse.[36] Indeed it is less corporeally interactive than the physical flickbook from which it is derived since, with this, a certain amount of "touch" is required to control the paper flow and keep the animation rolling. Though Corbet and Ellis reiterate "the dissolution of any performance hierarchy" between the "live" and the "mediatised",[37] in moving the mouse I do not "see it feelingly", to borrow the words of King Lear, in the way I "feel" it when I dance with an embodied presence in actual space.

The ICI project seems to have foreseen some of these objections. In this project, the actual movement of the experiencer in her personal space triggers the movement in virtual space. A camera hung at the top centre of the room and connected to a fast Mac/PC running a Jitter patch, senses her movement, speed and position. The patch is connected to the existing sound system in the room. An infrared light source used with filter on the camera blocks out all changes in light that come from the projector. The interface is the viewer's body and the space within which it moves:

> **User Scenario:** As you walk into the space a projection of a video-dance turns on. The rate at which the video-dance plays depends on your velocity. When you slow down the video-dance slows and darkens, as you speed up it becomes clearer. Depending on where you are in the room small loops will fade in onto the primary continuous video layer. These short loops will address you directly asking you to stay in place, move in a certain direction, change speed etc. When you stand still the video either fades out or loops in a way which encourages you to keep moving, thus making the experience a choreography between you and the projected dance-situations.[38]

---

35. http://www.skellis.net/dad.project/flickbook.php?fb_id=29, (last accessed 2nd of August, 2009).

36. Dixon distinguishes the interactive from the merely reactive. Steve Dixon, *Digital Performance*, p. 561.

37. http://www.skellis.net/dad.project/past.htm (last accessed the 5th of October, 2006).

38. http://itp.nyu.edu/show/spring2005/detail.php?project_id=245 (last accessed the 9th of November, 2009).

Both these projects take up the digital age's celebrated disposition to be "interactive" in a process. Where the first is in my view limited to the reactive, the second affords considerably more interaction in that the experiencer's movements impact on the projection, even though the video-dance is pre-recorded. Both pieces locate themselves, however, in the contemporary tendency to valorise the "interactive" capacity which digital technologies offer as if it is self-evidently preferable, more democratic even, to be interactively, processually, engaged rather than passive. Once again we may discern an echo of Brecht's strategies but its faintness derives perhaps from a fundamental shift in historical context from a humanist to a posthumanist paradigm.

I used the term "posthuman" above with the accent which takes digital technologies to be an extension of human capacities. But there is another accent of "posthumanism" which displaces "Man" from the centre stage of history and, in its more apocalyptic version, suggests a collapse of any difference from (digital) machines. [39] Amongst performance artists, Stelarc is perhaps the practitioner most committed to the advocacy of Cyborg culture, arguing that the body is obsolete.[40] Thus when agency is under consideration, it matters in which paradigm it is located. Paralleling the displacement from centre stage of "Man as the measure of all things", the actor's agency and centrality is diminished in intermedial theatre by demotion from the apex of the hierarchy of stage signs. The performer today is just one of many signifiers in a complex, multi-layered event. In intermedial theatre, "embodied man" as represented by the actor in Brook's seminal empty space has been displaced by microphones, cameras, TV monitors, laptop PCs, projection screens, motion sensors and related technologies. But such digital paraphernalia does not entail the abandonment of a human paradigm and much practice continues to explore the human condition in an Enlightenment tradition. However, in the assumptions made about interactivity, impact and effect, an uneasy slippage between paradigms is evident with a frequent assumption, posited by poststructuralism, of the experiencer as a conflicted, non-self-identical subject who might perpetually perform her several identities in an endless process.

A Brechtian rational appeal through an epic theatre to such a subject is patently inappropriate since Brecht's theatre was conceived in the context of the Hegelian-Marxist Grand Narrative of human progress. But, if we now inhabit a

43

39. For a discussion of the posthuman condition see, N. Katherine Hayles, *How We Became Posthuman: Virtual Bodies in Cybernetics, Literature, and Informatics.*
40. Steve Dixon, *Digital Performance*, p. 312-321.

posthuman condition under the second of the two accents, not only has linear narrative trajectory been abandoned but also the sense of agency of human beings in determining history. And thus the question arises as to how perspectives of disruption and resistance in respect of politics and ethics might be theorised in a posthuman performance context. Is the intermedial affect mobilised through the dislocations described in some of the pieces discussed above merely a *frisson* experienced in playful collisions, or, in affording an experience of being simultaneously both in actual and virtual worlds, is it something more profound and radically disturbing of a sense of self that new modes of perception are inevitably entailed, and perhaps cognitively realised?

Thus far this article has taken a sceptical stance not so much on intermedial practices but on the sometimes extravagant and unwarrantable claims for their efficacy and particularly their potential to engender political change such as Brecht sought. To sound a more positive note, I propose briefly to review what intermedial practices in a digital culture have to offer. It is important to take both the practices and the context in which they are experienced into account since, following Benjamin, I take the view that paradigm shifts gradually change cultural perception. Where computer usage is an everyday facility it has become an extension of human capacity of the kind nominated "posthuman" (first accent), and, as Katherine Hayles famously remarks, "people become posthuman when they think they are posthuman".[41] The almost instant access today almost anywhere to a vast range of information with the capacity to juxtapose information from disparate sources in multiple windows on a single screen (desktop, laptop, PC , Black Berry, cellphone) disposes experiencers afresh to accessing and processing information, and even to an understanding of what "knowledge" is. My concern in what follows is the role of digital intermedial practices in promoting this perceptual shift.

At one end of a putative spectrum between sensual indulgence and cognitive knowledge, some digital intermedial practices appear in the first instance merely to offer an enjoyable experience of creative play (and there's nothing wrong with that). Sarah Rubidge's *Sensuous Geographies* (2003), for example, invites participants to follow some simple instructions to explore a wired environment barefoot and blindfold after donning a veiled and brightly coloured silk robe.[42]

41. N. Katherine Hayles, *How We Became Posthuman: Virtual Bodies in Cybernetics, Literature, and Informatics*, p. 6.

42. Alistair MacDonald, Maggie Moffat and Maria Verdicchio are acknowledged collaborators on *Sensuous Geographies*.

44

The space is shaped by suspended materials hanging from ceiling to floor which also serve as projection screens visible to spectators awaiting their turn to join in. Experiencers explore a floor comprised of a range of sensuous materials and, as they move, collectively activate (through a colour recognition camera) an immersive sonic environment. Each experiencer discovers, however, that a particular sound strand is attached to her and thus, individually and collectively, they can "play" the space and play with each other. Treated live-feed video projections of the "dancers'" everyday movements come and go like coloured ghosts on the hangings for the pleasure of the spectators. From within and without, the "sensuous" pleasure of a fluid and mobile sonic architectural environment is foremost. But that is not necessarily all. As Dixon has reflected:

> Participating and immersing oneself in the subtle and exquisite performance of *Sensuous Geographies* is to experience how the space and music feels through the body's intimate "knowledge" (in Bergson's and Merleau Ponty's sense of the word).[43]

In recent years, "practice as research" in the performing arts has overtly explored forms of "embodied knowledge" in the phenomenological tradition[44] and, perhaps ironically given its digital frame, Rubidge's *Sensuous Geographies* instances the possibilities. However, in having an outer ring of spectators as well as experiencers within the inner ring, it places emphasis also on a more overtly cognitive knowledge through an invited contemplation. As Dixon summarises, "*Sensuous Geographies* is, in a very real sense, a 'sensational' space, a space where in Deleuzian terms 'every sensation is a question,' but a question without an answer—a space of becoming which never becomes."[45] On this reflection, *Sensuous Geographies* offers radical thinking through a delicately pleasurable experience.

As my illustrative examples in this essay have also shown, normative human perception may be significantly discomfited and dislocated by a digital performance experience. *U Right Standing*, as recounted above, is a case in point. Initially it might seem no more than agreeable creative play but, besides shaking her up literally, *U Right Standing* makes the experiencer aware in the first instance that normative human perception is not an absolute. Subsequent reflection, as perhaps demanded by the dislocations of the experience, might emphasise a strong body-mind relation rather than re-enforcing a traditional Cartesian split since, on reflection, it becomes evident that the rational mind

43. Steve Dixon, *Digital Performance*, p. 404.
44. Robin Nelson, "Practice-as Research and the Problem of Knowledge".
45. Steve Dixon, *Digital Performance*, p. 406.

can be deceived by a spatially dislocated experience of embodied knowledge feeding back to the mind. *U Right Standing* might thus bear out Susan Broadhurst's claim that "[digital] technology's most important contribution to art may well be the enhancement and reconfiguration of an aesthetic creative potential which consists of interacting with and reacting to a physical body not an abandonment of the body".[46] Indeed, new modes of perception and consciousness may well emerge from such experiences very differently structured from the eye-mind observation at a distance demanded by a theatre configuration in which the audience is spatially separated from the stage action. New modes of perception and consciousness, whilst they do not, of course, directly dispose experiencers to socio-political change, do open up fresh possibilities of all kinds and thus resist a passive adherence to hegemonic social norms allegedly reinforced by earlier mass media.

46

An example of digital performance which is more overtly confrontational politically and retains a more traditional relation of theatre spectatorship is Dumb Type's S/N (1992-96). The piece is undoubtedly digital high-tech, involving multiple projections onto four screens which make up a wall which forms the lower level of a two-tiered stage. The projections mix written text and visual images relating to HIV-AIDS, the theme of the piece. The performers operating either downstage of the screens (the narrator) on the lower level but mainly above juxtaposing abstract machinic or animalistic movement with the projections. The direct address of the "talk-show-host" narrator along with the projected words (singly or in phrases) confront spectators with the problematic of distinguishing those with AIDS from those not HIV-positive. The dynamics of the presentation, building to a frenetic climax of writhing, screaming and shouting, directly disturbs and challenges primarily the mind, impacting much less on the body (though there is a kind of assault on the senses) than *Sensuous Geographies* or indeed other Dumb Type projects addressing AIDS such as *Lovers: Dying Pictures, Loving Pictures* (1994). The non-immersive theatre form and the content of the piece conjoin to evoke a primarily cognitive consideration of the AIDS-HIV pandemic and thus mark the other end of my putative spectrum between sensual indulgence and cognitive knowledge.

All the above examples involve the posthuman performer defined as an actor who engages with digital technologies, interacting with screen projections, telematics, motion sensors, VR headsets and gloves. If they are taken to function in a posthuman (first accent) context, collectively the performances have

46. Cited in Steve Dixon, *Digital Performance*, p. 56.

contributed to a recognition that we inhabit times in which for many (though, of course, not all) digital technologies have become "naturalised" as extensions of human capacities of a distinctive (digital) kind that might amount to a new posthuman condition (second accent). Such a move is perceptually and phenomenologically—though not necessarily politically—radical. If the practices are politically radical, it is more in terms of the politics of aesthetic process, as expounded for example by Deleuze or Rancière, than in terms of the Marxist politics adhered to by Brecht. Rancière proposes a "distribution of the sensible"[47] which is re-negotiated when a social fraction becomes aware of inequities in that distribution. Rancière, according to Röttger's account, envisages, like Boenisch, the mobilisation of political response by "an intermedial event [that] opens up and stages perspectives on media by revealing their mediality".[48] As he puts it, "the clash of these heterogeneous elements is supposed to provoke a break in our perception, to disclose some secret connection hidden behind everyday reality".[49] This does indeed appear to map onto Brecht's notion of a radical separation of the elements to expose underlying realities but experiencers are not mobilised into a politics of action but remain in a politics of aesthetics. [50]

47

There is no reason why digital intermedial theatre should be committed to a politics of action other than that the repeated evocations of Brecht in this context might suggest it. Rancière's re-formulation of Brecht, in moving politics from action to aesthetics, by way of the poststructuralist realm of discourse, however, leaves inequities of wealth and power precisely untouched. Any re-distributions of the sensible are matters of experiencers' perceptions in a post-democratic context which, according to Röttger, "simulates a re-negotiation of the distribution of the sensible by way of a mimetic dramaturgy, thus precluding disagreement and/or preventing politics from taking place in reality".[51] This is not politics as Brecht

47. Jacques Rancière, *The Politics of Aesthetics: The Distribution of the Sensible*, trans. Gabriel Rockhill, London and New York, Continuum, 2004, p. 12.

48. Kati Röttger, "Media/Politics in Performance. *Bambiland* by Elfriede Jelinek and Christoph Schlingensief" in Meike Wagner and Wolf-Dieter Ernst, *Performing the Matrix: Mediating Cultural Performances*, München: epodium Verlag, 2008, p. 355.

49. Cited in Kati Röttger, "Media/Politics in Performance. *Bambiland* by Elfriede Jelinek and Christoph Schlingensief", p. 341.

50. For a discussion of Rancière and an application of his theory to an example of intermedial work, see Kati Röttger, "Media/Politics in Performance. *Bambiland* by Elfriede Jelinek and Christoph Schlingensief".

51. Kati Röttger, "Media/Politics in Performance. *Bambiland* by Elfriede Jelinek and Christoph Schlingensief", p. 340.

knew it. Of course, Brecht's epic theatre no more achieved its aims of redistribu-ting wealth and power in reality than "distribution of the sensible" promises. But to associate him with a politics divorced from relations of authority and power in the actual world would certainly be to take his name in vain.

In conclusion, this essay has attempted to tease out the implications of claims and assumptions made about the impact, affect or effect of intermedial theatre, after Brecht. By pointing to a range of examples from different kinds of practice sheltering under the umbrella of "intermedial theatre", I have aimed to illus-trate first that any general assumption about the effect of such practices may be unhelpful since they function in different ways in respect of different intentions. Following others, I have argued that new digital media would appear to have properties different from their mechanical and analogue predecessors. Parti-cularly when brought into play in a space with actual performers, these properties afford opportunities for dislocations through radical juxtapositions, specifically at this historical moment when devices and combinations are new. But it cannot be assumed that all intermedial theatre practices are aimed at "dysreferential unrealities".

A sense of agency, particularly in the context of genuine interactivity facili-tated by certain kinds of digital practice, might well be encouraged by digital technologies and the related mindsets of a digital culture. What precisely may be the impact of any new awareness is shaped, however, by the context of reception and by the broader cultural circumstances at the time of the experience. Some practices may draw attention to new modes of consciousness and ways of being in a digital world, whilst others would appear to invite abandon to a sensual process of becoming with arrival endlessly deferred. Both primarily function within a politics of aesthetics but, at best, it may even be that a politics of aesthetics might lead to a positive social intervention. But this will always be a matter of nego-tiation of text in context, not a matter of textual determinism.

Le « projet multithéâtral »

Transformations intermédiales
des scènes italiennes contemporaines

Erica Magris

INTRODUCTION : DU SPECTACLE AU PROJET « MULTITHÉÂTRAL »

Le passage de l'œuvre aboutie au *work in progress* occupe une place fondamentale parmi les transformations qui ont affecté les arts dans la deuxième partie du 19e siècle. Les moyens d'enregistrement, traitement et diffusion des images et des sons contribuent à modifier l'espace et le temps de la création ainsi que de l'œuvre, en ouvrant des possibilités inouïes et en basculant les frontières entre le produit et le processus[1]. Au théâtre, cette tendance assume des visages multiples, dont l'avancement de la création par essais, la pratique du laboratoire ou bien le film de théâtre comme phase ultime de la vie du spectacle.

En Italie, à l'aube du nouveau siècle, les compagnies issues de la « Génération 90[2] » ont systématisé un mode de création particulier appartenant à cette lignée, qu'elles appellent « *progetto* » (« projet ») et que je propose de définir

1. Ce phénomène est particulièrement évident dans le domaine de la performance, où l'élaboration créatrice des traces documentaires de l'action performative constitue une partie fondamentale du projet artistique.

2. Par cette dénomination, la critique italienne désigne les compagnies qui s'imposent à l'attention publique au milieu des années 1990 par l'organisation de manifestations indépendantes : Opera Prima à Rovigo en 1994, Teatri Invisibili à San Benedetto del Tronto en 1995, et surtout le festival Teatri Novanta, organisé de 1997 à 1999 à Milan par Antonio Calbi. Ces compagnies sont aussi appelées « théâtres invisibles » par Renato Palazzi, « derniers théâtres » par Paolo Ruffini et Cristina Ventrucci, et « troisième vague » par Renata Molinari. Voir Stefania Chinzari, Paolo Ruffini (dir.), *Nuova scena italiana. Il teatro dell'ultima generazione*, Rome, Castelvecchi, 2000 et Renata Molinari, Cristina Ventrucci (dir.), *Certi prototipi di teatro. Storie, poetiche, politiche e sogni di quattro gruppi teatrali*, Milan, Ubulibri, 2000.

plus précisément comme «projet multithéâtral[3]». L'artiste de théâtre conçoit la création comme un parcours de quelques années autour d'un thème, d'une œuvre ou d'un auteur. Il avance ainsi par étapes, en réalisant non seulement des spectacles ou des performances, mais en se consacrant également à d'autres formats artistiques et en faisant usage de plusieurs médias.

Du point de vue historique, ce phénomène est la dernière manifestation d'une tradition nationale concernant l'intérêt des metteurs en scène pour les moyens de communication et leurs langages. Il suffit de rappeler brièvement les expériences télévisuelles que Carmelo Bene et Luca Ronconi réalisent dans les années 1970, ou le mouvement du *videoteatro* («théâtre-vidéo») dans les années 1980, alors que les moniteurs envahissent les plateaux et que la transposition vidéo des spectacles constitue l'aboutissement de la création théâtrale pour de nombreux artistes. Dès leur origine, les compagnies de la «Génération 90» se caractérisent par l'approche interdisciplinaire qu'elles développent aussi en réponse aux conjonctures économiques dans lesquelles elles ont à travailler. En effet, l'organisation de la création dans la forme projet aide à forcer la fermeture du système théâtral italien, dans lequel les fonds destinés au théâtre sont minces et rarement utilisés pour le soutien et la diffusion des jeunes artistes, et représente une stratégie productive qui offre l'opportunité d'établir des partenariats avec des institutions de différents domaines artistiques. Sur le plan technologique, la mise en œuvre de cette méthode correspond au développement de l'usage des technologies numériques du son et de l'image. C'est justement cette correspondance qu'il faut considérer pour comprendre les éléments de fracture du «projet multithéâtral» par rapport aux expériences précédentes et la nature de l'intermédialité qu'il met en œuvre.

Nous allons mettre en évidence les enjeux du «projet multithéâtral» par l'observation de deux exemples significatifs: le projet *L'ospite* (*Le visiteur*, 2003-2004), réalisé par la compagnie Motus de Daniela Nicolò et Enrico Casagrande d'après *Petrolio* (*Pétrole*, 1972-1975) et *Teorema* (*Théorème*, 1968) de Pier Paolo Pasolini, et le projet *Ada, cronaca familiare* (*Ada, chronique familiale*, 2002-2006) créé par la compagnie Fanny & Alexander de Chiara Lagani et Luigi De Angelis d'après le roman de Vladimir Nabokov *Ada or Ardor: a Family Chronicle* (*Ada ou l'ardeur*, 1969).

3. Le substantif italien «*progetto*» est emprunté au 16ᵉ siècle au terme français «projet»: dans les deux langues, le terme met en évidence la notion d'étude et d'évaluation de l'idée à réaliser.

Les deux projets naissent de la rencontre des compagnies avec des œuvres non théâtrales, qui déclenchent le désir d'une mise en scène, mais qui s'avèrent irréductibles à la forme du spectacle. Pour Nicolò et Casagrande, invités par Mario Martone à participer au *Progetto Petrolio* qu'il met en place à Naples autour du roman *Pétrole*[4] et fascinés par l'œuvre littéraire et cinématographique *Théorème*, il s'agit de laisser « visiter » leur travail théâtral par cette figure d'intellectuel, écrivain, cinéaste, tandis que pour Lagani et De Angelis, le roman de Nabokov, découvert à l'occasion d'une nouvelle traduction italienne[5], devient une mine de situations et de réflexions mettant en question leur poétique, leur position d'artistes. Les œuvres inspiratrices constituent donc les sources de la forme inter-médiale et ouverte du projet, et ce, à cause des caractéristiques essentielles qui les rapprochent au-delà de toutes les différences stylistiques et thématiques.

51

AUX SOURCES DE L'INTERMÉDIALITÉ : LES ŒUVRES INSPIRATRICES

Pétrole et *Ada ou l'ardeur* sont des romans, et *Théorème* est une œuvre bifront composée d'un roman et d'un film, dont les genèses sont parallèles. Ces œuvres remontent à la même époque, soit la fin des années 1960 et le début des années 1970 : il s'agit d'un moment historique particulier, où les avancées médiatiques et technologiques, qui deviennent d'ailleurs l'objet d'une réflexion théorique spécifique, sont les complices d'une véritable révolution culturelle et sociale. Pour reprendre l'expression forgée par Marshall McLuhan à l'époque, la « fin de la Galaxie Gutenberg[6] » bouleverse la valeur de la littérature et de l'intellectuel dans la société. Les œuvres dont il est question participent des inquiétudes et des incertitudes qui assaillent les auteurs et elles proposent de nouvelles stratégies de relation entre l'art littéraire et le monde.

Dans *Théorème*, pour la première fois Pasolini aborde directement la des-cription de l'univers bourgeois, en utilisant le modèle scientifique d'observation et de construction du raisonnement indiqué dans le titre afin de se distancier

4. Entre octobre 2003 et février 2004, le metteur en scène Mario Martone, persuadé de l'actualité et de la richesse du roman, invite plusieurs artistes de théâtre à entrer en dialogue avec *Pétrole* et à présenter les résultats de cette confrontation dans plusieurs lieux de la ville de Naples. Il reste de cette expérience une publication : Mario Martone (dir.), *Petrolio*, Napoli, Cronoprio, 2003.

5. Vladimir Vladimirovič Nabokov, *Ada o ardore*, trad. Margherita Crepax, Milan, Adelphi, 2000.

6. Marshall McLuhan, *The Gutenberg Galaxy: The Making of Typographic Man*, Londres, Routledge and Kegan Paul, 1962.

d'un objet qui le dégoûte profondément. Pasolini raconte les conséquences de l'apparition d'un visiteur mystérieux, sorte de nouveau Dionysos ou Jésus, dans une famille bourgeoise. Celui-ci séduit tous les habitants de la maison (le père Paolo, la mère Lucia, les enfants Odetta et Pietro, et la bonne Emilia) et, par la force de l'irrationnel et le scandale du rapport sexuel, il détruit toutes les certitudes de classe qui soutiennent leur faux monde. L'existence des personnages, incapables de réagir à l'épiphanie du sacré, tombe dans le chaos, à l'exception de celle de la bonne, qui, en raison de ses origines paysannes, parvient à effleurer la sainteté.

La difficulté de Pasolini face à un sujet qui lui est étranger se reflète dans l'hésitation qui accompagne le choix du média à utiliser. L'auteur envisage initialement d'écrire une pièce de théâtre, mais renonce à cette idée parce qu'il imagine une action presque muette, dont la qualité du silence ne peut pas être atteinte sur un plateau, où des acteurs agissent face à des spectateurs. Finalement, il se résout à la réalisation parallèle mais indépendante d'un roman et d'un film, et il nourrit l'écriture littéraire d'éléments grammaticaux et syntaxiques du cinéma. L'auteur utilise le temps verbal du présent, comme si l'action racontée était en train de se dérouler sous les yeux du lecteur-observateur, et construit la narration par séquences séparées, en adoptant des marques cinématographiques dans le montage et le cadrage des images évoquées par la parole. Par une sorte de pacte implicite avec l'auteur, le lecteur est ainsi appelé à combler les lacunes, les omissions et les suspensions du texte, en acceptant et comprenant les conventions du langage cinématographique.

Pasolini concentre dans la double genèse de *Théorème* les réflexions qu'il est en train de développer autour du scénario, du cinéma et de la forme ouverte de l'œuvre littéraire. Le désir d'avoir une prise sur la réalité incite Pasolini à se tourner vers la caméra, qui permet d'écrire directement avec les signes du réel, et l'exigence de renouer le rapport avec le lecteur et de l'impliquer dans la réflexion sur le monde le conduit à envisager des formes inabouties[7]. Il parvient ainsi à définir une nouvelle modalité d'œuvre et de travail, que la chercheuse Carla Benedetti désigne comme «forme-projet[8] ».

7. Pour une analyse plus précise des stratégies de Pasolini, voir Federica Ivaldi, Erica Magris, «Pasolini Ospite provocatore delle scene contemporanee: da *Teorema* a *L'ospite* di Motus», dans Ben Lawton, Maura Bergonzoni (dir.), *Pier Paolo Pasolini: In Living Memory*, Washington, New Academia Publishing, 2009, p. 269-299.

8. Carla Benedetti, « L'autore in carne e ossa », dans *Pasolini contro Calvino. Per una letteratura impura*, Turin, Bollati Boringhieri, coll. « Temi », 1998, en particulier p. 137-187. Benedetti affirme que «l'écriture du dernier Pasolini s'ouvre à ce qui est esthétiquement

La réalisation extrême de la «forme-projet» est *Pétrole,* un travail sur les classes au pouvoir que la mort de Pasolini interrompt soudainement. Le roman raconte la métamorphose de l'ingénieur Carlo, appartenant à la classe des dominateurs, en figure soumise et dominée, à travers sa transformation en femme et sa soumission sexuelle à des jeunes de classes populaires. Dans l'idée initiale, le roman aurait dû se présenter comme l'édition critique d'une œuvre inaboutie, composée de matériaux hétérogènes : des notes numérotées qui constituent les fragments de la narration, la correspondance de l'auteur, des entretiens, des films et des extraits de journaux sur la situation historique italienne de l'époque[9]. Pasolini aurait voulu multiplier les niveaux de la narration (histoire de Carlo, histoire de l'auteur et de la composition de l'œuvre, histoire de l'Italie) et créer ainsi des passages et des superpositions entre la réalité et la fiction, dans lesquels le lecteur aurait dû trouver son propre chemin.

Si Pasolini fragmente et multiplie l'écriture en faisant usage d'autres langages, Nabokov concentre dans le texte littéraire plusieurs procédés. En effet, *Ada ou l'ardeur* a été défini par le critique Parker comme «l'œuvre la plus complexe, la plus ambitieuse et la plus ouverte de Nabokov[10]». Le roman raconte l'amour incestueux de Van et Ada Veen, en présentant aussi l'histoire des autres membres de leur famille. Les deux protagonistes, officiellement cousins, sont en réalité frère et sœur et, à partir de l'adolescence, sont unis par une passion interdite qui les accompagne tout au long de leur vie. Le roman se présente comme l'autobiographie rédigée par Van avec l'aide d'Ada pendant la vieillesse. L'histoire se déroule de 1870 à 1967, dans un univers imaginaire appelé Anti-terre, où les coordonnées spatio-temporelles courantes sont bouleversées. La narration

53

impur (l'ébauche, le non-fini, la parole directe de l'auteur, les finalités pratiques de la poésie) dans la tentative de retrouver l'efficacité de la parole poétique en dehors de son champ conventionnel ; pour sortir, au bout du compte, de ce jeu protégé et emprisonnant, dans lequel toute parole est morte dès le début», p. 23. À propos des dernières œuvres de Pasolini, elle souligne que «comme dans les arts performatifs, même dans ces cas, l'objet esthétique perd de l'importance, ou mieux, il devient immatériel, il se conceptualise. L'objet matériel au contraire – ce qui restera et dont on pourra jouir, dans ce cas, le texte – est seulement une trace, un document ou une anticipation qui déclare ce que l'artiste a fait ou fera. Mais en soi, cet objet est seulement un résidu, qui a un sens et une valeur parce qu'il renvoie au geste de l'artiste ; ce n'est pas un objet capable de signifier par ses seules propriétés formelles», p. 141.

9. Le roman a été publié après la mort de Pasolini et il est constitué d'un ensemble d'«*appunti*» (notes narratives).

10. Stephen Jan Parker, *Understanding Vladimir Nabokov*, Columbia, University of South Carolina Press, 1987, p. 109.

se développe ainsi parmi les anachronismes, les incongruités et les paradoxes qui détruisent la linéarité du récit et qui deviennent autant de clins d'œil que l'auteur adresse au lecteur. Comme dans *La recherche* proustienne, la forme autobiographique contient une réflexion sur le rapport entre le temps et la mémoire, l'art et la vie, que Nabokov conduit avec ironie en enrichissant l'écriture de renvois intertextuels et intermédiaux, de mises en abyme et de remarques métapoétiques.

Le tissu du roman devient presque inextricable et les possibilités de sa lecture s'avèrent inépuisables. Nabokov travaille sur la langue, avec le mélange des idiomes (l'anglais, le français et le russe), les jeux de mots et les doubles sens, et parsème la narration de références à la science, à l'histoire littéraire, au cinéma et au théâtre, qui travaillent l'œuvre de différentes manières et sur plusieurs niveaux[11]. Dans la fiction, Ada est passionnée par l'entomologie, et dans l'écriture Nabokov déploie l'observation précise du détail et l'esprit de classification typiques du scientifique. Néanmoins, l'esprit scientifique se heurte à une réalité qui sort des lois naturelles et qui se révèle finalement énigmatique et insaisissable. De plus, l'œuvre présente tant de citations qu'elle forme « une sorte d'anthologie et de manuel du roman moderne[12] », dont elle dévoile l'influence sur notre imaginaire et sur notre manière d'interpréter la vie. Le cinéma aussi occupe une place insistante, dans la fiction, aussi bien dans les situations et les professions des personnages, que dans l'écriture du narrateur et dans les métaphores qu'il utilise. La dimension théâtrale enfin repose sur la profession et le destin des personnages[13], mais surtout sur le fait que tous les membres de la famille ne cessent de jouer une comédie où les liens de sang et les sentiments sont en même temps officiellement cachés, mais en réalité bien connus de tout le monde. Dans *Ada ou l'ardeur*, comme le dit Maurice Couturier, Nabokov « nous prive des assurances que nous possédons dans le quotidien et asservit notre imaginaire à sa magie perverse[14] ».

Par leur caractère hybride et leur complexité, les œuvres de Pasolini et Nabokov entrent en résonance avec les mutations actuelles qui investissent l'art

11. Voir Maurice Couturier, *Nabokov ou la tyrannie de l'auteur*, Paris, Éditions du Seuil, coll. « Poétique », 1993.

12. Maurice Couturier, *Nabokov ou la tyrannie de l'auteur*, p. 73.

13. Marina, mère d'Ada et Van, est une actrice de théâtre, dont la spécialité est le rôle d'Ophélie. D'ailleurs Lucette, la petite sœur des amants, se noie comme une nouvelle Ophélie, parce que Van, dont elle est amoureuse, n'éprouve pas envers elle les mêmes sentiments.

14. Maurice Couturier, *Nabokov ou la tyrannie de l'auteur*, p. 245.

théâtral sur le plan esthétique, technologique et sociologique. À travers l'opération de transposition des œuvres dans le projet de théâtre, Motus et Fanny & Alexander en renversent les caractéristiques originales : Casagrande et Nicolò visent à concentrer sur la scène les langages multiples utilisés par Pasolini, tandis que De Angelis et Lagani travaillent sur la décomposition du tissu nabokovien.

LE PROJET L'OSPITE PAR MOTUS

Au premier regard, la création de Motus apparaît bien proche de la notion traditionnelle de travail théâtral, car elle se compose principalement d'un diptyque de spectacles, *Come un cane senza padrone* (*Comme un chien sans maître*), réalisé en 2003, et *L'ospite*, présenté l'année suivante. En réalité, le projet est complété par un site Internet[15], un DVD destiné à la circulation dans le milieu professionnel et par une section dans un livre grand format[16]. La création suit un parcours à rebours à travers les œuvres : en effet Motus part de la plus récente, *Pétrole*, pour aborder ensuite la précédente, *Théorème*.

    Come un cane senza padrone[17] d'après *Pétrole* est une étude linguistique et technique, dans laquelle la compagnie repère et expérimente les clés qui lui serviront ensuite à transposer l'œuvre double qu'est *Théorème*. Le dispositif élaboré par Nicolò et Casagrande affiche clairement les principes de la recherche. (Fig. 1)

    Tandis que, sur scène, une actrice (Emanuela Villagrossi) lit dans un microphone les notes 58 à 62 du roman, sur un écran à côté d'elle, est projeté un film muet tourné par la compagnie, lequel traduit en images le récit en suivant mot à mot le texte de Pasolini. De l'autre côté de la surface de projection, les mêmes acteurs qui jouent dans le film (Dany Greggio et Frank Provvedi), assis à une table, doublent en direct les images par des effets de bruitage amplifiés par des

55

---

15. Voir www.motusonline.com/ospite/it_ospite_presentazione.htm, consulté le 15 août 2009.

16. Enrico Casagrande et Daniela Nicolò, *Io vivo nelle cose. Appunti di viaggio da "Rooms" a Pasolini*, Milan, Ubulibri, 2006.

17. *Come un cane senza padrone*, d'après le roman *Pétrole* de Pier Paolo Pasolini. Conception et mise en scène d'Enrico Casagrande et Daniela Nicolò, dramaturgie de Daniela Nicolò, montage audio d'Enrico Casagrande, captation et montage vidéo de Simona Diacci, ingénieur vidéo Giovalli Girelli, technique son de Carlo Bottos, costumes d'Ennio Capasa pour Costume National, avec Dany Greggio, Franck Provvedi, Emanuela Villagrossi, production de Motus et du Théâtre National de Bretagne, en partenariat avec le Teatro Mercadante de Naples/Progetto Petrolio, Naples, « Progetto Petrolio », usine désaffectée, ex Italsider de bagnoli, 29 novembre 2003.

Fig. 1 : Cie Motus. Spectacle : *Come un cane senza padrone*, 2005. Photographe : Diego Beltramo.

microphones. Dans la transposition théâtrale de *Pétrole*, Motus travaille donc sur la littéralité et sur le transcodage, c'est-à-dire sur le passage du discours d'un code à un autre. Cette opération est fondée sur la conscience expérimentale de l'altérité des codes utilisés et produit des écarts et des transformations qui ont valeur de réflexion quant au fonctionnement des processus de communication. Les metteurs en scène adhèrent à la lettre de l'œuvre pasolinienne et portent sur scène la parole de l'auteur dans sa forme originale. En même temps, ils transposent le message verbal dans des codes différents, de l'écrit à l'oral, du verbal au visuel, du littéraire au cinématographique, par l'utilisation d'outils technologiques et d'éléments de médiatisation.

À côté de ce dispositif de parole-image-son qui raconte l'histoire du roman, Nicolò et Casagrande placent un autre ensemble d'éléments qui renvoient à l'extérieur de la fiction. Au centre de la scène se trouve une voiture, qui est la copie conforme de l'Alfa de Pasolini[18], surmontée d'un triptyque vidéo où

18. Le cadavre de Pasolini est trouvé abandonné à la périphérie de Rome le 2 novembre 1975. Le jeune Pino Pelosi est arrêté par la police, alors qu'il conduit à toute vitesse la voiture de l'écrivain, et avoue l'avoir tué en réaction à une agression sexuelle. Néanmoins, cette mort violente présente encore des côtés obscurs liés à la situation politique particulièrement tendue que l'Italie connaissait à l'époque. La voiture de Pasolini est donc un symbole du destin de cet intellectuel et de sa fonction de conscience critique et provocatrice dans la société italienne. La force et l'évidence de ce symbole se retrouvent

apparaissent des images de banlieues prises d'un véhicule en mouvement dans des villes italiennes. Enfin, sur un autre écran, placé au-dessus de la table de régie d'où les metteurs en scène règlent en direct les dispositifs, défile une vidéo tournée dans un camp de nomades où des enfants jouent avec Nicolò et Casagrande en train de les filmer. Tous ces éléments constituent une sorte d'installation placée à l'intérieur du spectacle. Le spectateur est invité à y déambuler mentalement, à travers un chemin qui le conduit de la fiction à la figure de l'auteur, avec les vagabondages de celui-ci et le regard qu'il porte sur l'Italie de son époque, jusqu'au voyage que Nicolò et Casagrande ont accompli dans la réalité d'aujourd'hui. Le troisième principe du projet *L'ospite* est donc la mise en abyme, qui est réalisée selon deux axes : historique, par l'insertion de références à la figure de Pasolini et à son temps, et poétique, par le dévoilement partiel du processus de création suivi par la compagnie. Motus construit ainsi un parcours sur quatre niveaux : l'œuvre originaire, les métamorphoses intermédiales de celle-ci, la réalité historique et la création théâtrale. *L'ospite*[19] complique les interactions entre les quatre niveaux, tout en réutilisant des matériaux de *Come un cane senza padrone* et en introduisant de nouveaux éléments inspirés de la double nature, cinématographique et littéraire, de *Théorème*.

57

Le rapport entre le récit filmique, le récit littéraire et la réalisation scénique est au centre du spectacle. La scène est structurée autour de deux dispositifs de projection : un écran semi-transparent qui ferme le cadre de scène et une sorte de boîte optique qui délimite l'espace du plateau, en reprenant la structure du triptyque utilisée dans le premier spectacle. (Fig. 2)

---

par exemple dans le spectacle de Giorgio Barberio Corsetti *Le metamorfosi* (les métamorphoses) d'après Ovide (2002), où Orphée est assassiné par un jeune qui s'enfuit avec la voiture du poète.

19. *L'ospite*, d'après le roman *Théorème* de Pier Paolo Pasolini. Conception et mise en scène d'Enrico Casagrande et Daniela Nicolò, consultant littéraire Luca Scarlini, dramaturgie de Daniela Nicolò, montage audio d'Enrico Casagrande, captations vidéo de Simona Diacci et Daniela Nicolò, montage vidéo de Simona Diacci et Enrico Casagrande, infographie de p-bart.com, projet scénique de Fabio Ferrini, construction du décor par Plastikart, technique son de Carlo Bottos, projet lumières de Gwendal Malard, costumes d'Ennio Capasa pour Costume National, avec Catia Dalla Muta, Dany Greggio, Franck Provvedi, Daniele Quadrelli, Caterina Silva, Emanuela Villagrossi, production de Motus et du Théâtre National de Bretagne, en partenariat avec le Festival Santarcangelo dei Teatri, La Ferme du Buisson - la Scène Nationale de Marne-La-Vallée, le Teatro Sanzio d'Urbino, le Teatro Lauro Rossi de Macerata et Amat. Rennes, T.N.B., Salle Serreau, 20 avril 2004.

Fig. 2 : Cie Motus. Spectacle : *L'ospite*, 2005. Photographe : Federica Giorgetti.

Les images défilant sur ces surfaces sont tournées par la compagnie qui suit à la lettre les indications du roman et les atmosphères du film. Pour la plupart, elles représentent l'environnement dans lequel les personnages agissent et dévoilent l'écart entre la surface patinée du monde où ils semblent vivre et son essence cruelle, symbolisée par le désert. Le spectateur est chargé de monter les images projetées avec les actions des acteurs sur scène selon la syntaxe cinématographique du montage alterné et parallèle : parfois les images sont des plans subjectifs de ce que le personnage est en train de voir, parfois elles montrent ses pensées, ou bien dévoilent symboliquement sa situation existentielle. Alors que les images sont réinventées par la compagnie, Motus utilise la bande sonore originale du film. Des extraits des dialogues ou monologues compliquent la qualité de la présence des acteurs en chair et os et de longs silences rendent l'atmosphère dense et épaisse. Le devenir cinématographique de la scène passe enfin par l'utilisation de différents plans de vision (l'avant-scène, la boîte scénique et la partie postérieure de celle-ci, partiellement visible à travers les écrans translucides) et de procédés de cadrage, ainsi que par l'utilisation de la voix hors-champ des acteurs. L'action théâtrale se déroule dans un temps ralenti et artificiel, qui suit le rythme des plans-séquences et des silences du film.

L'écran qui ferme le cadre de scène sert aussi à la projection de textes. La parole est donc présente sous une double forme orale et écrite, tout en déclenchant des effets de « transcodage simultané », lorsque les textes correspondent à l'action ou aux images sur scène, ou bien de renvois à la pensée de Pasolini. L'auteur et son époque sont évoqués par la présence de la voiture et par la diffusion de matériaux documentaires, sonores et visuels, en particulier dans la deuxième partie du spectacle, lorsque, à la destruction de l'univers bourgeois, Motus fait correspondre la destruction du dispositif scénique : la boîte scénique se démonte et s'écroule, des images des manifestations de Mai 68 sont projetées sur le plateau couvert d'ordures lancées des coulisses, et un mélange de sons et de bruits agressent le spectateur.

Par l'utilisation simultanée de plusieurs médias, Motus, vise à impliquer le spectateur à l'intérieur de son processus de création. Cela est particulièrement évident dans la partie introductive du « théorème », consacrée par Pasolini à la présentation des personnages : dans le roman, il s'agit de brèves descriptions, qu'il intitule « données » ; dans le film, de séquences silencieuses en noir et blanc qui précèdent le début de l'histoire. Dans le spectacle, Motus construit ce prologue selon quatre niveaux. Sur la surface de projection défilent le texte du roman et des images du personnage tournées par la compagnie. Celui-ci est aussi physiquement présent sur la scène, derrière l'écran, « incrusté » dans les images. Enfin, la voix hors-champ de l'acteur explique le rapport au personnage. Par cette statégie dès l'entrée du spectacle, Nicolò et Casagrande montrent la création en train de se faire et présentent au spectateur la grammaire complexe qui la soutient.

Le plateau du projet *L'ospite* est un lieu de la complexité dans lequel la compagnie réfléchit sur les différences sémiotiques entre les médias (vidéo, installation sonore et visuelle, performance), qui produisent du sens chacun de manière spécifique et indépendante. Placé face à ces signes multiples, le spectateur est appelé à s'orienter, à les comparer, pour les « monter » en composant une signification d'ensemble. De plus, sa participation et son activité s'exercent au-delà du spectacle : il est invité à découvrir le parcours de la compagnie à travers l'utilisation autonome d'autres médias. Dans le DVD, le site Internet et le livre, Motus dévoile les réflexions et les matériaux qui ont accompagné la création. Pour la compagnie, le spectateur est donc un compagnon de voyage, avec lequel partager l'aventure créatrice du projet.

LE PROJET *ADA, CRONACA FAMILIARE* DE FANNY & ALEXANDER

Contrairement au projet *L'ospite*, le projet *Ada, cronaca familiare* est composé d'une multiplicité d'événements et d'une large variété de formats artistiques : six spectacles, plusieurs installations, concerts et « *workshops* », un DVD et un

59

livre grand format[20]. Après une installation vidéo, *Speak, Memory, Speak* (2002), inspirée du roman de Nabokov *Transparent Things (Les choses invisibles*, 1972)[21], la compagnie se laisse envelopper par *Ada ou l'ardeur*, qui devient la source d'une création kaléidoscopique, développée de manière imprévisible et libre par rapport à l'ordre narratif original. L'œuvre de Nabokov parvient à former une sorte de boule créatrice autour des metteurs en scène, un univers inspirateur où, d'un côté, Chiara Lagani et Luigi De Angelis s'identifient aux protagonistes et nourrissent leur propre discours du langage et des procédés du roman et où, de l'autre, ils sont poussés à l'extérieur du théâtre, à la recherche de rencontres et de collaborations qui les aident à mieux pénétrer dans l'écriture nabokovienne[22].

Le principe du projet est la combinatoire. En effet, la compagnie Fanny & Alexander avance par fragmentation, association et déplacement d'éléments issus de différents niveaux du texte : séquences narratives, dialogues, détails de description, mais aussi figures rhétoriques, solutions stylistiques et références intertextuelles et intermédiales. Les éléments ainsi isolés et recombinés deviennent la base des différents dispositifs perceptifs que la compagnie met en place pour chaque création. Ceux-ci visent à établir un jeu de miroirs entre le « vivant » et le « médiatisé » et à compliquer les registres de présence des acteurs, tout en mélangeant la technologie et l'artisanat, l'esthétique rétro et les solutions contemporaines. La musique et le son jouent un rôle fondamental : à côté des musiciens qui jouent en direct du piano, de la flûte ou des ondes Martenot, Luigi De Angelis crée un système numérique de spatialisation des sons et de voix par ordinateur. Les différentes créations sont des partitions de stimuli perceptifs variés — sons, mots, images, lumières — qui interrogent l'imaginaire et la sensibilité du spectateur.

20. Luigi De Angelis, Chiara Lagani, *Ada. Romanzo teatrale per enigmi in sette dimore*, Milano, Ubulibri, 2006.

21. De Angelis et Lagani interprètent la réflexion sur le temps et sur les modalités de la création que Nabokov déploie dans le texte par la mise en place d'un dispositif qui problématise la perception du spectateur. Ce dernier se trouve face à un triptyque vidéo et il écoute à travers un casque le texte dit en direct par un acteur invisible. L'installation travaille en particulier la synesthésie en tant que déclencheur du souvenir et l'espace en tant que lieu de la mémoire.

22. D'un côté, Lagani et De Angelis jouent d'une identification avec les figures et les situations du roman, en particulier dans l'organisation de leur site Internet, qui héberge aussi un périodique intitulé *Ardis Monthly* (www.fannyalexander.org, consulté le 15 août 2009). De l'autre, ils ont établi des collaborations fondamentales avec Margherita Crepax, la traductrice italienne du roman, Stefano Bartezzaghi, expert en jeux d'esprit, et l'écrivain et critique littéraire Maria Sebregondi.

Le spectacle *Ardis I. Les enfants maudits*[23], présenté en juin 2003, traite de la première phase de l'amour entre les adolescents Ada et Van, alors qu'ils passent l'été ensemble dans la maison de famille Ardis Hall. De Angelis et Lagani imaginent l'espace fermé d'une petite pièce, qui délimite complètement le cadre de scène. La pièce est vide, mais sur le mur de fond, couvert de satin aux couleurs délicates, sont accrochés des cadres dorés, vides eux aussi. Lorsque les lumières se tamisent, Van (Luigi De Angelis) monte sur le plateau, en traversant la salle, et s'installe sur une petite chaise d'un côté de la scène. Il sera la seule présence complètement visible par le public et, tout comme les spectateurs, regardera et écoutera les figures et les voix qui se manifesteront soudainement derrière le mur. De petites fenêtres sont ouvertes et vite refermées dans les cadres, en laissant apparaître des yeux, des bouches, des mains, parfois des bustes. Deux éléments du roman structurent le dispositif : les regards indiscrets, directs ou médiatisés par des outils mécaniques, qui poursuivent les amants dans leurs rencontres cachées, et le désir et le sentiment d'exclusion représentés par la figure de Lucette[24]. (Fig. 3)

61

Fanny & Alexander définit ce spectacle comme un « cinéma de chambre » : il s'agit en effet d'un lieu oxymorique, intime et de dimensions réduites, mais où le contact avec l'acteur est interdit et médiatisé. La frustration du regard provoque le désir et dévoile les pulsions à la base de la situation spectatorielle. Lagani et De Angelis complexifient ultérieurement la perception par l'insertion d'un moniteur à écran plat parmi les autres cadres. Ce leurre montrant plus que la réalité capte l'attention des spectateurs. Comme le dit Chiara Lagani[25], les boucles brèves qui y sont diffusées sont en effet « hypnotiques » : réalisées par

23. *Ardis I (Les enfants maudits)*, conception de Luigi De Angeli, décors de Chiara Lagani, mise en scène, scénographie et lumières de Luigi De Angelis, dramaturgie et costumes de Chiara Lagani, son de Mirto Baliani, images vidéo de Zapruder filmmakers-group, consultant littéraire Luca Scarlini, réalisation du décor par Marco Cavalcoli, Luigi De Angelis, Sara Masotti, Marco Molduzzi, réalisation des costumes par Laura Graziani Alta Moda, avec Matteo Ramon Arevalos (piano), Marco Cavalcoli, Luigi De Angelis, Chiara Lagani, Sara Masotti, Bruno Perrault (ondes Martenot) et la participation de Paola Baldini, production de Fanny & Alexander et Ravenna Festival, en partenariat avec le Festival Santarcangelo dei Teatri, Cineteca di Bologna et Xing, et avec la contribution de la Fondation Cassa du Risparmio di Ravenna. Ravenna, Ravenna Festival, A.p.a.i. Casa dell'Arte, 23 juin 2004.

24. Le sous-titre du spectacle est tiré du titre du film interprété par Marina, qui est tourné à Ardis Hall pendant l'été de l'amour entre les protagonistes et qui raconte l'histoire de la passion incestueuse d'un frère et d'une sœur.

25. Lors d'une conversation avec l'auteur.

Fig. 3 : Cie Fanny & Alexander. Spectacle : *Ardis I. Les enfants maudits*, 2003.
Photographe : Enrico Fedrigoli.

la technique du *stop motion*[26], elles présentent en *loop* un montage saccadé de photogrammes. Les images mécaniques et répétitives tissent des correspondances ironiques avec la parole et les leitmotivs musicaux. Fanny & Alexander produit ainsi un jeu surréaliste sur la distance entre l'objet, son image et le langage.

La relation complexe entre le langage, l'image et la narration est approfondie dans *Ardis II*[27], spectacle présenté en 2004, qui raconte la même histoire

26. Le *stop motion* ou *frame by frame* est une technique cinématographique d'animation, qui permet de donner l'illusion du mouvement à des objets qui sont en réalité bougés à la main. Chaque plan est en effet filmé individuellement et ensuite monté dans une séquence. Selon l'ampleur des déplacements et la fréquence des plans, le mouvement est plus ou moins rapide et fluide. Avec le numérique, plusieurs logiciels permettent de monter les images.

27. *Ardis II*, conception de Luigi De Angeli, décors de Chiara Lagani, mise en scène, scénographie et lumières de Luigi De Angelis, dramaturgie et costumes de Chiara Lagani, son de Mirto Baliani, images vidéo de Zapruder filmmakersgroup, effets visuels de p-bart. com, consultant pour les jeux d'esprit Stefano Bartezzaghi, réalisation des décors par Giovanni Cavalcoli et Antonio Rinaldi avec Aniko Ferreiro Da Silva, Simone GardiniSara Masotti, Rosa Anna Rinaldi, réalisation des costumes par Laura Graziani Alta Moda, avec Matteo Ramon Arevalos (piano), Paola Baldini, Marco Cavalcoli, Luigi De Angelis, Chiara Lagani, Sara Masotti, Francesca Mazza, Bruno Perrault (ondes Martenot), production de Fanny & Alexander, le KustenFestivaldesArts, La Rose des Vents-Scène Nationale de Vil-

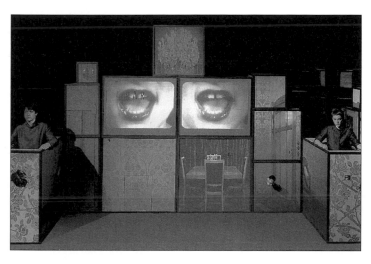

63

Fig. 4 : Spectacle : *Ardis II*, 2004. Photographe : Enrico Fedrigoli.

qu'*Ardis I* à travers un dispositif différent. Les acteurs sont enfermés dans des boîtes qu'ils peuvent faire évoluer dans l'espace, en composant une scénographie transformable. (Fig. 4)

Sur deux écrans parallèles placés au centre de la scène, Fanny & Alexander projette des rébus vidéo, où la combinaison des mots et des images engendre des phrases qui éclairent et commentent la narration. Le rébus constitue en effet une sorte de figure rhétorique qui fonde tout le spectacle. Le procédé est tiré à la fois du texte nabokovien, riche en jeux de mots et énigmes cachées, et de la fiction romanesque, où les protagonistes jouent au scrabble et s'envoient des lettres chiffrées. Le spectacle devient ainsi une énigme que le spectateur est invité à résoudre. Les bandes vidéo utilisées dans le spectacle deviennent ensuite les matériaux autonomes d'une installation *Rebus per Ada*, présentée en 2004[28], pour laquelle l'image numérique est transférée sur une pellicule 16 mm et projetée sur un tout petit écran orné d'un cadre doré. Le spectateur regarde un film

leneuve d'Ascq, le Festival delle Colline Torinesi, Espace Malraux-Scène Nationale de Chambéry et de la Savoie, avec la contribution d'EniPower et de la Fondation Cassa du Risparmio di Ravenna. Bruxelles, KunstenFestivaldesArtsm Aegidium, 11 mai 2004.

28. *Rebus per Ada*, de Fanny & Alexander et Zapruder Filmmakers Group, Riccione, Festival Riccione TTV, 27-29 mai 2004.

muet en miniature qui lui présente des bribes de narration énigmatiques visant à susciter et à frustrer encore une fois sa curiosité et son désir[29].

Par la reprise et la transformation des mêmes matériaux, Fanny & Alexander réalise un « théâtre de la mémoire » au sens traditionnel du terme — spatialisation de la pensée par l'association de lieux, images et paroles typique de la Renaissance — où les artistes se déguisent et confondent leur identité, et où le spectateur est invité à entrer comme un joueur. Le livre, qui est la dernière étape du projet, constitue la cristallisation de l'union du jeu, du déguisement et de la mémoire : les traces des spectacles, images photographiques de la scène ou photogrammes des boucles vidéo, sont organisées par De Angelis et Lagani de manière à devenir des jeux d'énigmes[30].

64

CONCLUSION : LE « PROJET MULTITHÉÂTRAL », L'INTERMÉDIALITÉ MULTIPLE ET LE NUMÉRIQUE

Quoique très différents par leur style, les moyens utilisés et la démarche suivie, les deux projets présentent des points communs fondamentaux par rapport à la notion d'intermédialité. Selon Frida Chapple et Chiel Kattenbelt, l'intermédialité signifie se placer entre les médias (« *in between* »), tout en produisant une opération autoréflexive qui peut se réaliser de différentes façons[31]. Christopher Balme indique trois principales modalités d'intermédialité ; la transposition de sujets d'un média à un autre ; l'intertextualité ; et la réinvention de conventions esthétiques d'un média spécifique dans un autre média[32]. Comme nous venons de le voir, L'ospite et Ada, cronaca familiare présentent une intermédialité multiple, qui réunit et décline de plusieurs façons les indications de Balme.

Le déploiement de cette richesse intermédiale est lié à un rapprochement entre le travail théâtral et les principes du numérique : les projets multithéâtraux

29. D'autres exemples significatifs de la démarche suivie par Fanny & Alexander sont *Aqua Marina* (2005), où l'élément structurant du spectacle est le dispositif théâtral, représenté par un rideau rouge qui sépare les spectateurs et les acteurs, et *Vaniada* (2005), où l'association synesthésique qui permet d'activer la mémoire règle l'utilisation des images et des sons.

30. Luigi De Angelis et Chiara Lagani, Ada. *Romanzo teatrale per enigmi in sette dimore.*

31. Freda Chapple et Chiel Kattenbelt (dir.), *Intermediality in Theatre and Performance*, Amsterdam et New York, Rodopi, 2006, en particulier p. 11-25.

32. Christopher Balme, *Einführung in die Theaterwissenschaft*, Berlin, Erich Schmidt, 2003.

sont en effet construits sur la modularité et la variabilité[33]. L'acte créateur est multiplié et décomposé dans des unités indépendantes qui se combinent en des ensembles plus complexes, avec lesquels elles sont associées par des renvois agissant comme des hyperliens. La modularité est aussi présente dans la modalité d'utilisation des médias sur scène : nous ne nous trouvons pas face à une fusion des langages, mais les différents médias sont séparés, chacun étant porteur d'une signification spécifique. Dans *Ada, cronaca familiare*, les notions de « cadre » et de « fragment » sont fondamentales dans la définition des rapports entre les médias : la vidéo, les musiciens et les mots sont souvent encadrés et transmettent des messages partiels ou des sollicitations perceptives qui composent des ensembles énigmatiques et dissonants. Dans *L'ospite*, les différents médias gardent leur valeur autonome, car, bien qu'ils s'influencent mutuellement au chapitre des caractères linguistiques, ils se superposent sans se fusionner. Au contraire, par le procédé du transcodage, Motus vise justement à souligner l'altérité des médias. Durant le spectacle, chaque élément peut être isolé et imaginé aussi comme une œuvre autonome (vidéo, installation sonore ou visuelle). De plus, selon le principe de la variabilité indiqué par Manovich, les signes et les messages subissent un processus continu de métamorphose, de réutilisation et de recomposition. Dans le réseau hypermédial ainsi tissé, le spectateur devient protagoniste du processus de création et de construction du sens, en agissant comme un internaute qui sélectionne et assemble les informations selon des parcours qui sont partiellement guidés, mais qui lui laissent néanmoins beaucoup de liberté.

65

Avec le projet multithéâtral, nous nous trouvons face à une transformation radicale de la mise en scène qui implique l'élargissement du champ-théâtre. Ce dépassement des frontières se réalise dans un mouvement contradictoire : d'un côté, les artistes semblent répondre à l'insuffisance de l'art théâtral à exprimer la complexité du monde contemporain ; de l'autre, ils resserrent les autres médias autour du théâtre, en les insérant dans des projets cohérents et unitaires étayés par une vision et des compétences théâtrales. Dans cette aporie, les compagnies théâtrales italiennes contemporaines essaient de renouveler et problématiser la relation théâtrale originelle : l'artiste de théâtre devient un communicateur qui, en maîtrisant les langages de plusieurs médias et en réinventant les conventions du théâtre, vise à établir une relation renouvelée avec le spectateur.

33. Nous faisons ici référence aux principes des nouveaux médias indiqués par Lev Manovich dans Lev Manovich, *The Language of New Media*, Cambridge et Londres, MIT Press, coll. « Leonardo », 2001.

Interartialité et remédiation scénique de la peinture

Tatiana Burtin

L e théâtre a souvent été défini comme un « hypermédia », à la fois transparent et opaque, qui intègre les autres arts, médias et nouveaux médias sans toucher à leur spécificité, ou à leur « essence » : « The first principle is that theatre is a hypermedium that incorporates all arts and media and is the stage of intermediality[1]. » Chiel Kattenbelt prend appui sur les travaux de Jan Mukařovský[2], pour qui les arts individuels perdent leur autonomie sur scène pour devenir un nouvel art : « the theatre performance is a *contexture* (a weaving of strands together to create a texture) as opposed to a *composition* of individual elements[3] ». L'essence de la performance théâtrale, phénomène transitoire, est la « théâtralisation » (*theatricalization*) qui émerge des relations sans cesse changeantes entre ses composants spatiaux et temporels. Le théâtre est donc plus qu'un hypermédia, c'est le seul art capable d'incorporer les autres sans être dépendant d'aucun d'entre eux pour être du théâtre[4]. L'hypermédialité du théâtre expliquerait ainsi sa nature interartielle. Mais cette interartialité semble connaître au moins deux niveaux qui compliquent d'emblée une claire définition du phénomène.

1. Freda Chapple, « Key Issues in Intermediality in Theatre and Performance », dans Freda Chapple et Chiel Kattenbelt (dir.), *Intermediality in Theatre and Performance*, Amsterdam et New York, Rodopi, 2006, p. 20.

2. Publiés en recueil dans Jan Mukařovský, *Structures, Sign and Function: Selected Essays*, trad. John Burbank et Peter Steiner, New Haven, Yale University Press, 1978.

3. Chiel Kattenbelt, « Theatre as the Art of the Performer and the Stage of Intermediality », dans Freda Chapple et Chiel Kattenbelt (dir.), *Intermediality in Theatre and Performance*, p. 31.

4. Chiel Kattenbelt, « Theatre as the Art of the Performer and the Stage of Intermediality », p. 32.

La scénographie a bien intégré dans son discours les techniques de la peinture, de la sculpture, de la musique, comme moyens destinés à créer une illusion théâtrale ; de même, les principes de l'architecture sont importants pour le montage d'un plateau, par rapport à l'œil du spectateur. Ces diverses techniques — il s'agit ici de « techniques », ou encore de « médias », et non pas d'« arts » — s'imbriquent afin de réaliser la « texture » du théâtre. Il s'agirait là d'une première forme de « théâtralisation » d'un art, c'est-à-dire d'inclusion dans un discours artistique de techniques et de trouvailles importées d'autres arts. En résumé, c'est ici le théâtre comme « scène de l'intermédialité », ou au sens strict d'hypermédia (qui intègre divers médias), qui est considéré. Par ailleurs, nombre de spectacles contemporains illustrent la capacité de la scène à accueillir d'autres expressions artistiques, en mêlant au jeu théâtral danse, mime, cirque, vidéo, cinéma, etc., qui sont dès lors théâtralisés, bien qu'encore reconnaissables par leurs composantes propres (pas de danse fixes ou mouvements rythmiques, accessoires ou personnages de cirque, écrans, caméras, etc.). Je considère cette transposition — il est difficile de trouver un terme exact — d'un art au théâtre comme le second niveau de « théâtralisation » d'un art, au sens d'intégration dans l'espace et le discours théâtraux d'une expression artistique pleine et forte, qui impose sur la scène son propre discours, voire sa propre esthétique (mais cela reste à prouver), *ainsi que la majeure partie de sa médialité*, et non plus seulement quelques aspects.

Force est de constater que les arts qui, de cette dernière manière, se marient le mieux à l'expression scénique, sont la plupart du temps « vivants ». Les arts plastiques semblent quant à eux résister à la « théâtralisation » qu'impose la scène à tout art et à tout média[5]. Ce n'est pas le cas d'autres arts fondés sur le mouvement, comme le cinéma, qui a donné un grand nombre de films sur la peinture par exemple, à travers une véritable relation interartielle, comme l'a démontré Walter Moser dans un article récent[6]. Il y distingue en effet deux types de relations entre les arts à partir de la traditionnelle comparaison entre

5. Je ne parle pas ici du débat sur la théâtralité de la peinture, développé dans les travaux du critique et historien de l'art Michael Fried (Michael Fried, *Contre la théâtralité : du minimalisme à la photographie contemporaine*, trad. Fabienne Durand-Bogaert, Paris, Gallimard, coll. « NRF Essais », 2007), mais de l'intégration de la peinture et de sa médialité sur la scène de théâtre.

6. Walter Moser, « L'interartialité : pour une archéologie de l'intermédialité », dans Marion Froger et Jürgen E. Müller (dir.), *Intermédialité et socialité : histoire et géographie d'un concept*, Münster, Nodus Publikationen, coll. « Film und Medien in der Diskussion », vol. 14, 2007, p. 69-92.

poésie et peinture : une « relation d'égalité-réciprocité » basée sur une esthétique commune (l'imitation), qui permettrait un dialogue « libre » entre les arts, qu'il évoque mais dont il ne donne pas d'exemple ; une « relation de domination » d'un art sur l'autre, ou encore de remédiation d'un art par l'autre, qu'il semble considérer comme la seule valide théoriquement[7]. S'il s'applique à retracer la « tradition de l'interartialité[8] » depuis l'*Ut pictura poesis* d'Horace, il cherche avant tout à en élaborer une nouvelle définition par la notion d'intermédialité. En effet, la relation entre arts ne se conçoit pas sans relation aux médias : « si l'interartialité implique toujours de l'intermédialité, cette proposition ne saurait cependant être inversée[9] ».

Le problème de l'interartialité comme remédiation d'un art par un autre, que Walter Moser distingue apparemment de la « relation art-média[10] », ainsi que l'ambiguïté du concept de « théâtralisation » sont au fond des questions assez similaires. Leurs points communs apparaissent d'autant mieux quand on compare deux arts dont les effets sur le public ou l'esthétique diffèrent, comme le théâtre et la peinture[11]. En effet, si peinture et théâtre s'inscrivent tous deux dans des « cadres » (pictural — encadrement —, et scénique — rideau, rampe, etc.), la peinture, notamment moderne, est un art de la « présenteté », selon la terminologie de Michael Fried[12], alors que le théâtre est un art de la présence, qui entraînent chacun des effets particuliers sur le spectateur[13]. Il semble que ce soit ce point qui rende difficile la médiation de la peinture par le théâtre. Comment dès lors théâtraliser, pour reprendre l'expression de Mukařovský, l'œuvre produite

7. Walter Moser, « L'interartialité : pour une archéologie de l'intermédialité », p. 70-71.

8. Walter Moser, « L'interartialité : pour une archéologie de l'intermédialité », p. 70.

9. Walter Moser, « Puissance baroque dans les nouveaux médias. À propos de *Prospero's Books* de Peter Greenaway », *Cinémas*, vol. 10, n° 2-3, « Cinéma et intermédialité », sous la direction de Silvestra Mariniello, printemps 2000, p. 45.

10. Walter Moser, « L'interartialité : pour une archéologie de l'intermédialité », p. 90-91. Moser résume ainsi ses conclusions sur les deux cinéastes qu'il cite dans sa démonstration : « Chez Jarman, [...] [l']interartialité est utilisée pour capter la médialité de la peinture. Chez Godard, en revanche, [...] cette interartialité (ou plutôt cette relation art-média) est utilisée pour capter la médialité du film. »

11. Bien que le théâtre, art du « tableau », suscite souvent la comparaison avec la peinture, comme le fait Diderot, mais pour s'en démarquer fortement.

12. Michael Fried, *Contre la théâtralité : du minimalisme à la photographie contemporaine*, p. 139.

13. Chiel Kattenbelt, « Theatre as the Art of the Performer and the Stage of Intermediality », p. 32.

par l'art de peindre ? Explorons le cas de deux pièces du répertoire contemporain où la peinture, élément central de l'intrigue, apporte une véritable réflexion sur l'art et l'esthétique, autant picturale que théâtrale.

« Art », de Yasmina Reza, a été montée pour la première fois le 28 octobre 1994 à Paris à la Comédie des Champs-Élysées[14] avec Pierre Vaneck, Fabrice Luchini et Pierre Arditi dans les rôles respectifs de Marc, Serge et Yvan[15]. *Seuls*, de Wajdi Mouawad a été créée à l'Espace Malraux, scène nationale de Chambéry et de la Savoie, le 4 mars 2008, puis reprise en tournée en France et au Québec[16]. J'ai choisi ces deux pièces, très différentes, voire inégales, dans leur inspiration, leur esthétique, leur réalisation et leur cible, car elles intègrent *physiquement* dans leur scénographie, et surtout dans leur fable, des tableaux[17], connus ou non, hors de leur « cadre » naturel, non seulement hors de leur encadrement, mais aussi de leur environnement habituel, le musée, et de sa « mise en scène », la muséographie[18]. Ce faisant, elles interrogent le statut et le sens de l'œuvre d'art une fois extirpée de son institution, et, en retour, la spécificité de l'esthétique théâtrale, et la capacité de la scène à intégrer et à jouer avec la transparence et l'opacité des arts et des médias qu'elle accueille dans son espace.

14. Comédie mise en scène par Patrice Kerbrat ; décor : Edouard Lang ; lumières : Laurent Béal. C'est une comédie de boulevard à la fois efficace et branchée, sur le thème de l'art et de l'amitié.

15. Voir Yasmina Reza, *Théâtre. L'homme du hasard. Conversations après un enterrement. La traversée de l'hiver. « Art »*, Paris, Albin Michel, coll. « Le Livre de Poche », 1998.

16. Dont un mois à Montréal, au Théâtre d'Aujourd'hui, du 9 septembre au 9 octobre 2008. Texte, mise en scène et jeu : Wajdi Mouawad ; scénographie : Emmanuel Clolus ; éclairage : Éric Champoux ; réalisation sonore : Michel Maurer ; réalisation vidéo : Dominique Daviet.

17. Ce terme n'est pas à prendre au sens moderne de découpage scénique, ni de suspens dans l'action, comme dans le drame bourgeois, ni même d'élément purement décoratif, bien qu'il appartienne au décor, mais sémantiquement, comme un protagoniste à part entière des pièces étudiées.

18. À ma connaissance, les exemples de ce genre n'abondent pas au théâtre. L'adaptation de *Maîtres anciens* de Thomas Bernhardt par Denis Marleau (1995) accroche virtuellement le tableau sur le quatrième mur ; les performances de « peintures sur scène » de Robert Lepage n'ont pas de fable au sens classique du terme.

I- ENJEU DU DÉPLACEMENT DE LA RELATION INTERARTIELLE AU THÉÂTRE

Dans son article sur l'interartialité considérée, entre autres, comme une « archéologie de l'intermédialité », Walter Moser explore les relations entre deux arts, qui sont, par définition, des médias :

> La base de mon argument est, succinctement, la suivante : la relation entre les arts, par implication, comporte toujours aussi des enjeux intermédiatiques, même si ceux-ci ne sont pas explicités en tant que tels, *étant donné que tout art inclut la « médialité »*. L'inversion de cette affirmation n'est pas nécessairement vraie : l'interaction entre les médias peut s'articuler sans que les arts y soient impliqués. *Toujours porté par un soubassement intermédial, l'art se distingue pourtant du média par des déterminations — par exemple de nature esthétique — qui lui assignent un champ plus étroit*[19].

Si Moser ne traite jamais directement de ces différences d'ordre esthétique dans ce texte, il y explique que la médialité d'un art tend à s'effacer dans un semblant de transparence dans toute production artistique, mais devient nécessairement apparente quand deux arts entrent en interaction : l'opacité du média émerge en tant qu'objet de connaissance d'une relation intermédiale[20]. Ces relations révèlent peut-être l'opacité et la capacité de représentation et de remédiation de tout média, mais il me semble qu'un authentique questionnement sur l'interartialité devrait aborder davantage les notions d'art et d'esthétique elles-mêmes. Je ne considérerai donc pas une définition purement médiale de ce dernier terme, celle de passage de techniques, de matériaux, d'économies, de socialités ou d'institutionnalités propres à certains arts, à l'hypermédia théâtre. Bien que la réflexion intermédiale de Moser soit indispensable à tout propos sur l'interartialité, je parlerai, dans le cas du théâtre, d'art non seulement hypermédial mais également « hyperesthétique », c'est-à-dire capable d'incorporer les problèmes de perception liés à un autre art, voire de faire connaître à son spectateur des expériences esthétiques plus nombreuses grâce

71

19. Walter Moser, « L'interartialité : pour une archéologie de l'intermédialité », p. 69 (nous soulignons).

20. « Ce serait l'intermédialité implicite de cette interartialité qui obligerait la littérature à révéler sa propre médialité. Je dis "obligerait" car, selon une certaine loi des médias, la médialité d'un art, qui tend à s'effacer dans un semblant de transparence, devient nécessairement apparente quand deux médias différents entrent en jeu et interfèrent [...]. Le média apparaît alors, prenant la consistance d'une opacité. Il émerge donc, en tant qu'objet de connaissance d'une relation intermédiale qui l'aurait (toujours déjà) précédé. » Walter Moser, « L'interartialité : pour une archéologie de l'intermédialité », p. 80.

au jeu de l'interartialité (par exemple, le point de vue de l'artiste sur son œuvre en train d'être créée).

Le premier film commenté par Moser, *Caravaggio* (1986) de Derek Jarman, narrativise la fabrication d'un tableau à travers plusieurs techniques que nous verrons plus loin. Moser ne relève pas d'allusions dans le film aux goûts du peintre ni à la conception qu'il a de son art. Il renonce sciemment à développer la narrativisation des «moments fertiles», qu'il évoque pourtant dans la description des «tours de passe» du cinéaste, «procédés esthétiques de la conversion de la peinture en film[21]» :

> Il est vrai que beaucoup des films abordent la peinture par le biais narratif et dramatique d'une biographie de peintre, ce qui constitue en soi un phénomène de narrativisation intéressant. Néanmoins je m'intéresse ici davantage aux moments de corps à corps entre film et peinture auxquels le récit biographique sert souvent de cadre et parfois de prétexte pour sa mise en film[22].

La problématique de la narrativisation biographique des tableaux appartient aux marges du modèle interartiel tel que le conçoit Lessing[23]. Sans reprendre à son compte ce schéma trop étroit de classification des arts, Moser s'appuie sur ses bases théoriques et sur sa prise en compte des cas litigieux pour démontrer la médialité de tout art[24]. Il cite les modèles du Caravage et la violence des relations que le peintre entretient avec eux, mais il ne revient sur l'aspect narratif de ces scènes qu'en note[25] : «Que Jarman reproduise, par son interprétation de la biographie de Caravaggio, le *topos* de l'artiste maudit est moins important pour mon propos ici que le fait que l'interaction avec ses modèles, indispensables pour

72

---

21. Walter Moser, «L'interartialité : pour une archéologie de l'intermédialité», p. 83.

22. Walter Moser, «L'interartialité : pour une archéologie de l'intermédialité», p. 82.

23. Lessing, dans son ouvrage intitulé *Laokoon oder Über die Grenzen der Malerei und Poesie*, publié en 1766, part de la traditionnelle relation entre poésie et peinture («*ut pictura poesis*» d'Horace) pour remédier à la confusion entre les arts, qu'il considère comme une marque de «mauvais goût». S'il existe une communauté d'«esthétique» et d'effet à produire entre peinture et poésie, ces arts divergent sur le plan de leur «matérialité et [de] leurs médias qui déterminent des modalités de représentation». Walter Moser, «L'interartialité : pour une archéologie de l'intermédialité», p. 72.

24. Walter Moser, «L'interartialité : pour une archéologie de l'intermédialité», p. 70-73.

25. Notes 43 et 44. Caravaggio est blessé par Ranuccio au flanc droit, ce qui permettra de substituer son visage à celui du Christ dans la scène avec saint Thomas. De même, le cadavre de Léna, tuée par Ranuccio, deviendra dans le film le modèle pour le tableau *La mort de la Vierge*.

son travail de peintre, le situe dans un milieu social très spécifique[26] », précise-t-il. Il s'attache donc à démontrer l'insistance sur la médialité d'un art (dans ce cas précis de la socialité et de la « technicalité » de la peinture, à travers la façon dont le peintre choisit ses modèles, les paie, les fait poser, etc.) que donne à voir un autre média, dont le statut artistique a d'ailleurs longtemps été discuté, comme il le souligne lui-même[27]. Ainsi, c'est moins le processus de l'interartialité, considéré comme une confrontation de moyens de réalisation et une influence réciproque, voire une interpénétration d'esthétiques différentes, que la révélation de la médialité d'un art placé sous le regard d'un autre, que cet exemple veut mettre en lumière.

Le deuxième exemple qu'analyse Moser, *Passion* (1982) de Godard, traite de la difficulté à créer un film sur la peinture, à faire dialoguer les arts dans un média nouveau, complexe, dont les possibilités sont dévoilées par la pratique cinématographique du réalisateur. Dans ce cas-ci, la question de la narrativité est développée de façon conséquente[28], ainsi que l'esthétique du film en relation avec celle de la peinture, à travers des « méta-discussions sur la fabrication du film, son public cible ou potentiel et ses qualités esthétiques[29] ». Godard re-médie, au sens qu'ont donné au terme Bolter et Grusin, l'art pictural par le septième art. La peinture de Rembrandt, par exemple, inspire le style du cinéaste Jerzy filmant la reconstitution de *La ronde de nuit*, dont il copie les contrastes lumineux[30] : « l'ancien média participe à la configuration du nouveau[31] ». De même, les séquences se succèdent dans un désordre qui évoque un « chaos créateur dont aucun "produit fini" ne résulte », et que Moser associe, « étonnamment », à « l'esthétique romantique du fragment en tant que *work in progress* ». Moser pose des jalons importants pour la réflexion interartielle, mais,

73

26. Walter Moser, « L'interartialité : pour une archéologie de l'intermédialité », p. 86.

27. « Si le statut médiatique du cinéma ne semble pas faire problème, ni l'identification du film comme produit de l'industrie culturelle, sa reconnaissance en tant qu'art n'alla pas de soi. Est-ce chose acquise ? Un indice positif pourrait provenir du fait que deux des plus récentes publications sur la question furent écrites par deux historiennes de l'art [...]. » Walter Moser, « L'interartialité : pour une archéologie de l'intermédialité », p. 81.

28. Walter Moser, « L'interartialité : pour une archéologie de l'intermédialité », p. 87-88.

29. Walter Moser, « L'interartialité : pour une archéologie de l'intermédialité », p. 90.

30. Dans ce passage, la voix hors-champ fait aussi un commentaire sur « l'utilisation de la surface du tableau transposable à l'écran ». Walter Moser, « L'interartialité : pour une archéologie de l'intermédialité », p. 88, note 51.

31. Walter Moser, « L'interartialité : pour une archéologie de l'intermédialité », p. 88.

fidèle à sa démonstration, il ne retient que les procédés qui mettent en valeur, encore une fois, la médialité, non plus de la peinture comme chez Jarman, mais du cinéma. Il semble que ce soit l'incapacité même du film de Jerzy à parler peinture qui incite Moser à voir une simple « relation art-média » à l'œuvre dans *Passion* plutôt qu'une relation pleinement interartielle. Comme nous l'avons déjà remarqué, pour lui, Godard « utilise la relation interartielle entre film et peinture pour faire apparaître la médialité complexe du film[32] ». En ne filmant qu' « exceptionnellement » le résultat des reconstitutions du cinéaste, qui sont interrompues par des « difficultés d'ordre matériel, technique, personnel, financier et conceptuel » propres à toute production cinématographique, Godard fait voir et raconte au spectateur le média « cinéma » et non le média « peinture ». Un procédé de narrativisation de la peinture aurait certainement consisté à filmer les versions achevées des tableaux, comme prêtes à être transposées sur une toile. Si la peinture, « ancêtre du cinéma en tant qu'art et média de l'image », peut inspirer un film, il n'est en revanche pas le même objet, qui se définit sous nos yeux, dans le film de Godard, par l'affirmation de sa médialité propre ; aussi le film échoue-t-il *in fine* à « reproduire » les tableaux. Il ne peut copier l'art des musées, car le cinéma a développé une autre esthétique que l'imitation picturale, mais toujours grâce à l'image. Cette étape correspond à la mutation théorique de l'interartialité au 19e siècle, au moment où « le modèle artistique n'est plus un art qui imite et qui copie, mais un art non représentatif dont on rend compte non pas en termes de vérité et d'adéquation à un objet à représenter, mais en termes d'énergie émotive[33] ».

Si le « média cinéma » résiste à l'intégration totale d'un art à la fois concurrent et inspirant, allant jusqu'à faire échouer un projet de film qui prétend s'ériger au rang d'œuvre d'art par ses « qualités esthétiques », comment poursuivre le dialogue interartiel ? *Passion* nous fait apercevoir une réponse : c'est un film réussi, achevé, sur un film inachevé qui échoue, inachevé. Le film qui achoppe sur la médialité de la peinture, qu'il cherche vainement à s'approprier mais dont il rend compte malgré tout dans son élaboration même, est mis en abyme dans un film qui met en scène son histoire et sa médialité. Par l'achèvement du processus autoréflexif sur sa propre esthétique, réalisé dans un long-métrage qui en démonte tous les rouages, le film de Godard a triomphé de la limite imposée par sa médialité. Je dirais que, au lieu que ce soit le film qui « utilise la rela-

---

32. Walter Moser, « L'interartialité : pour une archéologie de l'intermédialité », p. 88.
33. Walter Moser, « L'interartialité : pour une archéologie de l'intermédialité », p. 74.

tion interartielle» pour «donn[er] à *voir* et à connaître la médialité de l'art[34]», ce sont les rapports interartiels au sein même d'une œuvre d'art qui façonnent le média. La nuance est fine et semble malaisée à expliquer. Il ne s'agit pas de récuser le «soubassement médial[35]» de tout art; mais je fais l'hypothèse que c'est l'esthétique colportée par un art qui apparaît dans le dialogue interartiel et intermédial dans toute sa spécificité, au-delà de sa médialité. Autrement dit, plus qu'un rapport symétrique entre deux arts, dont l'un cherche (à imposer) sa médialité grâce à l'autre, je considère ici l'interartialité comme un rapport dialectique entre deux esthétiques qui n'évacuerait pas cependant la dimension médiatique. Il se pourrait aussi que les esthétiques soient elles-mêmes des éléments de médialité.

Le rapport peinture-théâtre semble un angle intéressant pour éclairer d'un jour nouveau ce problème, car il est, comme le cinéma, un cas de «transgression constitutive, puisqu'il a intégré dans un même média les deux principes qu'a séparés Lessing[36]», textuellement, dans son modèle de distinction entre l'objet poésie et l'objet peinture, à savoir «déroulement d'une action» dans le temps et «corps dans l'espace[37]». On peut en effet considérer le théâtre comme un art de l'image, qui présenterait au spectateur une série de «tableaux» mobiles[38]. Par

34. Walter Moser, «L'interartialité: pour une archéologie de l'intermédialité», p. 91.

35. Walter Moser, «L'interartialité: pour une archéologie de l'intermédialité», p. 76.

36. Walter Moser, «L'interartialité: pour une archéologie de l'intermédialité», p. 83.

37. Walter Moser, «L'interartialité: pour une archéologie de l'intermédialité», p. 72. Cela n'est évidemment plus valable pour la peinture moderniste, où tout corps et même toute forme ont disparu de la surface de la toile. Voir Clement Greenberg, «Towards a Newer Laocoon», 1940, dans John O'Brian (dir.), *The Collected Essays and Criticism*: *Perceptions and Judgments, 1939-1944*, vol. 1, Chicago, University of Chicago Press, 1986. Je reparlerai de ce débat à propos d'«*Art*».

38. Conception surtout revalorisée par le théâtre contemporain, notamment par Brecht, qui procède à un découpage en «tableaux» de ses pièces, en fonction des changements d'espaces ou d'espace-temps. Fernand Léger, dans *Fonctions de la peinture*, recueil d'articles sur sa théorie de l'art, conçoit aussi le cinéma comme «des images mobiles présentées comme un tableau» (Fernand Léger, «Essai critique sur la valeur du film d'Abel Gance, *La roue*», *Fonctions de la peinture*, Paris, Gallimard, coll. «Folio Essais», 1997, p. 162). Le but du cinéma, l'image mobile, se rapproche de la peinture grâce aux possibilités techniques de la caméra; il laisse au théâtre l'histoire et le scénario. Robert Bresson considère, quant à lui, le cinéma ou «théâtre photographié» comme l'équivalent de la reproduction photographique d'une toile de peintre ou d'une sculpture; elle perd la valeur et le prix de l'original (Robert Bresson, *Notes sur le cinématographe*, Paris, Gallimard, coll. «Folio», 1995, p. 18-19).

son «mécanisme technique», basé sur le déploiement dans l'espace du corps de l'acteur, il fait percevoir le déroulement dans le temps d'une action, à travers une histoire, de même que la séquence des images fixes au cinéma crée la durée. En revanche, il ne peut évacuer l'élément temps pour faire apparaître, comme le cinéma, la médialité de la peinture comme Jarman le peut par la caméra, en montrant sa matérialité, son économie, sa technicalité, sa socialité, son institutionnalité[39]. À la rigueur, il peut faire ressortir sa propre médialité. Béatrice Picon-Vallin décrit de tels procédés de grossissement du corps de l'acteur, «matière première» du théâtre, par les écrans vidéo placés sur scène ou les techniques d'éclairage[40]. La focalisation de l'attention du spectateur sur le mouvement d'un petit doigt, par l'arrêt de toute autre action, dans le *Révizor* (1926) de Meyerhold, l'éclairage intense des acteurs, le rapprochement acteur-spectateur que permet la vidéo, par le grossissement des visages des acteurs dans le *Marchand de Venise* (1994) de Peter Sellars, ou les gros plans sur les pieds des personnages d'un des *Traités des Passions* (1995-2000) de Jean-François Peyret, sont des moyens de «rendre opaque» la médialité du théâtre. L'opacité de la peinture, qui permet sa remédiation filmique en devenant un «objet de représentation» dans le média cinéma[41], empêche précisément sa remédiation directe par le théâtre. Le déploiement de la matérialité de la peinture est en effet limité sur une scène : un puits de lumière sur un acteur en train de peindre, ou une captation vidéo de pigments retransmise en gros plan, pour reprendre les exemples de Moser, pourraient être des solutions. Reste la possibilité de montrer sa médialité économique (l'achat du tableau, sa transaction, son prix et sa valeur, comme dans «*Art*» par exemple) ; sa technicalité (préparation des pigments, mais la distance du spectateur est un problème ; pose du modèle, application de la peinture, etc.) ; sa socialité (fréquentation des modèles, mais aussi visiteurs dans un musée[42], amis

---

39. Walter Moser, «L'interartialité : pour une archéologie de l'intermédialité», p. 84-86.

40. Béatrice Picon-Vallin, «Hybridation spatiale, registres de présence», dans Béatrice Picon-Vallin (dir.), *Les écrans sur la scène : tentations et résistances de la scène face aux images*, Paris, L'Âge d'Homme, coll. «Th XX», Série Études, 1998, p. 20.

41. Walter Moser, «L'interartialité : pour une archéologie de l'intermédialité», p. 85.

42. Comme dans *Maîtres anciens* de Thomas Bernhard (Thomas Bernhard, *Maîtres anciens : comédie*, Paris, Gallimard, coll. «Folio», 1991), roman adapté au théâtre par Denis Marleau (à ceci près que le tableau n'apparaît jamais, car situé «sur le quatrième mur»), *Théâtre sans animaux* ou *Musée haut, musée bas* de Jean-Michel Ribes. Voir Jean-Michel Ribes, *Théâtre sans animaux : neuf pièces facétieuses*, Arles, Actes Sud-Papiers, coll. «Théâtre», 2001. La pièce a été créée à Paris, au Théâtre Tristan-Bernard, en août

du collectionneur en visite, etc.) ; son institutionnalité (mécènes particuliers ou commandes publiques, collectionneurs et rats de galeries d'art, etc.). De même, la transparence médiale, l'auto-annulation du média qui mène l'art à s'affirmer[43], est-elle valable dans le cas du théâtre? Comment nier sa médialité? Faudrait-il supprimer décor, scène, comédiens, en les recréant virtuellement?

« Art » et Seuls, à la différence de l'exposition Métissages de Robert Lepage par exemple[44], proposent non d'effacer la médialité du théâtre, mais d'encadrer pour ainsi dire une médialité de la peinture, à savoir son cadre, dans sa propre esthétique. La pièce de Yasmina Reza présente aux yeux des spectateurs, donc à leurs interrogations, un tableau blanc, dans tout le troublant mystère de sa surface ; la scène de théâtre se superpose presque à la salle de musée. L'esthétique picturale, c'est-à-dire la relation peinture-spectateur est ici trans-posée telle quelle sur le média théâtre pour mettre en relief les problèmes que pose cette esthétique par des moyens proprement théâtraux (intrigue, jeu des acteurs, postures mimant celles des peintres devant un tableau, mouvements du tableau-personnage de la fable, etc.). Le spectacle de Wajdi Mouawad, quant à lui, sur-remédie en quelque sorte le tableau de Rembrandt, Le retour du fils prodigue, en le projetant sur un mur écran, qui délimite un nouveau cadre pour cerner un sens particulier du tableau que Mouawad intègre dans une fable auto-biographique, ou par l'interaction de son propre corps (il est seul en scène) sur et dans le tableau, qui perturbe son cadre naturel. L'esthétique théâtrale semble ici dialoguer avec l'esthétique picturale et la développer au-delà de la simple rela-tion peinture-spectateur, jusqu'à faire connaître à ce dernier, par procuration, des expériences inédites, celle du peintre devant son tableau, et même la fusion de l'artiste au cœur de son œuvre.

77

2001. Jean-Michel Ribes, Musée haut, musée bas, Arles-Montréal, Actes Sud-Leméac, coll. « Babel ». La pièce a été créée à Paris, au théâtre du Rond-Point, en septembre 2004.

43. Walter Moser, « L'interartialité : pour une archéologie de l'intermédialité », p. 77-80.

44. Montée au Musée de la civilisation de Québec du 3 mai 2000 au 29 juillet 2001. La muséologie était un défi pour l'homme de théâtre : « un médium qui m'était totale-ment étranger. [...] Cela m'est apparu comme un tout autre langage, faisant appel à une toute [sic] autre structure narrative pour arriver à raconter une histoire ou développer un propos », dit-il dans Robert Lepage, Métissages, racontée par ses artisans, monographie d'une exposition, Québec, Musée de la civilisation, mai 2001, p. 24.

II- PROBLÈME DE CADRES : L'ART DES MUSÉES AU THÉÂTRE

Robert Lepage et Rembrandt ont en rapport le cadre comme espace de travail.
L'un peint dessus, l'autre projette dessus.

Wajdi Mouawad[45]

Parler de peinture au théâtre, c'est interroger son cadre technique et esthétique. Plusieurs problèmes limitent l'intégration des tableaux, qui appartiennent à l'histoire de l'art et surtout au discours et à l'institution muséale, à l'espace distancié de la scène. Le tableau semble pour ainsi dire mal s'encadrer à la scène, car celle-ci ne peut devenir « transparente », comme le film le peut pour donner une impression de « corps à corps » avec la peinture, par les différentes techniques que relève Moser grâce à l'exemple de Jarman. Celui-ci « insiste par des gros plans tout particulièrement sur les pâtes, les huiles et les pigments qui se trouvent sur la table [de l'atelier du Caravage] [...] La technique cinématographique du gros plan de la main et du pinceau qui applique la peinture sur la toile a pour effet de « faire disparaître » tant l'objet représenté du tableau que le sujet de l'acte de peindre, et, en échange, de faire découvrir la matérialité picturale qui oblitère la transparence du tableau[46]. » Plus loin, Moser tire une seconde conclusion de ce « corps à corps » entre peinture et film :

> Jarman réussit à donner une intensité sans pareille au corps à corps dans lequel il engage peinture et film, un corps à corps qui *dépasse de loin le traitement thématique ou le cadre narratif et qui va jusqu'à nous induire en erreur sur les niveaux de réalités impliqués dans le chassé-croisé entre film et peinture et entre art et média*[47].

En revanche, il est difficile de montrer sur scène une œuvre d'art, ou plutôt une simple copie — puisqu'il est inimaginable qu'un metteur en scène demande à un musée de sortir une œuvre de ses murs à l'occasion d'un spectacle, pour des raisons techniques et financières évidentes. On pense d'emblée aux problèmes d'éclairage, de placement, de mise en valeur sur la scène, de la distance qui la séparerait du spectateur, l'empêchant de la contempler comme il pourrait le

45. Citation tirée de ses carnets de travail présentés dans l'édition du texte, qui retrace la genèse du spectacle. Wajdi Mouawad, *Seuls : chemin, texte et peintures*, Montréal-Arles, Léméac-Actes Sud, coll. « Théâtre », 2008, p. 72.

46. Walter Moser, « L'interartialité : pour une archéologie de l'intermédialité », p. 85.

47. Walter Moser, « L'interartialité : pour une archéologie de l'intermédialité », p. 86 (nous soulignons).

faire dans un musée, ou, à la rigueur, devant un film qui présenterait ses détails. Dans l'espace théâtral, l'œuvre descend de son piédestal pour se placer sous les feux de la rampe, domaine de l'acteur. Elle n'est plus le centre des regards, ne peut plus susciter l'admiration et l'émotion possibles par une approche directe, subjective, car elle est recadrée, redéfinie par un espace et une institution, donc un discours esthétique[48] — Walter Moser parle de «sémantisme du média», c'est-à-dire des moyens, en lien avec sa matérialité, qui lui sont propres pour retranscrire des expériences, du sens[49] — tout aussi pesants que ceux du musée, mais qui ne sont plus siens. Surtout, l'œuvre ainsi transposée n'instaure plus le même rapport esthétique, au sens premier de *perception*, entre elle et le spectateur. Les pièces que nous avons choisi de commenter apportent deux types intéressants de solution, qui nouent un rapport original au spectateur : «*Art*» offre une critique de l'esthétique muséale en la transposant directement sur la scène et dans la fable, tandis que *Seuls* caractérise l'esthétique théâtrale grâce à la présence d'un autre art, donc d'un autre média. Disons, pour donner un point de comparaison, qu'«*Art*» correspond, dans la démarche analysée par Moser, à *Caravaggio* de Jarman, alors que *Seuls* correspondrait sous ce rapport à *Passion* de Godard.

Dans «*Art*», le décor, «le plus dépouillé, le plus neutre possible[50]», évoque les appartements de Marc, Serge et Yvan, trois amis de longue date. La disposition du décor ne change pas, «sauf l'œuvre de peinture exposée». Dans la captation de la pièce pour la télévision, le «tableau blanc avec des liserés blancs», œuvre des années 1970 d'un peintre fictif, Antrios[51], autour duquel les trois amis vont discuter et se déchirer, n'arrive pas à trouver sa place dans l'appartement de Serge, son acquéreur[52]. La toile, dont on ne peut bien sûr, du point de vue du spectateur,

79

---

48. Voir Marie-Ève Marchand, «Le musée d'art et l'exposition : construction d'un discours», *Dire*, vol. 18, n° 2, hiver 2009, p. 14-21.

49. Walter Moser, «L'interartialité : pour une archéologie de l'intermédialité», p. 78.

50. Yasmina Reza, *Théâtre. L'homme du hasard. Conversations après un enterrement. La traversée de l'hiver. «Art»*, p. 193.

51. Ce peintre imaginaire a été inspiré par les artistes du courant minimaliste des années 1960 et 1970 qui ont expérimenté les formes «blanc-sur-blanc» en peinture, comme Martin Barré et Robert Ryman, inspirés eux-mêmes par certaines œuvres de Kasimir Malevitch, notamment par son *Carré blanc sur fond blanc* (1918).

52. Par exemple, p. 216 : «Marc (*désignant l'Antrios*) : Tu vas le mettre où?/Serge : Pas décidé encore [...]/Marc : Tu vas l'encadrer?/Serge (riant gentiment) : Non!... Non, non... [...] Ça ne s'encadre pas. [...] Volonté de l'artiste. Ca ne doit pas être arrêté. Il y a un entourage... » Ou encore : «Yvan (*désignant l'Antrios*) : Tu vas le mettre où?/Serge : Je ne sais pas encore./Yvan : Pourquoi tu ne le mets pas là?/Serge : Parce que là il est écrasé par la lumière du jour... » Yasmina Reza, *Théâtre. L'homme du hasard. Conversations*

dire si elle est réellement peinte ou non, circule dans l'espace, apparaît et disparaît en fonction des humeurs des protagonistes, contrairement aux reproductions de « croûtes » montrées sur les murs de Marc et d'Yvan, qui ne sont clairement que décoratives. Au début de la pièce, le tableau est posé « à même le sol[53] », face au public, dans l'appartement de Serge, et Serge et Marc le contemplent. Marc va en discuter chez Yvan, qui promet à Marc qu'avec lui, Serge « rira ». Dans la scène entre Serge et Yvan qui a lieu dans l'appartement de Serge, le tableau n'est d'abord pas visible, mais Serge ne tarde pas à exhiber fièrement sa nouvelle acquisition[54]. Lors de la seconde confrontation entre Marc et Serge, toujours chez ce dernier, la toile est encore là[55]. La conversation s'envenime quand arrive Yvan, en retard au rendez-vous des trois amis. Sentant que sa présence ne fait qu'envenimer la situation, Serge sort le tableau de la pièce[56]. La tension croît toujours, Serge et Marc frôlent l'altercation, se retournent contre Yvan, qui craque. Serge revient finalement accrocher le tableau en fond de scène et tend un feutre à Marc, qui dessine dessus un bonhomme en skis[57]. La scène suivante voit le dénouement du mini-drame : Serge et Marc nettoient le tableau sous le regard approbateur d'Yvan, puis la lumière isole la toile à nouveau immaculée jusqu'à la fin de la pièce. Ces déplacements successifs rendent le tableau « vivant », créent un enjeu proprement théâtral, car la toile est dès lors reliée à la fois à l'intrigue, c'est-à-dire au temps, et à l'espace.

L'appartement de Serge présente un intérieur « monacal[58] », qui fait écho à sa conception de la vie, pressée par les obligations privées et professionnelles. Il semble ainsi poussé à « aller à l'essentiel » — comme en peinture, lui fait ironiquement remarquer Marc, « où [il a] avantageusement éliminé forme et

---

après un enterrement. La traversée de l'hiver. « Art », p. 225. Notons également que le mot « art », dans le titre de la pièce, est entre guillemets, comme s'il était impropre, inadéquat (à l'amitié entre Marc, Serge et Yvan, et, peut-être, à la définition canonique de l'art).

53. Yasmina Reza, *Théâtre. L'homme du hasard. Conversations après un enterrement. La traversée de l'hiver. « Art »*, p. 195.

54. Yasmina Reza, *Théâtre. L'homme du hasard. Conversations après un enterrement. La traversée de l'hiver. « Art »*, p. 204-205.

55. Yasmina Reza, *Théâtre. L'homme du hasard. Conversations après un enterrement. La traversée de l'hiver. « Art »*, p. 213.

56. Yasmina Reza, *Théâtre. L'homme du hasard. Conversations après un enterrement. La traversée de l'hiver. « Art »*, p. 233.

57. Yasmina Reza, *Théâtre. L'homme du hasard. Conversations après un enterrement. La traversée de l'hiver. « Art »*, p. 248-249.

58. Yasmina Reza, *Théâtre. L'homme du hasard. Conversations après un enterrement. La traversée de l'hiver. « Art »*, p. 204.

couleur, ces deux scories[59] ». Cette remarque anodine rappelle que Yasmina Reza monte sa pièce pour la première fois en 1998, c'est-à-dire dans une période de débats sur la valeur ou l'authenticité de l'art contemporain en France[60]. Surtout, elle fait référence à l'obsession moderniste de pureté picturale, qui voulait justement éliminer tout ce qui est théâtral, pour atteindre, selon le terme greenbergien, la « planéité ». Michael Fried a reconduit, dans *Art and Objecthood*, l'argument de Greenberg, en montrant comment « l'objectité » de l'art « littéraliste » (minimal) reste de la sensibilité théâtrale, en s'attachant à l'inclusion du spectateur dans l'œuvre d'art, par sa situation envers l'objet, mais aussi par la présence « scénique » même de l'œuvre, la pression quasi agressive qu'elle exerce sur le spectateur et son exigence intrinsèque d'être « mise à distance » par lui pour être appréciée. L'approche littéraliste veut définir une nouvelle esthétique selon l'angle de vue, l'éclairage, le contexte spatial, la dimension anthropométrique et la disposition anthropocentrique de l'œuvre[61]. En fin de compte, mettre sous les yeux du spectateur de théâtre un tableau blanc serait une tautologie pour un minimaliste, alors que pour Fried, ce serait un non-sens total, car la « présenteté » de la peinture doit s'opposer à la durée théâtrale pour survivre. Dans « *Art* », la mise en scène retranscrit à la fois la dimension spectaculaire de l'art moderne, en dehors de l'espace muséal (inclusion du jugement du spectateur sur l'œuvre par son rire, mais aussi dans l'histoire qui a pour centre le tableau, rapport de distance physique et critique, présence évidente/disparition de l'œuvre sur scène, etc.), une grande partie de la dimension socio-médiale de la peinture (achat des collectionneurs, attitudes réfléchies des contemplateurs du tableau sur scène, gestes « caricaturés » du peintre en création[62], etc.) et la mise en question de la valeur de l'art contemporain (question du prix, jugement esthétique

59. Yasmina Reza, *Théâtre. L'homme du hasard. Conversations après un enterrement. La traversée de l'hiver.* « Art », p. 213.

60. Voir l'analyse de Nathalie Heinich, « L'art contemporain exposé aux rejets : contribution à une sociologie des valeurs », *Hermès*, n° 20, 1996, p. 193-204 ; pour les débats autour de la monochromie, voir Denys Riout, *La peinture monochrome : histoire et archéologie d'un genre*, Nîmes, Éditions Jacqueline Chambon, coll. « Rayon art », 1996, p. 105-118.

61. Michael Fried, *Contre la théâtralité : Du minimalisme à la photographie contemporaine*, p. 120-125.

62. Quand il dessine sur la surface du tableau blanc, Marc imite au début les gestes caractéristiques du peintre (distance, mesure des proportions, etc.), puis finit son œuvre en quelques traits grossièrement esquissés. Yasmina Reza, *Théâtre. L'homme du hasard. Conversations après un enterrement. La traversée de l'hiver.* « Art », p. 249.

ou «esthésique», d'après les registres de valeur définis par Nathalie Heinich[63], herméneutique, etc.).

La toile blanche est une solution technique astucieuse pour éviter les dangers de la reproduction d'une œuvre d'art qui serait certainement coûteuse et de mauvaise qualité : le spectateur y projette ce qu'il veut, comme le font d'ailleurs les trois amis dans leurs discussions sur le contenu du tableau, des nuances, des couleurs, des lignes, «une pensée[64]», ou une «vibration[65]». Voici par exemple la première description technique du tableau par Marc, le pragmatique, qui le présente à l'imagination de son ami Yvan :

> Marc : Représente-toi une toile d'environ un mètre soixante sur un mètre vingt… fond blanc… entièrement blanc… en diagonale, de fines rayures transversales blanches… tu vois… et peut-être une ligne horizontale blanche en complément, vers le bas…
>
> Yvan : Comment tu les vois ? […]
>
> Marc : Parce que je les vois. Parce que mettons que les lignes soient légèrement grises, ou l'inverse, enfin il y a des nuances dans le blanc ! Le blanc est plus ou moins blanc ![66]

Serge, quant à lui, se perd dans sa contemplation attentive :

> Pour moi, il n'est pas blanc. […] Il a un fond blanc, avec toute une peinture dans les gris… Il y a même du rouge. On peut dire qu'il est très pâle. Il serait blanc, il ne me plairait pas. Marc le voit blanc… C'est sa limite[67]…

Yvan paraît plus hésitant à définir son goût, sommé qu'il est de le justifier face à son exigent ami :

---

63. Nathalie Heinich, «L'art contemporain exposé aux rejets : contribution à une sociologie des valeurs», p. 194.

64. Yasmina Reza, *Théâtre. L'homme du hasard. Conversations après un enterrement. La traversée de l'hiver. «Art»*, p. 210.

65. Yasmina Reza, *Théâtre. L'homme du hasard. Conversations après un enterrement. La traversée de l'hiver. «Art»*, p. 206. De même, pour Robert Ryman par exemple, le tableau n'est pas un monochrome, il met l'accent sur d'autres choses et d'autres sens, il procure un «plaisir de voir». Denys Riout, *La peinture monochrome. Histoire et archéologie d'un genre*, p. 113-116.

66. Yasmina Reza, *Théâtre. L'homme du hasard. Conversations après un enterrement. La traversée de l'hiver. «Art»*, p. 200-201.

67. Yasmina Reza, *Théâtre. L'homme du hasard. Conversations après un enterrement. La traversée de l'hiver. «Art»*, p. 212.

Marc (à Yvan) : Et tu vois quoi comme couleur ?...

Yvan : Je vois des couleurs… Je vois du jaune, du gris, des lignes un peu ocre…

Marc : Et tu es ému par ces couleurs. […] La vérité ? Ces couleurs te touchent ?

Yvan : Oui, ces couleurs me touchent. […]

Marc : Il n'y a pas de couleurs. Tu ne les vois pas. Et elles ne te touchent pas.

Yvan : Parle pour toi[68] !

Ces jugements esthésiques sont également des jugements de personnes qui incriminent l'étroitesse d'esprit, l'incompréhension, ou le manque de culture de l'une ou de l'autre et font basculer le registre artistique dans le registre théâtral. Évidemment, le spectateur ne peut s'approcher de la toile, il doit se fier à ce qu'en disent les personnages, se laisser convaincre par la fiction du tableau. Il ne peut « voir quelque chose » qu'à la fin de la pièce, où Marc, dans une ultime provocation, rend la toile figurative, et y projette matériellement, grâce au feutre d'Yvan, son humour, sous les traits d'un bonhomme en skis sur une piste enneigée, selon le tracé hypothétique d'une des fameuses « rayures transversales blanches ».

Le spectateur se voit donc en définitive imposer l'interprétation du personnage dominant du trio, et qui se définit fièrement comme tel[69], non pas en tant que critique d'art ou amateur éclairé, mais bien au contraire comme seul homme rationnel et indépendant des modes du siècle, avant que la toile ne retrouve une neutralité réconciliatrice. L'insistance sur la blancheur du tableau, couleur la plus intense, qui absorbe tout le spectre, accentuée par le dépouillement du décor, permet d'en faire une métaphore de l'objet théâtral, car le propre de la scène est d'être « *le seul terrain de confrontation authentique* entre les différents types d'images qui nous entourent. Le théâtre, qui par nature est un lieu d'échange et d'interaction entre tous les arts convoqués […] constitue le *champ idéal où toutes nos images, protagonistes à la fois du monde réel et du*

68. Yasmina Reza, *Théâtre. L'homme du hasard. Conversations après un enterrement. La traversée de l'hiver. « Art »*, p. 226-227.
69. Marc à Serge : « Je t'ai toujours su gré de me considérer comme à part. J'ai même cru que cet à part était de l'ordre du supérieur… » Yasmina Reza, *Théâtre. L'homme du hasard. Conversations après un enterrement. La traversée de l'hiver. « Art »*, p. 241.

théâtre, peuvent dialoguer entre elles et avec nous, être mises en crise[70].» Béatrice Picon-Vallin souligne que la critique de l'image est souvent implicite dans sa « convocation scénique » : le déplacement de l'image télévisuelle hors de son flux contextuel à la scène crée une distance nécessaire pour désigner le leurre ou le scandale, par exemple. De même, la présence d'une peinture au théâtre interroge ici son contenu, mais plus largement sa raison d'être hors du musée ou de la galerie, chez un particulier ou sur une scène. Dans *« Art »*, ce questionnement intervient cependant sans perturber la relation spectateur-peinture habituelle, du moment qu'elle est placée face à lui, pleinement disponible à son regard et à sa critique ; seul l'espace environnant le contact de l'œuvre, l'institution, diffère. Cette approche théâtrale de la toile est comparable à celle de Jarman de l'œuvre du Caravage, à ceci près que l'œil de la caméra balaie plus étroitement le tableau ; la distance de l'œil à la toile est abolie par la technique cinématographique, elle permet un abord plus physique, de « corps à corps » avec la peinture, que la distance à la scène ne connaît pas. L'approche théâtrale reste ici abstraite, au niveau de la pensée. Il en va tout autrement dans le deuxième cas étudié.

Seuls est l'histoire d'un étudiant d'origine libanaise, Harwan, qui prépare une thèse sur « le cadre comme espace identitaire dans les solos de Robert Lepage[71] ». Alors qu'il s'apprête à partir pour Saint-Pétersbourg rejoindre le metteur en scène, son père tombe dans le coma. Par un « dialogue à une voix » avec ce père absent, il renoue avec son passé, sa vie oubliée au Liban, et sa vocation pour la peinture qu'il a refoulée à cause de son exil en France puis au Québec. Mais, au fur et à mesure, on comprend que ce n'est pas le père qui a eu un accident cérébro-vasculaire, mais Harwan lui-même, alors qu'il prenait des photos pour son passe-port. Prisonnier de sa chambre d'hôpital et de sa conscience, il retrouve peu à peu les gestes de son enfance, quand il peignait les étoiles dans le ciel, les couleurs, le plaisir de peindre qu'il avait enfoui en lui. L'intrigue, semi-autobiographique, se concentre autour d'un tableau de Rembrandt, *Le retour du fils prodigue*[72], tiré de la parabole de l'*Évangile selon saint Luc*[73], et thème central de la future création de Robert Lepage. Seul le côté gauche du tableau, qui représente un père, de

---

70. Béatrice Picon-Vallin, « Hybridation spatiale, registres de présence », p. 33.

71. Wajdi Mouawad, *Seuls : chemin, texte et peintures*, p. 132.

72. Huile sur toile - 262 x 206, 1669, musée de l'Ermitage, Saint-Pétersbourg.

73. Luc, 15, 11-32. Voir *Évangiles. Lettres de Jean. Actes des Apôtres*, d'après la nouvelle traduction des éditions Bayard, Paris, Gallimard, 2001, p. 242-243. Un père a deux fils. L'un part dissiper sa part d'héritage, et revient, ruiné, demander le pardon à son père pour ses péchés. Le père l'accueille par une fête, et ne lui demande aucun compte : il le croyait mort, et le voici revenu.

face, posant les mains sur les épaules de son fils qui nous tourne le dos, est projeté à plusieurs reprises au fil du spectacle sur le mur-écran de l'espace de Harwan, tantôt en entier, tantôt en grossissant la seule figure du père, etc. La projection de fragments épars du tableau qui rythme la pièce déclenchera la catharsis finale et la réalisation de sa vocation par Harwan. Ici encore, le tableau est une métaphore, celle du désir de peindre chez le personnage principal. Il explique d'ailleurs ce que signifie pour lui ce tableau, dans la conclusion de sa thèse, inopinément retrouvée parmi ses affaires pendant sa longue période d'hospitalisation:

> Et si, moi, je devais retourner vers ce qui m'attend, comment ferais-je pour le trouver, pour m'en souvenir? Qu'est-ce qui, depuis si longtemps espère mon retour? Qu'est-ce qui, s'il me voyait au bout de la route, en serait à ce point ému? Qu'ai-je donc quitté sans même le comprendre? Ai-je perdu toute mémoire? Comment dit-on *mémoire* en arabe[74]?

85

La projection sur le mur de scène du tableau rend sa présence fantomatique, suggestive, discrète et pourtant écrasante. Le clair-obscur des œuvres de Rembrandt accentue cette impression suggestive ainsi que l'aura du tableau. Mais pour atteindre cet effet, la remédiation de la peinture passe encore par l'écran, c'est-à-dire par un autre cadre, en plus de celui de l'ouverture scénique, qui redéfinit celui, initial, de l'œuvre originale de l'Ermitage, par l'œil de la caméra, ou plutôt par le contour de l'écran, qui oriente le regard et affecte le jugement du spectateur sur l'œuvre. C'est pour la clarté de l'histoire, donc pour des raisons qui relèvent purement de l'exigence diégétique de l'intrigue théâtrale, qu'un seul détail, un sens particulier, sont accentués, laissant dans l'ombre les autres personnages, la sœur, le frère, les serviteurs ou invités.

Grâce à l'intrusion de la projection vidéo, le théâtre peut intégrer l'œuvre de façon presque directe sur une scène, sans bien sûr retrouver la proximité de la salle d'exposition, pour le spectateur du moins. L'acteur, en revanche, peut avoir un contact corporel avec la peinture, celle qui est projetée sur le mur et le rideau mobile de la fenêtre et celle qu'il déverse des pots et des tubes qu'il trouve dans sa valise de voyage sur les feuilles blanches de sa thèse, puis sur des panneaux de plastique transparent qu'il déploie à la fin du spectacle. Dans son « odyssée » vers la peinture, il se couvre le corps de couleurs (rouge, vert, bleu, jaune, blanc)[75], en badigeonne ses feuilles, applique sur les murs déployés comme un atelier d'artiste l'empreinte de son corps et de ses mains, recrée sa silhouette en agrafant

---

74. Wajdi Mouawad, *Seuls: chemin, texte et peintures*, p. 18.
75. Lors de son « bain », il se lave le corps avec de la peinture rouge. Wajdi Mouawad, *Seuls: chemin, texte et peintures*, p. 164-168.

son pantalon, puis il se couvre le visage d'un masque au moment où, dans la vie consciente, les docteurs apprennent à sa famille qu'il peut revenir à lui mais qu'il aura perdu la vue[76].

Par la magie de la projection, Harwan peut même se confondre avec le fils à genoux devant son père, sur le tableau de Rembrandt, avant de crever le papier où est projetée la toile pour apparaître à la place du visage du Père[77], « dans le ventre du tableau », « à jamais dans son cadre[78] ». Ces mouvements de va-et-vient entre l'acteur et la toile ne sont pas sans rappeler les allées et venues de la caméra de Godard au sein des tableaux reconstitués de Goya[79], qui pourfendent la bi-dimensionnalité et la médialité de la peinture et permettent un véritable effet de dramatisation de l'œuvre vue différemment. Relief et vie apparaissent quand le corps entre en contact avec la matérialité du média, et délivre non seulement un autre sens, un sens personnel nouveau en lien avec la fable de Harwan, à travers un parcours presque psychanalytique, du fils au père, qui fait remonter le personnage aux origines de sa passion pour l'art, mais aussi une dimension esthétique inédite entre une œuvre et un homme, une perception sensuelle de la matérialité de la peinture réservée en principe au seul artiste, mais ici ouverte à tous les spectateurs par le truchement du corps de l'acteur. Cette expérience, très forte pour le spectateur, fait lointainement écho à un courant de peinture spectaculaire. Les *Anthropométries* d'Yves Klein remplaçaient aussi le pinceau par le modèle (des corps de femme). Ces performances picturales faisaient l'objet d'un cérémonial très réglé et fort médiatisé où le « grand prêtre », l'artiste en personne, ne se confrontait plus aux pigments, mais dirigeait son instrument à distance, selon sa volonté ou son inspiration. S'il ne s'agit certainement pas d'une citation de ce travail de la part de Mouawad, celui-ci retrouve la dimension rituelle de l'exercice ; mais alors que les *Anthropométries* laissent une impression de distance un peu glacée, où l'œil mi-sérieux mi-narquois de l'artiste se

86

76. Dans « Buste », il verse de la peinture blanche sur son masque, puis de la peinture rouge coule de la fente de ses yeux. Wajdi Mouawad, *Seuls : chemin, texte et peintures*, didascalie p. 169 et 171 ; dans « Nettoyage », il s'enduit de blanc et repeint la silhouette sur le mur en blanc. Wajdi Mouawad, *Seuls : chemin, texte et peintures*, didascalie p. 174 ; enfin, il peint « longtemps » dans son « atelier » (« Les gestes du peintre », Wajdi Mouawad, *Seuls : chemin, texte et peintures*, didascalie p. 177).

77. Dans les dernières sections de la pièce intitulées « L'esprit du peintre » et « Le lieu du peintre », Wajdi Mouawad, *Seuls : chemin, texte et peintures*, didascalie p. 182-185, dans l'édition du texte.

78. Wajdi Mouawad, *Seuls : chemin, texte et peintures*, didascalie p. 184.

79. Walter Moser, « L'interartialité : pour une archéologie de l'intermédialité », p. 89.

pose tel un démiurge sur sa création, poussant la captation du spectacle aux limites du voyeurisme, l'expérience à laquelle l'acteur et metteur en scène convie son spectateur est pleinement participative, malgré, et même à cause, de sa distance. L'implication de l'acteur et « créateur » — c'est, il semble, la volonté de Mouawad que de créer une « œuvre originale » sur scène, bien qu'un critique d'art puisse s'interroger sur le statut de cette œuvre — est dans ce cas essentielle ; loin de refuser le contact charnel avec la peinture dans toute sa médialité, il nous confond dans notre statut d'observateurs respectables et éloignés, nous oblige à nous laisser imbiber par la peinture, à crever le cadre avec le héros de cette histoire, comme Harwan nous a déjà entraînés à la poursuite de Lepage en Russie ou, entre Montréal et le Liban, au chevet de son père malade.

Ainsi, c'est moins une question d'esthétique picturale que d'esthétique théâtrale que me semble proposer *Seuls*. Peu importe au fond que Mouawad réalise sur scène une œuvre d'art authentique. Le spectateur n'est pas appelé à en juger, comme c'est le cas dans « *Art* ». En revanche, il est invité à une expérience picturale rare *au cours d'une représentation théâtrale* somme toute classique, et à travers une esthétique proprement théâtrale, qui lui fait affronter durant tout le spectacle le problème de la distance et de l'illusion de la peinture. Les effets vidéo déjà décrits et la construction de l'intrigue elle-même s'ébauchent, me semble-t-il, à partir de ce jeu de la distance et de l'illusion. Harwan court à travers le monde pour mieux s'en couper, les seuls contacts qu'il entretient avec sa famille sont téléphoniques, il revit son ancien amour sur un écran d'ordinateur ; le travail lui sert de prétexte à l'isolement, alors que concrètement sa thèse n'avance pas, ou pas comme il voudrait. À vrai dire, il ne sait pas ce qu'il cherche, ou mieux, par quoi il sera trouvé. Dans cette quête vitale, il se remémore un passé perdu, à l'aide de bribes sonores (voix de son père et de sa sœur, chants d'oiseaux, souffle du vent, aboiements qui évoquent le Liban), de paroles oubliées, d'indices ténus charriés par ses sens attentifs, mais quelle réalité ont-ils vraiment ? Alors qu'il croyait assister au coma de son père, c'est lui-même qui se trouve soudain confronté à la mort. Du moment que la réalité de sa situation lui apparaît, il prend le problème à bras-le-corps, pour ainsi dire, pour briser l'illusion qu'il avait sur ses vrais désirs, combler la distance qui le séparait des autres et de lui-même.

Wajdi Mouawad a ici trouvé une voie très originale pour présenter la peinture sur scène, à travers le corps de l'acteur, le principal « média » du théâtre, et surtout les émotions et les souvenirs qu'elle suscite, visuels et auditifs, à travers projection vidéo et performance artistique *live*, proche des *Action Paintings* de Jackson Pollock ou des *Anthropométries* de Klein, sons de voix, bruits, etc., qui s'intègrent au média et à l'histoire et nous font partager sensations et réflexions.

Hors du musée, point de salut, semble-t-il. Sur scène, le tableau ne peut être qu'une métaphore de l'art, pas une œuvre authentique. Les deux pièces portent toutefois des œuvres d'art sur la scène en les théâtralisant, en les inscrivant dans une narration et un décor où elles deviennent en quelque sorte des protagonistes, qui peuvent dès lors dialoguer, interagir avec les acteurs en présence. C'est ainsi qu'elles font perdre leur « cadre »[80] et leur « opacité » à la toile, bien qu'elles aient mis en scène, par des procédés qui rejoignent souvent ceux du cinéma et surtout qui utilisent l'écran comme nouveau cadre, la médialité de la peinture, tel que le dit Walter Moser. « Art » et Seuls s'achèvent d'ailleurs toutes deux sur le mot « opacité », pour désigner soit l'impossibilité de justifier quelque interprétation d'une œuvre d'art, soit le champ illimité des possibles sens et sensations qu'elle éveille, ce qui revient somme toute au même. À la fin de « Art », Marc, seul devant le tableau blanc, produit une interprétation différente de celle qu'il a émise au début de la pièce :

> Sous les nuages blancs, la neige tombe. On ne voit ni les nuages blancs, ni la neige. Ni la froideur et l'éclat blanc du sol./Un homme seul, à skis, glisse./La neige tombe./ Tombe jusqu'à ce que l'homme disparaisse et retrouve son opacité[81].

Dans Seuls, la conclusion « magistrale » de la thèse de Harwan, que son professeur lit, éclaire le sens du cadre-écran de projection dans les solos de Robert Lepage, « lieu de tous les possibles », où les personnages échappent « aux lois du temps et de l'espace et à la loi de la gravité » :

> Il est donc de nature paradoxale : le lieu fini est celui de l'infini, la limite offre l'illimité, la frontière l'ouverture, la borne l'insoupçonné. L'opacité disparaît et la surface, sur laquelle le regard s'arrêtait, révèle une profondeur où l'esprit n'étouffe pas sur lui-même mais s'ouvre sur un espace où le corps, enfin libéré, aborde le rivage des sensations retrouvées[82]...

Alors que les exemples pris par Moser présentent une interartialité qui révèle tour à tour la médialité de chaque art considéré, peinture et cinéma, au théâtre aucun média ne semble l'emporter sur l'autre. Au-delà même d'une révélation de

---

80. Dans « Art » le tableau de Serge « ne s'encadre pas », car il est entouré d'une « sorte de craft... [c]onfectionné par l'artiste », qui laisse le tableau proprement sans limites. Yasmina Reza, Théâtre. L'homme du hasard. Conversations après un enterrement. La traversée de l'hiver. « Art », p. 216. Dans Seuls, le personnage crève la limite de la toile, va et vient dans le tableau et dans la peinture.

81. Yasmina Reza, Théâtre. L'homme du hasard. Conversations après un enterrement. La traversée de l'hiver. « Art », p. 251.

82. Wajdi Mouawad, Seuls : chemin, texte et peintures, didascalie p. 182.

la médialité d'un art par l'autre, telle que « *Art* » la met en scène en s'amusant de la médialité de la peinture, *Seuls* offre la possibilité de réfléchir sur l'esthétique théâtrale grâce aux médialités conjuguées de la peinture et du théâtre. La pièce permet en effet au spectateur d'aller plus loin dans les niveaux de perception. Deux raisons peuvent expliquer une telle situation : le recours, régulier et productif chez Mouawad (et Lepage), à l'écran vidéo pour remédier la peinture, qui décale d'un degré la relation directe théâtre-peinture ; la spécificité médiatique propre au théâtre depuis son apparition, qui passe par un texte, un dialogue, au minimum une intrigue qui va d'un point A à un point B. Le passage par un troisième média ou art (vidéo ou écriture) est-il constitutif de l'interartialité au théâtre ? Cette question nous amène à penser la définition de la médialité du théâtre et de la théâtralité.

III- CONCLUSION : POUR UNE AUTRE INTERARTIALITÉ ? LA MISE EN QUESTION DU THÉÂTRE ET DE LA THÉÂTRALITÉ PAR L'ART ET LE MÉDIA PICTURAL

Béatrice Picon-Vallin, dans son article « Hybridation spatiale, registres de présence[83] », démontre que la présence de l'écran implique une nouvelle définition de la scène et de la mise en scène, qui utilise précisément le vocabulaire de la peinture. La « *bidimensionnalité* » du théâtre de Robert Wilson, par exemple, « est une réponse à la manière de percevoir du public que toutes les technologies de l'image ont contribué à façonner dans son quotidien. Wilson *dématérialise* le plateau, *peignant ou dessinant avec la lumière ou la couleur*. Sans utiliser directement des images, il *déplace leur effet* sur le plateau[84]. » Grâce aux effets vidéo et aux technologies de pointe, Wilson recrée des images virtuelles, qui évoquent les arts qui y sont liés, la peinture, le cinéma, ou le numérique. La matérialité du plateau de théâtre est brisée par l'intégration de toutes sortes d'images fixes ou animées, peintes ou projetées, en direct ou non, qui empruntent la « technicalité » d'un autre art pour leur production (pinceau, crayons, couleur, lumière), déplaçant ainsi l'effet de l'image sur la scène pour créer un sentiment de reconnaissance chez le spectateur[85]. Toute surface plane devient un écran : « Pour Piscator déjà, l'écran en scène ne différait pas de la surface plane des

83. Béatrice Picon-Vallin, « Hybridation spatiale, registres de présence ».

84. Béatrice Picon-Vallin, « Hybridation spatiale, registres de présence », p. 19 (nous soulignons).

85. Est-ce à dire que les codes théâtraux sont tombés en désuétude et ne sont plus reconnus par les spectateurs de théâtre eux-mêmes ?

toiles prêtes à être peintes[86]. » Avec la photo projetée, l'image cinématographique, la vidéo, les allers et retours hors du cadre scénique sont possibles sans quitter la scène, car ces technologies, utilisées simultanément dans leur diversité, abolissent la frontalité « même dans le cas d'un spectacle frontal », du moment que l'image « dote le spectateur de plusieurs regards. »[87] L'effet produit s'apparente au « cubisme », par la combinaison du détail et du plan général, du gros plan qui dématérialise un corps et de sa silhouette entière, du plan de profil et d'un acteur de face…

> Les possibilités de stratification, de surimpression intensifient encore la coexistence d'espaces et de temps hétérogènes sur la scène, dans un processus d'hybridation où s'approfondit l'« entre-deux » caractéristique de l'espace théâtral[88].

90 L'espace théâtral se situe entre deux « espaces », celui de l'acteur et du spectateur, du texte (ou du son) et du sens, de l'image et de sa réception, mais il s'immisce aussi entre un média et un autre média, ou même un art et un autre art, au cœur de la relation entre les deux, entre distance et illusion. Art du mouvement, du dialogue, il fait dialoguer les arts. La résistance du média ou de l'art intégré sur scène souligne de façon tout à fait nette cette caractéristique de l'espace théâtral, et l'exemple de la peinture constitue, comme on l'a vu, un cas approprié, que ce soit au théâtre ou au cinéma, ainsi que l'analyse du film de Godard par Walter Moser le montre[89]. Le récit fonctionne comme une « exigence extérieure » à la peinture, mais intérieure au cinéma. Aussi Godard filme-t-il l'impossibilité de faire un film à partir de peinture : dans un film qui se propose de reconstituer une ébauche d'histoire de l'art, on ne peut parler que de cinéma, semble vouloir dire le réalisateur. Non pas que la tentative du film, reconstituer des œuvres d'art en scènes vivantes, ne soit pas intéressante en soi ; mais les enjeux esthétiques sont différents. Ce sont les débats entre le cinéaste et les personnages ou le producteur, relevés par Moser, sur la façon de faire du cinéma sur la peinture qui empêchent le film de se réaliser, tout comme les discussions animées entre Marc, Serge et Yvan à propos de l'*Antrios* créent une brouille entre les amis, moment de « mise en crise » dans les deux cas que

---

86. Béatrice Picon-Vallin, « Hybridation spatiale, registres de présence », p. 25.

87. La multiplicité des dessins, des montages de dessins, ou la superposition des couleurs sur une « toile », comme la séquence « Corps » de *Seuls* en fait voir, contribue à cette pluridirectionnalité du regard.

88. Béatrice Picon-Vallin, « Hybridation spatiale, registres de présence », p. 27.

89. Walter Moser, « L'interartialité : pour une archéologie de l'intermédialité », p. 87-91.

l'intrigue cherche à résoudre. Nous avons parlé plus haut du choix de Godard pour une esthétique du fragment, de l'inachevé (découpage en portraits des protagonistes lors de la reconstitution des tableaux de Goya, mélange des personnages des différentes scènes avec le personnel technique qui donne l'impression d'un « chaos créateur[90] », etc.) qui métaphorise le travail du peintre en action. La pièce de théâtre aussi, dans un certain sens, reste inachevée : dans « Art », les amis repartent à zéro et envisagent une « période d'essai[91] », Marc « tente » une nouvelle interprétation du tableau blanc ; toute l'histoire de leur amitié reste cependant à reconstruire. Les esthétiques diffèrent parce que les enjeux des deux arts sont eux-mêmes différents, à cause du fonctionnement propre au média utilisé. Le message politique du tableau de Goya change du moment qu'on pénètre dans le tableau et qu'on voit les oppresseurs de face grâce au mouvement de caméra qui rompt la matérialité et la bidimensionnalité du tableau[92]. Dans le cas du théâtre, la complexité médiatique et les messages qu'elle véhicule nuance encore plus la situation. L'interprétation objective, ou du moins dépassionnée de l'*Antrios*, qui apparaît à la première scène dans toute sa pureté significative en quelque sorte, offerte au regard de tous, est perturbée dès lors que deux des personnages, liés par une vieille histoire d'amitié, s'opposent dans leur conception esthétique qui se traduit en un discours admiratif pour l'un, péjoratif et ironique pour l'autre. On le voit, l'intrigue d'une part, le texte d'autre part, mais aussi le jeu des acteurs et leur attitude face au tableau, bref la performativité, sont autant de paramètres à prendre en compte dans le jeu de l'interartialité.

Espace hybride, espace du média, la scène peut présenter toutes les contradictions, tous les médias et tous les arts dans leur problématique et leur esthétique intrinsèque. C'est pourquoi Godard nous semble celui des deux exemples proposés par Moser qui indique le plus le sens d'une véritable interartialité, c'est-à-dire d'une relation entre les arts plus qu'entre les médias, qu'indique aussi l'analyse de l'interartialité au théâtre. Dans son film, tous les aspects esthétiques de la peinture (composition, éclairage, fragmentation, mais aussi métaphore de l'œuvre inachevée, débat sur l'art de peindre et de « cadrer » le film) créent le média, son fonctionnement, son discours et son « sémantisme », qui va permettre de rendre compte de son objet, dans un fructueux dialogue entre les arts, tandis que Jarman utilisait seulement le média cinéma pour retranscrire une autre

90. Walter Moser, « L'interartialité : pour une archéologie de l'intermédialité », p. 88.

91. Yasmina Reza, *Théâtre. L'homme du hasard. Conversations après un enterrement. La traversée de l'hiver. « Art »*, p. 250.

92. Walter Moser, « L'interartialité : pour une archéologie de l'intermédialité », p. 89.

médialité et une histoire, en gardant l'une de ses caractéristiques fondamentales, le déroulement linéaire et accompli du temps, qui présuppose un début et une fin. Prendre exemple sur Godard oblige ainsi à repenser ce qu'est l'esthétique du théâtre et sa médialité propre, sa théâtralité. Une autre manière de poser la question serait peut-être : quelle esthétique crée quel média ?

Walter Moser l'a bien suggéré : le dialogue interartiel, en faisant saillir l'opacité médiatique d'un art, offre un champ d'analyse dont nous avons déjà exploré certaines pistes dans le point précédent. Le discours autour du tableau de «Art», par exemple, point focal de la narration, qui dit son histoire, son prix, les réactions qu'il suscite chez les personnages, comment il intervient dans leur vie, etc., par l'entremise du dialogue, recrée le discours critique polyphonique, pour ne pas dire cacophonique, du «Gotha des grands amateurs d'art» comme dit Marc[93], mais en le banalisant, en le rendant familier, intime, pour les besoins de la comédie. Il reprend donc plusieurs aspects sociomédiaux de la peinture les plus adaptés à sa propre médialité grâce à un média commun, le langage, pour le porter sur la scène ; en même temps, les contraintes du genre boulevardier, voire le type de public susceptible de venir voir une pièce intitulée «Art», qu'on peut supposer cultivé et amateur de bons mots, définissent des préoccupations et un ton certes légers, mais non dépourvus d'une certaine profondeur, qui écartent ce discours critique d'une théorie propre aux connaisseurs et spécialistes.

Seuls rappelle beaucoup la démarche godardienne dans sa recherche esthétique : le découpage du tableau en gros plans projetés sur écran, le montage de plans filmés des dessins de Harwan, de ses photos personnelles, d'images hétéroclites, mis en parallèle avec les empreintes corporelles de l'acteur sur les murs, invitent à voir la peinture autrement qu'elle ne peut l'être au musée, recadrée dans des limites différentes, qui font porter sur elle un autre regard, pluriel, celui de l'intermédialité, qui dépasse et transforme celui du spectateur. Le passage par la vidéo redéfinit les sens de la peinture, du théâtre et de l'écran lui-même. Par un autre média et les techniques de l'image, du gros plan, du montage et du son, Mouawad arrive à créer une autre esthétique de la peinture, qui n'est pas du théâtre pur, ni de la vidéo pure, mais un média hybride, qui serait, peut-être, le propre de la théâtralité. L'acte de peindre lui-même, montré et décuplé par les gestes, les cris, le corps de l'acteur, qui peint sur de grands panneaux avec rage et délectation, transite par un autre média, qui, comme l'écran, reçoit et transmet des messages qui le façonnent (Harwan entend des

93. Yasmina Reza, *Théâtre. L'homme du hasard. Conversations après un enterrement. La traversée de l'hiver.* «Art», p. 203.

sons, des paroles issus d'un autre monde, du monde conscient où vivent son père et sa sœur ou de celui du Liban oublié). Le corps et chacun de ses membres (pieds, mains, buste, tête…) modèlent en retour la matérialité de la peinture, devenant tour à tour pinceaux, surface enduite de peinture, écran de projection du tableau.

La théâtralité n'apparaît donc évidemment pas avec l'avènement de la vidéo sur scène, mais bien avec le média. En renversant la proposition de Moser, on pourrait dire que si l'interartialité fait découvrir la médialité de l'art, le média fait apparaître son artialité, du moins celle du théâtre.

Digital Multivocality and Embodied Language in Theatrical Space

MICHAEL DARROCH

What is theatre? A sort of cybernetic machine. When not working, this machine is hidden behind a curtain; but as soon as it is revealed it begins to transmit a certain number of messages in your direction. These messages are distinctive in that they are simultaneous and yet have different rhythms. At every point in a performance you are receiving (at the same second) six or seven items of information (from the scenery, the costuming, the lighting, the position of the actors, their gestures, their mode of playing, their language), but some of these items remain fixed (this is true of the scenery) while others change (speech, gestures).

Roland Barthes[1]

Towards the end of Marie Brassard's first solo performance, *Jimmy, créature de rêve* (2001), the actress' digitally manipulated voice suddenly drops out:

I'm really sorry… In a normal show, I would improvise something and just go on, but here…

Without this voice I cannot do anything…[2]

The microphonic dropout marks an interruption in an acoustic circuit that Brassard has slowly fostered between her and her audience. Visibly carrying the microphone that enables her to alter her voice and play multiple roles, Brassard tells the story of Jimmy, a homosexual hairdresser born in the dream of an American army general in 1950. Just as Jimmy was about to kiss his lover, a soldier

1. Roland Barthes, "Theatre and Signification" in "Barthes on Theatre," trans. Peter W. Mathers, *Theatre Quarterly*, vol. 9, n° 33, Spring 1979, p. 29.
2. Marie Brassard, *Jimmy, créature de rêve*, Script. English version. Montreal: Infrarouge Théâtre, 2001. Unpublished, p. 21.

named Mitchell, the general died, leaving Jimmy trapped in an oneiric limbo. Fifty years later, Jimmy is revived only to discover, to his despair, that he has been reborn in the dreams of a Montreal actress who makes him her fantasy. *Jimmy, créature de rêve*, like Brassard's subsequent productions, *La noirceur* (2003), *Peep-show* (2005), *The Glass Eye* (2007), and *L'invisible* (2008) all build a synaesthetic theatrical space where sound technologies underlie the relations between language, voice, sounds, body, gesture and imagery. As the microphonic dropout in *Jimmy* ruptures our sustained acoustic action, we are starkly reminded that the raw materiality of Brassard's voice is coupled with the gestic action made possible by her vocal prosthesis. What we spectator-hearers have known all along but forgotten, that the microphone is filtering her natural voice, is suddenly driven home by its very loss.

96

This paper investigates the relation of the human voice to theatrical space. I question how innovations in digital sound technology are reconfiguring the materiality of the human voice and, consequently, the mediality of contemporary theatre. Ever since the earliest technologies of sound recording, the human voice has been displaced from the inner soul of the human subject. No longer the lone conduit for a transcendental universal spirit, today's voice can not only be recorded, cut up and spliced together again, but also modulated, reconfigured or simply generated via modern speech technologies. Far from understanding the human voice as the output of an Author, 19th and 20th centuries recording technologies revealed it to be a medium with its own material conditions and constraints.[3] Today, speech recognition systems, automated voice assistants, text-to-speech synthesis applications and VoiceXML platforms (Voice eXtensible Markup Languages) have ruptured these material constraints, presenting the voice as a dematerialised construct. In an era of perceived virtuality, these new voices appear independent of any body or mind and hence external to embodied experience or cultural identity. As new capacities for generating and altering voices have affected our perceptions of the materiality of the human voice, they have accordingly reconfigured theatrical conceptions of embodiment and space.

I first outline arguments that place alphabetisation and textuality at centre of the theatrical medium, from Greek antiquity to early modernity. These scholars

---

3. See for example Friedrich Adolf Kittler, *Aufschreibesysteme 1800-1900*, 4th edition, Munich, Wilhelm Fink, 2003. English translation: *Discourse Networks 1800/1900*, trans. Michael Metteer, with Chris Cullens, Stanford, Stanford University Press, 1990; N. Katherine Hayles, *How We Became Posthuman: Virtual Bodies in Cybernetics, Literature and Informatics*, Chicago, The University of Chicago Press, 1999.

firmly situate theatre as a principally visual medium, which has continually subsumed oral culture. I further consider these theses in light of new media in the 19th and 20th centuries, especially proposals for a "total theatre," a theatre of synaesthesia, which again tended to erase the specificities of the human voice, or even strove to eradicate language from the theatrical environment. Finally, drawing upon the multivocality of Marie Brassard's creations, I propose that today's digital sound technologies are redrawing the possibilities for voice in a theatre that enables, in McLuhan's terms, the constant "interplay of the senses"[4] within a new acoustic space. Brassard's work, I will argue, reinvigorates a discussion of the embodiment of vocality and the production of theatrical presence in the current era.

Theatre has long embraced technologies of change, and theatrical invention has always reacted to shifts in media history. Yet according to Derrick de Kerckhove, the very origins of Western theatre in Ancient Greece can be attributed to a specific technology: the development of the phonetic alphabet. Greek tragedy emerged some 200 years after the phonetic alphabet originated, *circa* 800 BC, as an externalisation of thought, a linearisation and sequentialisation of symbolic information then inaccessible to the non-literate audiences of Athens.[5] In the shift from oral to literate society, "drama was [...] borne out of the various physical techniques of memory evolved for the oral epic but which were broken loose and rearranged by the phonetic alphabet." Greek theatre "was to the oral epic what writing was to speech; it was a revolution of sensory relationships pertaining to the major modes of transmitting and exchanging information on a personal and a social level."[6]

For de Kerckhove, then, theatre is by definition a "media aesthetics of the alphabet."[7] Theatre was and remains above all a process of externalisation, an

4. Marshall McLuhan, *Understanding Media: The Extensions of Man*, New York, McGraw Hill, 1964, p. 67.

5. Derrick de Kerckhove, "Eine Mediengeschichte des Theaters. Vom Schrifttheater zum globalen Theater," in Martina Leeker (ed.), *Maschinen, Medien, Performances: Theater an der Schnittstelle zu digitalen Welten*, Berlin, Alexander Verlag, 2001, p. 502.

6. Derrick de Kerckhove, "A Theory of Greek Tragedy," *SubStance*, n° 29, May 1981, p. 24-25. See also Derrick de Kerckhove, "Theatre as a Model for Information-Processing Patterns in Western Cultures," *Modern Drama*, vol. 25, n° 1, 1982, p. 143-153.

7. Derrick de Kerckhove, "Hellauer Gespräche: Theater als Medienästhetik oder Ästhetik mit Medien und Theater?" Round Table discussion in Martina Leeker (ed.), *Maschinen, Medien, Performances: Theater an der Schnittstelle zu digitalen Welten*, p. 415 (our translation).

extension of consciousness into the space of spectacle. Ancient theatre fragmented oral stories into the smaller units suitable for the stage, removing the processes of storage and memorisation from the minds of epic storytellers. At the same time, ancient theatre accelerated the processes of alphabetisation or literacy, as the mental structures required for this process were gradually internalised by spectators. For this reason, theatre is constructed both from texts and as a text, both from the process of writing and as the process of writing. Theatre worked as a medium of communicative exchange: cognition and memorisation were projected onto the stage (externalisation), but theatre also ushered in a new form of cognition, alphabetisation, in the minds of spectators (internalisation). Alphabetisation and drama functioned as reciprocal systems of storage and transmission.

In language that echoes McLuhan, de Kerckhove argues that "the major shift effected by the combination of theatre and the alphabet was to play down the audio-tactile involvement and promote a new sensorial synthesis under the governing of the eye."[8] This sensorial synthesis was visual, its effect a reorganisation of spatiality. Physical space had previously been experienced immediately, through participatory action and oral speech. Under the spectator's new gaze, physical space coincided with the theoretical space of a "container for programmed experience,"[9] an empty stage for spectacle. Greek theatre was above all information-processing: a stage of visual and semantic exteriorisation and synthesis, the projection or extension of the eye for "centralized and sustained visual aiming."[10] Moreover, the actors, in memorizing and pronouncing a text that was invisible to the spectators, took its place. "They transposed [the text] into a kind of 'vocal writing.' They did not read it, but rather produced a vocal copy of it."[11] Actors themselves did not "possess knowledge" to be transmitted on the stage; rather, the written word and the actor were interchangeable parts of the theatrical structure.[12]

By the same token, spectators were not expected to intervene in the stage action; nor did they read the text that determined this action. Bound to their seats like Prometheus to his rock, spectators consequently underwent training as silent readers: just as a silent reader was "'listening' to a writing"—written words

98

8. Derrick de Kerckhove, "A Theory of Greek Tragedy," p. 26-27.
9. Derrick de Kerckhove, "A Theory of Greek Tragedy," p. 27.
10. Derrick de Kerckhove, "A Theory of Greek Tragedy," p. 28.
11. Jesper Svenbro, "The Inner Voice: On the Invention of Silent Reading," in *Phrasikleia: An Anthropology of Reading in Ancient Greece*, trans. Janet Lloyd, Ithaca, Cornell University Press, coll. "Myth and Poetics", 1993, p. 169.
12. Jesper Svenbro, "The Inner Voice: On the Invention of Silent Reading," p. 178.

that now seemed "to speak to him" within his consciousness—a "spectator in the theatre [...] 'listen[ed]' to the vocal writing of the actors."[13] In line with Derrida, these theses challenge the logocentric bias of Western history and philosophy by equating the detached visual framework of theatrical spectacle to the technological development of the alphabet and to the spread of literacy. As Jesper Svenbro proposes, "if mental space may be externalized in alphabetical space, writing may also be externalized—in theatrical space."[14] Writing in Greek antiquity thus had an effect on theatrical presence that recalls Philip Auslander's thesis of "liveness" as constituted by modern recording technologies.[15] Specifically, these arguments suggest that theatre required new cognitive strategies by training spectators to process information in a sequentially and visually centralised manner. A public thus trained was a public primed for literacy. The Greek stage was a preliterate inscriptive form on consciousness through its focused arrangements of visual imagery, speaking bodies, and alphabetic information. If print media would later give rise to "typographic man," in McLuhan's terms, it was theatre that first produced "alphabetic human beings."

99

This view of Greek theatre invites us to reconsider Friedrich Kittler's concept of *Aufschreibesystem*, translated as "discourse networks" but closer to "notation systems": a "network of technologies and institutions that allow a given culture to select, store, and process relevant data."[16] For de Kerckhove, Svenbro and others, theatre was the central inscriptive system of the *Aufschreibesystem* of antiquity, underpinned by the technology of the alphabet. Consequently, theatre was a medium with its own material (alphabetic and bodily) restrictions for processing, storing and retransmitting data; within its contingent exteriority it was a primary channel for carrying information.[17]

The fundamental quality of theatre as an alphabetic medium persisted across time. In *The Production of Presence* (2004), Hans Ulrich Gumbrecht claims that it was in early modern thought that the material surface of the world

13. Jesper Svenbro, "The Inner Voice: On the Invention of Silent Reading," p. 171.

14. Jesper Svenbro, "The Inner Voice: On the Invention of Silent Reading," p. 182.

15. Philip Auslander, *Liveness: Performance in a Mediatized Culture*, London and New York, Routledge, 1999.

16. Friedrich Adolf Kittler, *Discourse Networks 1800/1900*, p. 369.

17. See also Hans-Christian von Herrmann, "Das Theater der Polis," in Lorenz Engell, Bernhard Siegert and Joseph Vogl (ed.), *Archiv für Mediengeschichte* n° 3: *Medien der Antike*, Weimar, Universitätsverlag, 2003, p. 27-39 and Jennifer Wise, *Dionysus Writes: The Invention of Theatre in Ancient Greece*, Ithaca and London, Cornell University Press, 1998.

first became the target of interpretational penetration: the search for meaning beyond the physical characteristics of things themselves. Theatre provided one such avenue for undertaking "the act of world-interpretation through which the subject penetrates the surface of the world in order to extract knowledge and truth as its underlying meanings."[18] Indeed, theatrical practice no longer even conjured up the substantial presence of actors as speaking bodies in theatrical space, but rather generated "meaning effects" that were merely transmitted by the literary characters they *embodied*. Gumbrecht identifies this shift from "presence effects" to "meaning effects" as having emerged most markedly in French classical theatre, under the unmistakable influence of Descartes. "The actors in Corneille's or Racine's tragedies stood on the stage in a half-circle, reciting often highly abstract texts in the heavy verse form of the Alexandrine. No Western theater style either before or afterward was more 'Cartesian' than French classical drama."[19] In this era, the predominance of the *cogito* in modern Western culture was mirrored in theatrical form: the stage was now viewed as signifying no more than the inner workings of a writing Author's mind. As alphabetisation became ingrained and phonetic literacy reached a high degree of cultural saturation, the authorial text eventually consumed the power of theatrical presence. By the onset of French classicism, theatrical texts had become more important than even their performance. For Derrick de Kerckhove, it is not surprising that "in the prefaces to the plays by Corneille, Racine and Molière, these authors clearly express their angst that a performance of their plays could tarnish their literary quality."[20] At perhaps no other time was theatre more immersed in the effects of McLuhan's Gutenberg galaxy.[21]

The alphabetic monopoly of the theatre, at its pinnacle in French classicism, was slowly dismantled by emergent optic and acoustic media in succeeding centuries. Histories of technology in theatre generally point to innovations in lighting and optic media since the *laterna magica*, yet sound technologies have notably played a role in theatre and performance: from the masks of Ancient Greek actors that distorted and amplified the human voice to the mechanically

18. Hans Ulrich Gumbrecht, *Production of Presence: What Meaning Cannot Convey*, Stanford, Stanford University Press, 2004, p. 27-28.

19. Hans Ulrich Gumbrecht, *Production of Presence: What Meaning Cannot Convey*, p. 32-33.

20. Derrick de Kerckhove, "Eine Mediengeschichte des Theaters. Vom Schrifttheater zum globalen Theater," p. 509 (my translation).

21. Marshall McLuhan, *The Gutenberg Galaxy: The Making of Typographic Man*, Toronto, University of Toronto Press, 1962.

produced sound effects of the eighteenth and nineteenth centuries (including thunder-sheets and thunder-runs, rain boxes and wind machines). Nevertheless, until the 20th century, acoustic media were rarely a central feature of theatrical productions. As acoustic media began to assume a more central position within cultural production, the distinction between the presence effects of the human voice and the meaning effects of human language became ever more apparent. From Brecht's onstage radio experiments in his early *Lehrstücke* (1929-1930), to Cocteau's telephone in *La voix humaine* (1930), to Beckett's *Krapp's Last Tape* (1958), technologies of sound recording, reproduction and transmission became a focus of select theatrical experimentations, extending the realm of the material voice for the production of space and the production of presence. But for other radical 20th century theatrical programmes, breaking the seemingly inviolable bond between voice and language was central: Artaud's *Theatre of Cruelty*, Bauhaus synaesthetic projects for a "total theatre," and even Robert Wilson's *Theatre of Images* are predicated on the need to eradicate language from the theatrical environment. The presence of the human voice itself, and its authentic relationship to the body from which it emanated, was increasingly either subsumed within early experiments in onstage sound amplification and reproduction, or utterly displaced by overpowering visual media. Arguably, only the disembodied voices of radio dramas (or more accurately *Hörspiele* or "listening plays" in German) recalled the place of language as a core theatrical materiality.

101

Kittler has traced how technologies of reproduction fractured media in the 19th century into individual streams: acoustics (gramophone), optics (cinema), and typography (typewriter). The digital computer promised to be their point of reunification. In the computer "everything becomes a number: quantity without image, sound or voice. And once optical fiber networks turn formerly distinct data flows into a standardized series of digital numbers, any medium can be translated into any other."[22] For Kittler, a key predecessor to the effects of digitisation was the aesthetic of Richard Wagner's music-dramas. The *Gesamtkunstwerk*, the total work of art, represented the first intermedium in which optics and acoustics were fundamentally re-fused, anticipating the interface effect or synaesthesia of new media that so intrigued McLuhan. Music-dramas were the harbingers

22. Friedrich Adolf Kittler, *Grammophon, Film, Typewriter*, Berlin, Brinkmann & Bose, 1986. English translation: *Gramophone, Film, Typewriter*, trans. Geoffrey Winthrop-Young and Michael Wutz, Stanford, Stanford University Press, 1999, p. 1-2.

of sound film *avant la lettre*.[23] Yet after Wagner's *Gesamtkunstwerk*, numerous proposals for a "total theatre" as an intermedial art form, in movements as varied as Futurism and Bauhaus, emphasised visuality and visual space at the expense of sonority and acoustic space, largely drowning out human speech along the way. As theatre historian Christopher Baugh notes, although new "technologies of stage lighting had made a steady progress from the beginning of the century, those technologies associated with sound and sound reproduction did not have significant effects within theatre and performance until after the Second World War."[24] One reason for this discrepancy is related to questions of "mediatized liveness" and theatrical reproducibility as put forward by Philip Auslander. While lighting and other visual technologies were perceived as "real" and thus part of the experience of the "live," early technologies of electronic, analogue sound reproduction (as distinct from mechanically generated sound effects that generally lay outside the spectator's view) only produced imitations. To a public's ear not yet accustomed to new techniques of listening, these new sound technologies seemed distinctly artificial. In his Bauhaus proposal for a "theatre of totality," László Moholy-Nagy wrote:

> only in the future will SOUND EFFECTS [...] make use of various acoustical equipment driven electronically or by some other mechanical means. Sound waves issuing from unexpected sources—for example, a speaking or singing arc lamp, loud-speakers under the seats or beneath the floor of the auditorium, the use of new amplifying systems—will raise the audience's acoustic surprise-threshold so much that unequal effects in other areas will be disappointing.[25]

23. Friedrich Adolf Kittler, "Weltatem: Über Wagners Medientechnologie," in Friedrich Adolf Kittler, Manfred Schneider and Samuel Weber (ed.), *Diskursanalysen 1: Medien*, Opladen, Westdeutscher Verlag, 1987, p. 94-107. English translation: "World-Breath: On Wagner's Media Technology," in David J. Levin (ed.), *Opera Through Other Eyes*, trans. Friedrich Kittler and David J. Levin, Stanford, Stanford University Press, 1994, p. 215-235. See also Friedrich Adolf Kittler, "Theater als Medienästhetik, exemplifiziert am Fall Richard Wagner," in Martina Leeker (ed.), *Maschinen, Medien, Performances: Theater an der Schnittstelle zu digitalen Welten*, p. 562-571, and Friedrich Adolf Kittler, "Illusion versus Simulation. Techniken des Theaters und der Maschinen," in Martina Leeker (ed.), *Maschinen, Medien, Performances: Theater an der Schnittstelle zu digitalen Welten*, p. 718-731.

24. Christopher Baugh, *Theatre, Performance and Technology: The Development of Scenography in the Twentieth Century*, Basingstoke and New York, Palgrave Macmillan, coll. "Theatre and performance practices," 2005, p. 203.

25. László Moholy-Nagy, "Theater, Circus, Variety," in Walter Gropius and Arthur S. Wensinger (ed.),*The Theater of the Bauhaus*, Baltimore and London, The Johns Hopkins University Press, 1961, p. 64.

Enrico Prampolini's Futurist agenda for the 1920s called for a "polydimensional scenospace," a stage composed of vertical, oblique and multidimensional elements set in motion electromechanically.[26] Prampolini's conception shares resonances with Walter Gropius' vision of a Synthetic Total Theatre, an unrealised project designed for Erwin Piscator in 1926 to coordinate complex arrangements of projections and light sequences. In these endeavours, "there was a consistent desire to rid the theatre of domination by dramatic literature and to consider the actor as just one among many of the potential ingredients within the overall plasticity of the theatrical event."[27] In these projects, as technologies of projection and amplification took the stage, voice and speech receded to the background.

This is the scene of Samuel Beckett's short play *Not I* (1972). The text of *Not I* is carried in short spurts by an anonymous voice:

> ...when suddenly...gradually...she realiz—...what?...the buzzing?...yes...all dead still but for the buzzing...when suddenly she realized...words were—...what?... who?...no!...she!...[*pause and movement* 2]...realized...words were coming... imagine!...words were coming...a voice she did not recognize...at first...so long since it had sounded...then finally had to admit...could be none other...than her own...certain vowel sounds...she had never heard...
>
> [...]
>
> ...not catching the half of it...not the quarter...no idea...what she was saying!...till she began trying to...delude herself...it was not hers at all...not her voice at all... and no doubt would have...vital she should...was on the point...after long efforts... when suddenly she felt...gradually she felt...her lips moving...imagine!...her lips moving!...as of course till then she had not...and not alone the lips...the cheeks... the jaws...the whole face...all those—...what?...the tongue?...yes...the tongue in the mouth...all those contortions without which...no speech possible...[28]

In fact, this voice occupies a figure that is nothing but a Mouth. Beckett's stage directions are succinct:

26. Oliver Grau, *Virtual Art: From Illusion to Immersion*, trans. Gloria Custance, Cambridge and London, The MIT Press, coll. "Leonardo", 2003, p. 144-145.

27. Christopher Baugh, *Theatre, Performance and Technology: The Development of Scenography in the Twentieth Century*, p. 123.

28. Samuel Beckett, "Not I," in Paul Auster (ed.), *Samuel Beckett: The Grove Centenary Edition*, vol. 3, *Dramatic Works*, New York, Grove Press, 2006, p. 408-409.

Stage in darkness but for Mouth, upstage audience right, about 8 feet above stage level, faintly lit from close-up and below, rest of face in shadow. Invisible Microphone.

Auditor, downstage left, tall standing figure, sex undeterminable, enveloped from head to foot in loose black djellaba, with hood, fully faintly lit, standing on invisible podium about 4 feet high shown by attitude alone to be facing diagonally across stage intent on Mouth, dead still throughout but for four brief movements where indicated. [...] As house lights down Mouth's voice unintelligible behind curtain. House lights out. Voice continues unintelligible behind curtain, 10 seconds. With rise of curtain ad-libbing from text as required leading when curtain fully up and attention sufficient into:

MOUTH [...][29]

When the curtain is finally dropped, the Mouth's mutterings continue unintelligibly in the background for 10 more seconds and only cease when the house lights are raised. This sequence, according to Hans-Christian von Hermann, is "a treatment of stage and actor as a communications' system in the message-technical sense of Claude E. Shannon, that is, as an interstitial space battling against forgetting, noise or entropy."[30] In Beckett's scenario, the relation of language to voice as the organising principle of theatre has come to an end: it is merely the theatre's software, composed of interchangeable, denumerable elements. The podium, as such, has simply become a processor for the "fading in and out of a foreign, disembodied voice that emerges from a permanent sough or background hissing."[31] Moreover, the muttering Mouth is shocked by the discovery of its own ridiculous anatomical hardware: lips, cheeks, jaws, tongue. In this way, we are faced with the "end of theatrical history" that is announced by Kittler's analysis of Wagner. The recombination of optics and acoustics that drowns out the human voice seems to stand diametrically opposite the emergence of Western theatre in Ancient Greece. The origin of Attic theatre as an enactment of the phonetic alphabet was, quite in contrast, the articulation of rational, soulful speech—Aristotle's distinction between life and the lifeless in his treatise *On the Soul*. This is the distinction between meaningful sounds and meaningless noise.

29. Samuel Beckett, "Not I," in Paul Auster (ed.), *Samuel Beckett: The Grove Centenary Edition*, vol. 3, *Dramatic Works*, p. 405.

30. Hans Christian von Herrmann, "Stimmbildung. Zum Verhältnis von Theater— und Mediengeschichte," *MLN*, The Johns Hopkins University Press, vol. 120, n° 3, April 2005 (German Issue), p. 622 (my translation).

31. Hans Christian von Herrmann, "Stimmbildung. Zum Verhältnis von Theater- und Mediengeschichte," (my translation).

Fig. 1: Marie Brassard in *Jimmy, créature de rêve*, 2001. © Marie Brassard and Simon Guilbault.

With the recent work of Marie Brassard, however, advances in digital speech and voice manipulation may today be reinstating the centrality of "live" voice in contemporary stage theatre, extending once again the possibilities of voice and/ as technology in theatre. With the advent of digital storage and transmission systems, the problems of distortion and noise that had been encountered with the conversion processes of analogue sound were diminished. Digital sound has introduced new avenues of theatrical experience. In multiple productions created through her company Infrarouge Théâtre, Brassard innovated with digital sound and altered voice technologies to explore the fractured subjectivities of urban life. Through digital speech manipulation, the human body is revealed as a site of inscription, coupling vocality with variable identities, and weaving between genders and age groups.

In *Jimmy, créature de rêve*, Brassard experimented with Yamaha SPX processor technology stemming from the 1980s. These early processors, which used relatively low digital sampling rates, were generally intended for musical compositions. When applied to the human voice, the sound reproduced by the Yamaha SPX creates an especially "artificial" sound quality. For the productions of *La noirceur*, *Peepshow*, and *L'invisible*, Brassard collaborated with sound artist Alexander MacSween, experimenting with more sophisticated equipment such as the Eventide Eclipse event processor for sound modulation and transformation and the TC Helicon Voice One, especially intended for reshaping human voices.

For Brassard, in accordance with McLuhan's thesis of media "as a natural extension of the human body,"[32] working with sound technology live "makes you feel like your bodily capabilities are being enhanced. It's as if you're becoming a kind of cyborg character because you have your human, fleshy capabilities, but suddenly, you also have this machine that adds capacities to your body."[33] (Fig. 1)

We can note a progression in Brassard's work from *Jimmy, créature de rêve* through *Peepshow*. In *Jimmy, créature de rêve*, relying on early Yamaha technology, Brassard mutated into only a handful of characters. In *La noirceur* and to an even greater degree in *Peepshow*, Brassard rotates through a whole cast of characters. These transformations are extensions of identities through "disembodied" voices: "By using sound machines, I can have the body of a small woman and play a big man, or an older lady, or a little kid. And I think it's very troubling when an audience sees that—when the voices don't relate to the body."[34] In *Peepshow*, Brassard and MacSween made "greater use of the human voice used as a sound." In addition, portions of the background musical score "have been created with voice as a raw material [...] being transformed live, in real time."[35]

The manipulative process of Brassard's voice is itself translation in the sense of transposition, from one medial state to another. In this way, Brassard's theatre is highly evocative of McLuhan's notion of the "interplay of the senses"—a continual state of synaesthesia made possible by the simultaneity of media in the electric age. In accordance with Kittler's analysis of Wagner, Norbert Bolz has commented that the

> *Gesamtkunstwerk* is meant to achieve everything that McLuhan had called the interplay of the senses: continual translation work between sense and media—the optical should be intensified as hearing, the tone an opening to a new visuality. The *Gesamtkunstwerk* is thus an interface between the "world as radio play" and the "world

32. From *Peepshow*'s description on the website of Toronto's Harbourfront World Stage Festival (2005): http://www.harbourfrontcentre.com/worldstage/media/pshow.php [accessed 24 April 2006].

33. Marie Brassard, in J. Paul Halferty: "The Actor as Sound Cyborg: An Interview with Marie Brassard", *Canadian Theatre Review*, n° 127, Summer 2006, p. 26.

34. Marie Brassard, in J. Paul Halferty: "The Actor as Sound Cyborg: An Interview with Marie Brassard", p. 26.

35. Marie Brassard, Entrevue pour le magazine du CeCN: Centre des Écritures Contemporaines et Numériques, English version, Mons, CeCN, 2005, p. 3.

as spectacle," enhanced by intoxicated senses, and formed in the hallucinations of dream.[36]

Jimmy's dream-state encapsulates the possibilities of instant and total translation that McLuhan anticipated. Brassard's digitally-enhanced multivocality places the human voice on a sonorous plane that differentiates it from the meanings of human speech. In "Freud and the Scene of Writing," Derrida comments on this materiality of language and the possibility of translation:

> If we consider first verbal expression, as it is circumscribed in the dream, we observe that its sonority, the materiality of the expression, does not disappear before the signified, or at least cannot be traversed and transgressed as it is in conscious speech. It acts as such, with the efficacy Artaud assigned it on the stage of cruelty. The materiality of a word cannot be translated or carried over into another language. Materiality is precisely that which translation relinquishes. To relinquish materiality: such is the driving force of translation. And when that materiality is reinstated, translation becomes poetry.[37]

107

If "materiality is that which translation relinquishes," then in the midst of translative action "meaning" is detached from the "sonority" of word, language detached from voice. These considerations can be extended to the metaphor

Fig. 2: Marie Brassard in *Peepshow*, 2005. © Marie Brassard and Simon Guilbault.

36. Norbert Bolz, *Theorie der neuen Medien*, Munich, Raben, 1990, p. 33 (my translation).

37. Jacques Derrida, "Freud and the Scene of Writing," *Writing and Difference*, trans. Alan Bass, Chicago, University of Chicago Press, 1978, p. 210.

of translating between media. The same technological process that allows MacSween and Brassard to manipulate voice also allows them to convert the sonority of voice into other sounds. Jimmy recounts how he ran away from the actress after she tried to kiss him, turning to see her "standing on the nose of a locomotive". The actress calls to him, and as he "shouts his own name, his voice turns into the siren of a train, louder and louder, then into the engine of a locomotive slowly vanishing."[38] In *La noirceur*, Brassard plays "an actress," the occupant of an old warehouse loft in Montreal's rue Ontario, where tenants are slowly being evicted by the encroaching interests of property developers. Playing alongside actor/dancer Guy Trifiro, multiple voices of different characters cross and intermingle. At one point, the voice of Trifiro, playing a "man in a picture" that the actress has discovered in an empty loft, transforms into an electric guitar. Brassard assumes the voice of the man's little sister, layered on top of the guitar. In *Peepshow*, music played an even greater role than in the previous productions: voices transform into elements of the musical score, blurring the boundaries of language and sound. At specific moments, as the sonorous environment of Brassard's productions re-establishes the audio-tactile involvement of the audience, the detachment of voice from language recalls the kind of "presence effects" that Gumbrecht identified as lost in early modernity. Jimmy's voice-train, as Paul Halferty recalled in an interview with Brassard, "transformed from being an aural sense to a tactile one." In the Backspace of Toronto's Theatre Passe Muraille, Halferty "could feel the vibrations through the seats; sound became a physical sensation."[39] Ultimately, as language is revealed to be composed merely of sounds and sound is transformed into tactile perceptions, Brassard's theatre places the human voice at the centre of a synaesthetic experience. Far from drowning voice and language from the stage, Brassard's work resituates their relationship and distinctiveness at the centre of the theatrical space. (Fig. 2)

It is interesting to compare Marie Brassard's multivocal overlaying to the work of multimedia artist David Tomas. Tomas' photodigital art entails a constant interplay between mechanical-chemical photography, digital scanning and re-scanning, and manual graphic drawing. Brassard's performance work could similarly be described as an overlaying of live voice by what we could call phonodigital technology. In Tomas' creations, "the digital manipulation" of images "does not add elements or modify forms" but rather "is an activity of high-

38. Marie Brassard, *Jimmy, créature de rêve*, p. 17.

39. Marie Brassard, in J. Paul Halferty: "The Actor as Sound Cyborg: An Interview with Marie Brassard", p. 27.

lighting that renders visible, in the final form, that which risks being lost in the transfer."[40] Similarly, Brassard's simulated voices create a feedback loop with her "real" voice. The transmission-modulation of her voice through digital technology is highlighted in unexpected, intermittent moments when we, as spectator-hearers, catch a glimpse of her natural voice protruding through the amplified digital manipulation. Like Glenn Gould's notorious humming that intervenes in the background of his piano recordings, we cannot necessarily discern what precisely emanates from Brassard's vocal apparatus. We know what words were uttered only by association with the digital recreation, which we perceive in these moments as occurring in the briefest time delay from the original. In these moments, our acoustic perception of simulated and real are reversed: Brassard's natural voice appears to interfere with the real voices of the various characters she plays. In this way, voice alteration in the theatre conjures up the etymology of audience from the Latin *audire*, "to hear." As in de Kerckhove's analysis of Greek theatre, this audience undergoes training in the sense of sustained visual-aiming, but this visual-aiming takes place in strict accordance with sustained acoustic perception. With the projection technology of the *laterna magica*, the theatre stage was transformed into a type of peepshow itself. In Marie Brassard's *Peep-show*, the stage is transformed into a principally sonorous environment reinforced by stunning visual projections, textured lighting sequences and set design. In Brassard's productions, optics and acoustics are reorganised in a live performance that is *par excellence* audiovisual.

109

Michèle Thériault has suggested that David Tomas' translational activity between medial forms always entails an element of error. In any medial transposition, even in analogue to digital conversion, there is distortion, noise, or loss. Tomas makes this loss into an aspect of his reflection. "Since each drawing is produced in terms of a photographic condition of existence, the draughtsman is always conscious of a potential loss of information that must be compensated for through displacement and augmentation."[41] Brassard and MacSween reject the use of pre-recorded sound sequences; the digital manipulation takes place in real time, as the performance unfolds. Brassard notes that her reliance on omni-directional microphones can lead to accidents, such as feedback noise, on stage.

40. Michèle Thériault, "Transduction of Knowledge, Psychasthenia of Media," in Michèle Thériault and David Tomas, with the collaboration of Lucie Chevalier, Brian Holmes and Emmelyne Pornillos, *Duction*, Montreal, Éditions Carapace, 2001, p. 69.
41. Michèle Thériault and David Tomas, with the collaboration of Lucie Chevalier, Brian Holmes and Emmelyne Pornillos, *Duction*, p. 16.

The intentional microphonic dropout in *Jimmy, créature de rêve* refocuses the audience's attention to the possibilities of loss:

"Without this voice I cannot do anything…"

Jimmy gets kind of hysterical

But… Me too I am scared of falling into a hole.

Oh! Horrific vision! I am so terrified of emptiness.

The microphone, a distinctly visible element of Brassard's performance, is the central organising object of this audiovisual overlaying: a technological link between voice and body. It is, as Philip Auslander might argue, a visible "incursion of the mediatized into the live."[42] Brassard's sound theatre thus reopens the thorny issue of authenticity and artificiality, which, in any discussion of (medial) translation, have direct import for the notions of equivalence or fidelity and transposition. Jonathan Sterne, in his work on the cultural origins of sound reproduction, echoes Philip Auslander's thesis that liveness is a result of mediatization: "The possibility of sound reproduction reorients the practices of sound production; insofar as it is a possibility at all, reproduction precedes originality. Nowhere is this more clear than in our anachronistic use of the word *live* to describe performances that are not reproduced."[43] Sterne unravels the social genesis of sound fidelity to show that "the idea of 'better' sound reproduction was itself a changing standard over time."[44] Thus, he disturbs conventional understandings of mediation to show, for example using an early depiction of how radio technology works, that

> the medium does not mediate the relation between singer and listener, original and copy. It *is* the nature of their connection. Without the medium, there would be no connection, no copy, but also no original, or at least no original in the same form. The performance is for the medium itself. The singer sings to the microphone, *to the network*, not to the woman listening at the other end.[45]

42. Philip Auslander, *Liveness: Performance in a Mediatized Culture*, p. 158.

43. Jonathan Sterne, *The Audible Past: Cultural Origins of Sound Reproduction*, Durham, Duke University Press, 2003, p. 221.

44. Jonathan Sterne, *The Audible Past: Cultural Origins of Sound Reproduction*, p. 223.

45. Jonathan Sterne, *The Audible Past: Cultural Origins of Sound Reproduction*, p. 226, original emphasis.

Sterne's point is that "any medium of sound reproduction is an apparatus, a network" in the sense of "a whole set of relations, practices, people, and technologies."[46] In this way, "both copy and original are products of the process of reproducibility."[47] In early examples of sound reproduction technologies, "the goal of reproducing live events was not reproducing reality but producing a particular kind of listening experience."[48] In the case of Brassard, these considerations come to the fore: after all, voice manipulation is by no means reproduction. Unlike overdubbing in film or television, we know—because we *see* her on stage—that these distorted "copies" of Brassard's voice remain at some level authentic or *fidèles*. Thus, by purposely forgoing auditory realism in terms of some perfect fidelity, technological voice alteration produces a new kind of live stage presence. And in an era of burgeoning speech recognition systems and automated voice assistants, altered voice may indeed resonate with the audience's listening experience.

"Artists in various fields," perceived McLuhan, "are always the first to discover how to enable one medium to use or to release the power of another."[49] In accordance with his belief that new media will engender a new form of orality, thereby rupturing the predominance of visual media since the advent of print, sound media have reinstated orality into the theatrical process, as practiced by Brassard. "J'écris d'abord en parlant, en enregistrant ce que je dis. Ça explique le caractère naturel de ce langage. Après, je transforme la matière première en 'littérature' en récrivant."[50] This point is crucial, for it demonstrates the secondary relationship of writing to Brassard's theatrical inventiveness. This space of theatrical experimentation is arranged acoustically, where orality precedes textuality. If the ancient stage was an externalisation of alphabet and writing, according to de Kerckhove and Svenbro, then Brassard's stage is first and foremost an externalisation of voice:

> We make tests in processing my voice by changing its parameters. With the voices we find, I imagine possible characters. We can sometimes lose ourselves improvising together for hours, with people talking and music coming in and out. I try to bring those potential persons to life, to guess who these people are and what happens to

46. Jonathan Sterne, *The Audible Past: Cultural Origins of Sound Reproduction*, p. 225.
47. Jonathan Sterne, *The Audible Past: Cultural Origins of Sound Reproduction*, p. 241.
48. Jonathan Sterne, *The Audible Past: Cultural Origins of Sound Reproduction*, p. 246.
49. Marshall McLuhan, *Understanding Media, The Extensions of Man*, p. 62.
50. Marie Brassard in Christian Saint-Pierre, "Une œuvre d'art en soi: Entretien avec Marie Brassard," *Cahiers de théâtre Jeu*, n° 111 "La tentation autobiographique", 2nd quarter 2004, p. 107.

them. *So it is from technology that they are being brought to existence and not the other way around. The shape inspires the content.*[51]

Yet in juxtaposition to McLuhan's sense that technology is extending or enhancing the body's capabilities, the human voice is now detached from its bodily constraints, the body constructed through these external forces. "Sometimes the voice does not necessarily come from the body," suggests Brassard. "It is as if I speak, but the spirit is not in my body but in the air. As if I were a vehicle, or a machine, that the spirit is passing through but not necessarily using."[52]

Ultimately, Marie Brassard's digital multivocality confronts us with a tension between two competing understandings of the relation of voice to body. Is a manipulated voice an extension of the body, as McLuhan proposed? Is the body a construct of many vocal inscriptions, as Kittler might argue? Katherine Hayles, in her book *How We Became Posthuman* reminds us that "long after writing dissociated presence from inscription, voice continued to imply a subject who was present in the moment and in the flesh." Telephone and radiophonic technologies first broke the spatial link between physical presence and voice, yet retained nonetheless the connection of time, that is, dialogue took place in the present. For this reason, despite physical separation, they "participated in the phenomenology of presence through the simultaneity that they produced and that produced them." Phonograph and later audiotape, as Kittler has shown, finally splintered the voice away from the material base of the body.[53] Hayles is interested in two intersecting polarities: on the one hand, "the interplay between the body as a cultural construct and the experiences of embodiment that individual people within a culture feel and articulate;" and on the other hand, the interaction between what she terms "practices of inscription" and "practices of incorporation."[54] The body, she argues, is a normative construct relative to a set of criteria in a given epoch (as, for example, in medical discourse). By contrast, "embodiment is contextual, enmeshed with the specifics of place, time, physio-

112

---

51. Marie Brassard, Entrevue pour le magazine du CeCN: Centre des Écritures Contemporaines et Numériques, p. 4-5 (our emphasis).

52. Marie Brassard, in J. Paul Halferty: "The Actor as Sound Cyborg: An Interview with Marie Brassard", p. 27.

53. N. Katherine Hayles, *How We Became Posthuman: Virtual Bodies in Cybernetics, Literature and Informatics*, p. 208-209.

54. N. Katherine Hayles, *How We Became Posthuman: Virtual Bodies in Cybernetics, Literature and Informatics*, p. 193.

logy, and culture, which together compose enactment."[55] Similar to the body, inscriptive practices are "normalized and abstract," "a system of signs operating independently of any particular manifestation." On the other hand, "an incorporating practice such as a good-bye wave cannot be separated from its embodied medium."[56]

Hayles describes the second polarity as a "dance between inscribing and incorporating practices," a metaphor, I believe, that aptly describes the multivocal theatrical work of Marie Brassard. In one of the final sequences of *Peepshow*, entitled "The woman with a scar," two women—"Beautiful" and "Teacher"—engage in a discussion about marking the body. Teacher shows Beautiful a scar that she constantly reopens and asks Beautiful to make a new wound on her. Beautiful refuses, but Teacher's point is not lost on her: "Every time you meet someone you are being transformed."

113

> The moment I began to talk to you, when I sat next to you, and I started this conversation, I was transforming you. You can't be the same anymore because I've talked to you. And this is something, even though maybe in a few days you'll forget about me. I gave you something. Just by being close to you I've transformed something inside your flesh."

Beautiful reflects: "People would look amazing if when they met other people it would leave marks on their bodies." Is the body an inscriptive surface and a recorder of experience, including the practice of speaking and every instantiation of vocality? In Marie Brassard's sound theatre, the human voice, as the material carrier of language, is an inscribing practice or normative framework for (re-)producing meanings, but simultaneously an incorporating practice embedded in the specific, embodied context and spatiotemporal sphere of her onstage performances. Brassard thus presents both sides of the coin: her voices are indeed disembodied but at the same time they cannot exist without a body. For it is precisely through the process of disembodying the voice from the speaker, feeding it through a machine, and reconnecting it to the speaker that the relation of voice to body is simultaneously ruptured but re-established.

Marie Brassard's multimedia productions challenge us to rethink theatrical conceptions of embodiment and space in light of contemporary digital sound and voice technologies. Her inventiveness with sound technologies serves to refocus

55. N. Katherine Hayles, *How We Became Posthuman: Virtual Bodies in Cybernetics, Literature and Informatics*, p. 196.

56. N. Katherine Hayles, *How We Became Posthuman: Virtual Bodies in Cybernetics, Literature and Informatics*, p. 198.

our attention on the history of the relationship between the human voice and its live performance. Western theatre developed alongside the gradual shift from a predominantly oral to a visually-oriented, literate society. The medium of the human voice originally provided a crucial link between the phonetic alphabet and its depiction on stage. Yet from early Greek theatre to the foremost theatrical programmes of the 20th century, theatre has principally been understood as a visual medium. Throughout its history, theatre has arguably required spectators to develop new cognitive strategies by training them to process information in predominantly visually oriented forms. Whether in the alphabetic monopoly of French classicism or Bauhaus proposals for a total theatre, acoustic media have largely remained behind the scenes. In the 20th century, the embodied presence of the human voice was displaced either by experiments in sound amplification and reproduction or by overpowering visual media. Whereas the unity of voice and body was not previously challenged, innovations in sound technologies have finally fractured the materiality of the human voice in today's digital environment. No longer subject only to the medial conditions of sound recording and reproduction, the voice can now be altered, modulated or even generated. As the materiality of the human voice has transformed, so have the spatial parameters of live theatre. Brassard's work imagines the stage as an externalisation of voice and follows a theatrical process where orality precedes textuality. In stark contrast to the alphabetic and textual origins of the theatrical medium, and the predominance of visuality throughout theatrical history, Brassard's voices—at once embodied and disembodied—embrace the digital age as a new acoustic environment. Her theatre places the human voice at the centre of a synaesthetic experience, where digitally-enhanced voices operate on a sonorous plane that mingles the meanings of human speech with other sounds, images and tactile sensations. Through her creations, Brassard has re-established the centrality of the human voice for the production of theatrical presence.

Quand le son écoute la scène

Une exploration inédite
de la matière théâtrale

M A R I E - M A D E L E I N E   M E R V A N T - R O U X

Le sujet intermédiatique est conscient de la différence de son regard et, **115**
plus précisément, des médiations du regard et de l'écoute, du fait que sa mémoire est
de plus en plus inséparable de celle des médias [...]. C'est à partir de cette conscience
qu'il questionne le système de règles éthiques et cognitives déjà existant ainsi que la
construction de sa propre image.

Silvestra Mariniello[1]

Le théâtre peut-il encore avoir une fonction vitale en dehors de la sphère de ses pratiquants et de ceux qui d'une façon ou d'une autre en vivent professionnellement? Telle est la question qui m'a conduite à réfléchir à la notion d'intermédialité[2]. Ces dernières années, dans un contexte général d'asthénie et

1. Silvestra Mariniello, « Commencements », *Intermédialités*, n° 1, « Naître », printemps 2003, p. 55. La présente réflexion s'adosse à une recherche internationale en cours alliant une équipe d'ARIAS (CNRS, Paris) et une équipe du CRI (Montréal): « Intermédialité et spectacle vivant. Les technologies sonores et le théâtre (XIXe-XXIe siècles) ». La perspective de cette recherche est triple: anthropologie historique (prise en compte des divers modes d'organisation technique de la fonction dramatique); approche intermédiale (étude des passages entre théâtre, radiophonie, phonographie, cinéma, autres technologies); histoire de l'art (évolution des formes scéniques). En une sorte d'expérience de pensée didactique, l'espace de la représentation est appréhendé systématiquement d'une façon nouvelle: non plus d'abord comme *theatron*, c'est-à-dire « lieu où l'on regarde », mais d'abord comme lieu d'écoute.

2. J'entends par « théâtre » — dans le champ occidental, auquel je me limite ici — un dispositif de représentation symbolique dont la définition comporte quatre termes: 1) une aire de jeu — matérialisée ou non — distinguée par convention de l'espace social; 2) (au moins) un acteur (quel qu'il soit); 3) une structure dramatisante; et 4) des spectateurs

de doute sur l'efficacité symbolique et sociale de l'art spécifique qu'est devenu le théâtre depuis l'invention de la mise en scène, un certain nombre de réalisations — pas toujours abouties, pas forcément spectaculaires — m'ont paru attester l'amorce d'une revitalisation de sa capacité primitive, et cette revitalisation semblait principalement fondée sur un rapport original entre la vue et l'ouïe. La sensation d'intensité dont beaucoup de membres du public et certains critiques témoignaient était sans aucun doute ancrée dans l'expérience perceptive elle-même. C'est là que ma recherche sur le spectateur a pris forme[3]. Une caractéristique commune à ces créations très différentes les unes des autres était en effet que le sonore semblait y posséder une certaine autonomie, il n'était pas, comme d'habitude, une composante de la mise en scène. Une véritable intervention acoustique était effectuée chaque jour en direct, ce qui se traduisait spatialement : la régie n'était ni complètement cachée (comme elle l'est dans une organisation classique de la représentation), ni exposée (comme il arrive lorsque le metteur en scène choisit de théâtraliser la sonorisation). Elle était installée *non loin* de l'aire de jeu, par exemple sur le côté. Il ne s'agissait pas d'un accompagnement musical de l'action (ainsi qu'on le pratique au Théâtre du Soleil), pas non plus d'une mise en exergue brechtienne (avec les techniciens à vue) : c'est sur l'ensemble des sons du plateau que le régisseur-concepteur-compositeur intervenait, discrètement et en permanence : compositeur d'écoute, donc, plutôt que de bruits, de voix ou musiques, sculpteur presque invisible de la dimension non visible de la scène. Sans devenir conscient, le caractère original, non aligné de son intervention était ressenti par le public, qui vivait bien *une performance inhabituelle, fondamen-*

assumant eux-mêmes une position intermédiaire entre la société et ce lieu de fiction. L'ensemble doit avoir du corps, mais il ne suffit pas que la scène comporte des corps pour que l'événement théâtral en ait. Ainsi décrit, le théâtre peut être considéré comme un médium, simple, très ancien, dont une grande caractéristique est la capacité à intégrer d'autres médias et d'autres démarches artistiques, selon des processus variables avec le temps. Entre le moment de l'apparition du nouveau système technique, ou de la nouvelle démarche artistique, et leur assimilation (ou leur rejet) par la scène, on peut observer un épisode intermédial fertile.

3. En une démarche que l'on peut rapprocher de celle de Peter Boenisch. Voir Peter Boenisch, «Aesthetic art to aisthetic act: theatre, media, intermedial performance», dans Freda Chapple et Chiel Kattenbelt (dir.), *Intermediality in Theatre and Performance*, Amsterdam et New York, Rodopi, 2006, p. 104: «I identify intermediality as an effect on the perception of the observers. Drawing on the original meaning of the Greek word *aisthestai*, "to perceive", which initially referred to more than just the beautiful and sublime, I identify intermediality as an aisthetic act located at the very intersection of theatricality and mediality.»

talement a-centrée. Selon notre hypothèse, c'est *l'articulation de deux médias*, le décalage volontairement maintenu entre deux systèmes techniques et symboliques distincts, un médium archaïque, le théâtre, et un médium à l'état naissant, l'« écriture sonore[4] », qui provoquait chez le spectateur un jeu entre un mode non théâtral d'écoute et le traditionnel mélange de vision et d'audition, entraînant finalement un renouvellement du regard.

LA GREFFE DE DEUX DISPOSITIFS ARTISTIQUES

L'écriture — ou la composition — sonore se développe en France depuis une décennie environ. Ce nouvel art du son, plus proche des arts plastiques que de la musique, se manifeste d'abord par de nombreuses créations (mentionnons les installations de Dominique Petitgand, les œuvres sonores d'Éric La Casa), mais aussi par une amorce de théorisation et de formation[5]. Le développement des nouvelles technologies, les recherches sur la cognition auditive et sur la matière du son ont compté dans ce mouvement. À propos des performances théâtrales ou para-théâtrales ouvertes à cette nouvelle discipline et en particulier de celles que nous prenons ici pour exemples : *Jachères improvisations*[6] (2001), *Coda*[7] (2005) et *Paso doble*[8] (2006), nous parlerons d'« intermédialité », au sens fort.

À ce point, une précision s'impose pour les lecteurs qui ne seraient pas familiers du paysage artistique français contemporain : quoique les performances en question aient été montrées dans des lieux théâtraux et généralement appréhendées comme relevant du théâtre au sens large, leurs créateurs n'appartiennent pas exactement à ce champ : ils sont chorégraphes, poètes, plasticiens, musiciens et utilisent le plateau, sous sa forme la plus simple, comme un outil disponible. Ils ignorent (ne connaissent pas ou ne veulent pas connaître) les codes de la mise en scène. Les spécialistes du son avec qui ils coopèrent ont été

117

4. « Écriture sonore » est l'expression de Daniel Deshays. On parle aussi de « composition », de « création » ou encore de « design » sonore. Daniel Deshays, *Pour une écriture du son*, Paris, Klincksieck, coll. « 50 questions », 2006.

5. Daniel Deshays a fondé l'enseignement du son à l'École nationale supérieure des beaux-arts (Paris).

6. *Jachères improvisations*, mise en scène de Vincent Dupont, Paris, La Ménagerie de verre, 2001.

7. *Coda*, Théâtre du Radeau, mise en scène, scénographie et lumières de François Tanguy, son de Mathieu Oriol et François Tanguy, Paris, Théâtre national de l'Odéon, Ateliers Berthier, Festival d'Automne, novembre 2005.

8. *Paso doble*, performance de Miquel Barcelo et Josef Nadj, son d'Alain Mahé, église des Célestins, Festival d'Avignon, juillet 2006.

formés en dehors du théâtre, à la radio et surtout dans le champ musical, alors que leurs prédécesseurs venaient plutôt du cinéma. Ils sont porteurs de cultures techniques très différentes de la culture dramatique, celles des nouvelles technologies, ce qui en France signifie souvent les productions de l'IRCAM (Institut de Recherche et Coordination Acoustique/Musique) : logiciels d'interaction et de transformation des sons (Max/MSP, Jitters), spatialisateurs (SPAT IRCAM), consoles analogiques, numériques ou à commande numérique, micros de nouvelle génération, etc.

Après avoir précisé la nature de l'expérience audio-visuelle suscitée par l'interaction de la scène archaïque et de l'écriture sonore contemporaine, je serai amenée à remonter dans le passé jusqu'à ce qui pourrait être la source *poétique* de ce croisement techniquement inédit et à évoquer le temps long des processus intermédiaux.

118

L'AUDIO-SPECTACLE INTERMÉDIAL
I. UN EXERCICE D'IMAGINEMENT

Le mot « imaginement », aujourd'hui disparu, était synonyme d'image : *imaginer* signifiait « écouter » et le suffixe —*ment* indiquait *le temps de constitution de l'image* à partir de ce qui était entendu. Dans les créations évoquées, l'intermédialité semble avoir pour principale fonction de recréer, de prolonger, de compliquer et enrichir le temps de l'écoute imaginative, de renouveler et rafraîchir le jeu entre l'audition et la vision. J'illustrerai ce premier phénomène à l'aide de deux exemples, en m'arrêtant plus longuement sur le second :

a) *Jachères Improvisations* de Vincent Dupont. Ce spectacle de l'association edna a été créé en 2001 à Paris, à la Ménagerie de verre, puis repris dans d'autres lieux et d'autres villes. Il est représentatif d'un courant clairement expérimental, dont la recherche porte sur la relation entre la vue et l'ouïe. Il se donne dans des petites salles frontales. Les spectateurs (une centaine) sont munis de casques audio. L'espace comporte trois zones :

— Au fond, à 12 mètres du public, un intérieur des années 1960, inscrit dans un cadre de type cinémascope, évoquant l'œuvre picturale de Hopper : un canapé, un fauteuil, une lampe, des éclairages changeants, un couple. Les mouvements de deux danseurs (Myriam Lebreton, Éric Martin) sont lents et silencieux.

— Dans la pénombre, à mi-chemin entre ce cadre et le public, se faisant face, un acteur jouant de textures vocales (Vincent Dupont, à cour) et un compositeur mixant des matériaux sonores (Thierry Balasse, à jardin, assis devant un synthétiseur Moog représentatif des années 1960. Thierry Balasse a fait l'ENSATT[9], il pratique l'écriture électro-acoustique, collabore avec des musiciens, dont Pierre Henry). L'un et l'autre improvisent à partir de ce que font les danseurs. Le spectateur entend l'ensemble par le casque.

— Vers la fin du spectacle, les deux figures de fond de scène s'approchent, se tiennent debout très près du public. Les acteurs-personnages disent alors un texte de Christophe Tarkos : « *Je suis assis, j'entends, je respire, je suis assis, je ne fais aucun effort. C'est petit, ce n'est pas une miniature. Ça ne cherche pas à être présent, c'est là*[10] ».

Pendant 38 minutes, le spectateur fait une expérience perceptive troublante : montage de l'intime et du distant, de la multiplicité des sons saisis dans tous leurs détails et de la fixité presque totale de l'image.

119

b) *Coda*, réalisation de François Tanguy et du Théâtre du Radeau. Créé en 2004 au Mans (ville où est basée la compagnie), *Coda* a été montré à Paris et dans quelques autres villes de France, puis au Brésil, en Allemagne, Espagne, Suisse et Russie. Le programme indique que la scénographie, la lumière et le montage des textes sont de Tanguy, le son de Tanguy et de Mathieu Oriol. Co-signature significative : l'intermédialité effective, au sens indiqué plus haut, aboutit à une répartition compliquée des responsabilités esthétiques majeures. Le style du Radeau avait beaucoup changé en 1994 avec l'arrivée d'Alain Mahé, musicien, qui a ensuite collaboré à plusieurs créations marquantes avant de passer le relais à Mathieu Oriol, lequel a depuis quitté à son tour le groupe.

Sauf exception, *Coda* a été montré dans la tente où toutes les créations sont élaborées, une grande structure d'aluminium parallélépipédique recouverte d'une bâche blanche, conçue en 1997 par et pour le Radeau. L'acoustique y est étonnante, la bâche vibrant comme la peau d'un tambour. L'espace de jeu est vaste, profond (30 m x 30 m), encombré sur ses bords d'un enchevêtrement de châssis, tables et chaises. Le public s'assied bien en face, sur un gradinage de fortune comportant seulement quelques rangées de bancs. La sensation générale est celle d'un atelier dans lequel on accueillerait occasionnellement des connaissances et familiers. La lumière est claire. La régie (son et éclairage) est largement ouverte sur la salle et bien visible, installée juste à l'arrière du dernier rang de spectateurs.

9. École Nationale Supérieure des Arts et Techniques du Théâtre, à Lyon.
10. Christophe Tarkos, *Ma langue*, vol. 3 « Donne », Romainville, Éditions Al Dante, coll. « Niok », 2000.

Au Théâtre du Radeau, on ne monte pas d'œuvres dramatiques, mais beaucoup de textes sont dits durant un jeu organisé selon des dynamiques sensorielles et plastiques (pour *Coda*: de longs extraits d'écrits d'Artaud, de Dante, Hölderlin, Gadda, Kafka, Lucrèce). Les espaces se forment et évoluent sans cesse du fait des déplacements continuels de grands panneaux, de cadres, de planches effectués par les comédiens, et des « événements » d'éclairage. Pendant la préparation du spectacle, le travail sonore s'organise de la façon suivante : une recherche de « trames » donnant une couleur auditive de base, puis le choix d'un répertoire musical (pour *Coda*: Friedrich Cerha/*Spiegel*, Bruno Maderna/*Hyperion*, Penderecki/*Les diables de Loudun*, Jean Sibelius/*Tempest*, et surtout Giuseppe Verdi/*Simon Boccanegra, Attila, Luisa Miller, Aïda, I Due Foscari, Les vêpres siciliennes*, etc.), avant la constitution d'une suite de séquences alliant le mouvement et la lumière d'une part, les matériaux sonores de l'autre.

Observons l'extrait allant de la 26e à la 29e minute. Le début (« la danse des trois hommes ») est marqué par un fort effet de « synchrèse[11] ». Le spectateur ressent ensuite un hiatus de plus en plus net entre l'air alors dominant (Verdi) et les « trames » qui constituent des strates auditives concurrentes, suggérant un ou plusieurs espaces extérieurs réels ou fictifs (sirènes, cloches, raclements, agitations diverses) ; un autre hiatus plus général se manifeste entre la réalité bricolée, prosaïque, de la scène — la circulation agitée des figures de part et d'autre de la cloison médiane (Fig. 1) — et les univers « imaginés » à partir des bruits, toute reconstitution d'une intrigue ou d'une action demeurant lacunaire. Le statut des différents espaces n'étant jamais clair, l'écoute audio-visuelle ne peut pas se stabiliser dans un registre plutôt que dans un autre. On ignore ce que sont ces images, on les voit se faire et se défaire, on ne sait si les sons les dirigent ou leur appartiennent, on vit leur apparition et on vit leur effacement. Cet effet a été voulu, pensé depuis longtemps par François Tanguy : « Tout ce qui se passe [d'habitude, en dehors du théâtre], c'est du déjà fait, du déjà vu, du déjà vécu », et

---

11. « Néologisme à la Lewis Carroll (mot-valise tiré de synchronisme, synthèse), la synchrèse est le nom que nous avons donné à un phénomène psycho-physiologique spontané et réflexe, dépendant de nos connexions nerveuses et musculaires, et qui consiste à percevoir comme un seul et même phénomène se manifestant à la fois visuellement et acoustiquement la concomitance d'un événement sonore ponctuel et d'un événement visuel ponctuel, dès l'instant où ceux-ci se produisent simultanément, et à cette seule condition nécessaire et suffisante », Michel Chion, *Le son*, Paris, Armand Colin, coll. « Armand Colin cinéma », 2004, p. 223-224. Si le caractère « spontané » du phénomène est discuté, celui-ci est désormais couramment désigné par le nom que lui a donné Michel Chion.

Fig. 1 : *Coda*. Théâtre du Radeau. Mise en scène, scénographie et lumières de François Tanguy, son de Mathieu Oriol et François Tanguy, Paris, Théâtre national de l'Odéon, ateliers Berthier, Festival d'Automne, novembre 2005. Photographe : Jacquie Bablet.

le Radeau travaille de spectacle en spectacle à ralentir, à perturber ce phénomène, à « ne pas détruire le champ du possible ». À ne pas permettre d'interprétation narrative ou idéologique des images, *à donner consistance à l'activité imaginante elle-même.* Tanguy encore : « Se concentrer sur la perception, comme une lutte très concrète entre la perception et l'opinion[12]. » Le Radeau sait que nos images mentales et mémorielles sont pleines de vraies images (photographie et cinéma), il prend en compte le nouveau médium audiovisuel que nous sommes tous devenus. Ainsi, c'est dans le dégagement et la préservation d'un espace « entre les images[13] » que Mathieu Oriol trouve sa fonction. Il exploite, pour ce faire, une des caractéristiques objectives du son : « les bruits ne s'annoncent jamais, ils ne nous laissent guère prévoir celui qui va suivre[14] ». L'écriture sonore doit s'opposer au mécanisme perceptif automatiquement engendré par le processus théâtral.

12. Pour l'ensemble des citations, François Tanguy, « Note d'intention », dans « Dossier de présentation du spectacle *Coda* », Paris, Théâtre de l'Odéon, décembre 2005, p. 6.

13. Expression d'Éric Vautrin. Voir *Les allures du mythe dans le théâtre contemporain* (Melancholia-théâtre *de Claude Régy d'après Jon Fosse,* Coda *de François Tanguy et le* Théâtre du Radeau, Tragedia Endogonidia *de Romeo Castellucci et la Sociètas Raffaello Sanzio*), Lille, Atelier National de Reproduction des Thèses, 2008.

14. Daniel Deshays, *Pour une écriture du son,* p. 73.

Sans pouvoir présenter ici l'ensemble des données objectives qui permettraient d'expliquer son efficacité, je rappellerai deux propositions-clés :

— « les sons ne sont pas des qualités des objets, mais des événements qui intéressent des entités résonnantes[15] ». Engendré par l'ensemble constitué d'une vibration, d'un résonateur et d'un écoutant, le son n'est pas localisable ; nous le qualifierons de « quasi spatial ». Il prend le spectateur dans d'autres « aires de jeu » que celles qu'il voit devant lui.

— le son entretient une relation directe au corps de l'auditeur, il a la capacité de l'affecter (Daniel Deshays parle de la « discrète soumission des corps ») et de s'ancrer dans la mémoire. « Vous ne pouvez pas vous distancer du son », soulignait récemment le metteur en scène Matthias Langhoff[16].

Le médium acoustique dispose d'une telle puissance que l'équilibre des pouvoirs entre son concepteur-régisseur et le metteur en scène est perpétuellement négocié. Ce que le spectateur ressent comme la respiration d'un organisme vivant.

II. UNE EXPÉRIENCE DU PRÉSENT

Dans la pièce de Joseph Danan *Roaming monde*[17], mise en scène par l'auteur en 2005, deux personnages (« Lui », « Elle »), relayés par d'autres, encore moins définis (« Voix de femme », « Voix d'homme »), se parlent de téléphone portable à téléphone portable, de différents points de l'espace, sans quasiment jamais se voir : « Je m'engage sur le pont. » « Je suis dans un magasin. » « Je suis devant le temple d'Angkor. » « Je te rappelle. » Dans le spectacle, cette série de moments dispersés et fragiles est traduite en « cartes postales sonores » par Benoît Faivre, spécialiste de bruitage et de musique concrète. Le dernier coup de fil est remarquable. Lorsque Elle (Laure Thiéry, la grande voyageuse) se moque de Lui (Jacques Bonnaffé), de « [s]on appartement douillet », il répond : « Je suis sur une scène. C'est un théâtre. Tu entends ? » Le spectateur soudain audible dans ce lieu

---

15. Roberto Casati et Jérôme Dokic, *La philosophie du son*, Nîmes, Jacqueline Chambon, coll. « Rayon philo », 1994, p. 7.

16. Matthias Langhoff, en entretien avec Marie-Madeleine Mervant-Roux, « Sans l'écoute il n'y a pas de texte et sans le texte il n'y a pas le théâtre », *La fabrique des sons*, *Théâtre(s) en Bretagne*, nouvelle série, n° 20, Presses universitaires de Rennes, 2ᵉ semestre 2004, p. 17. Il ajoutait : « Tout ce que je vois me donne une chance de prendre mes distances. Là, c'est impossible », p. 17.

17. Le *roaming* est un service qui permet à un abonné d'un réseau d'utiliser son appareil sur un réseau différent de celui auquel il a droit, en particulier à l'étranger.

soudain perceptible par une oreille de fiction est littéralement *touché*. Le dispositif théâtral, bien modeste si on le compare aux médiations satellitaires, prend
une consistante revanche : le son renvoyé, qui n'est qu'un silence, trahit l'espace
de sa vibration et des écoutants qui s'y trouvent ; il est beaucoup plus plein et
plus aventureux que celui des lieux exotiques trop rapidement expédiés. L'effet
d'intensification du présent théâtral est ici obtenu d'une façon techniquement
très simple, l'essentiel se trouvant porté par l'écriture.

Il en va autrement avec *Paso doble* (2006). La performance conjointe du
danseur-chorégraphe, né en Voïvodine, Joseph Nadj, et du peintre-sculpteur
majorquin Miquel Barceló ne comporte aucun texte. Alain Mahé, mentionné
plus haut pour sa participation décisive au Théâtre du Radeau, saxophoniste,
compositeur et interprète de musique électro-acoustique, assume la régie son.

« Un jour, raconte Joseph Nadj en parlant de Miquel Barceló, je lui ai dit [...]
que j'aimerais bien faire l'expérience d'entrer dans son tableau. Il m'a répondu
"Oui, mais comment ?"[18]. » Le spectacle produit par le Festival d'Avignon où
Nadj était artiste invité a constitué une tentative de réponse. Le dispositif de
Paso doble, accueilli dans l'église désaffectée des Célestins, est simple : un petit
plateau et un mur de lointain recouverts chaque jour d'argile fraîche. En face,
une centaine de spectateurs. En moins d'une heure, les deux performers sculptent
et dessinent un paysage (Fig. 2), font surgir des figures masquées, esquissent en
duo une farce tragi-comique. Assez vite, Nadj a demandé à Alain Mahé « d'être
là ». Celui-ci décide de se tenir très près, à 3 mètres environ du plateau, et sur
le plus petit espace possible, pour « travailler sur leurs actes », ce qui veut dire,
bien sûr, être à son poste tous les soirs — décision qui posera un problème de
budget. Il se tiendra entre le présent de la vision, le déjà accompli de « l'image »
du spectacle et le temps de la fabrication. En dehors de la régie et des outils
numériques, son matériel est presque pauvre : un micro, au sol, à cour, pour
capter les pas, les bruits de malaxage, les mouvements et les souffles des deux
artistes, et trois haut-parleurs seulement : deux puissants, posés sur le côté, un
autre pour faire travailler la voûte de l'église. Alain Mahé décrit son intervention
en termes gestuels : mixage de la main gauche, commande de l'ordinateur de la
main droite, avec Max/MSP pour transformer les matériaux. Il dit « dessiner aussi
les trajets sonores » et fait une utilisation privilégiée de la synthèse granulaire (il
travaille, par exemple, sur huit secondes de son), tout en restant en phase avec les

---

18. « Entretien avec Miquel Barceló et Josef Nadj au sujet de *Paso doble* » [réalisé
par Irène Filiberti en février 2006], dans *Miquel Barceló Exposition*, Festival d'Avignon,
2006, [s. n.].

Fig. 2: *Paso doble*. Performance de Miquel Barcelo et Josef Nadj, son d'Alain Mahé, Festival d'Avignon, église des Célestins, juillet 2006. Photographe: © Christophe Raynaud de Lage/Festival d'Avignon.

performers. Outre la captation audio de l'action réalisée chaque soir, il dispose d'un stock de données, résultat d'une collecte personnelle (musique de corrida, bruits de berniques, bruit de soufflet de forge, glouglous de vase)[19].

La prise de son est selon Deshays une véritable interprétation. Au théâtre, la nouvelle écriture sonore commence souvent par être un relevé, une auscultation *du théâtre* et une restitution modulée de cette auscultation, la recréation plastique de l'univers scénique dans ses différentes composantes, méthodiquement analysées. Selon les moments, Alain Mahé donne à percevoir le son «réel» des gestes effectués, ou bien ce son réel enrichi d'une scansion rythmique — par recyclage de bruits émis lors de séquences antérieures —, ou bien ce même son accompagné d'éléments musicaux (des extraits d'un vrai paso doble), retravaillés, étirés par exemple, ou encore une addition de toutes ces possibilités. Ainsi, le spectateur effectue une double activité d'observation de l'action et de dramatisation de l'action. La linéarité temporelle s'étoffe. On peut parler de l'alternance de quatre présents selon la nature de ce qui est rendu audible: le présent de l'église et de ses alentours urbains; celui de «l'atelier» de l'artiste, avec le geste du travail; celui de la fiction (un univers perçu comme préhistorique, mythique); enfin

19. Pour tout ce qui précède, voir Alain Mahé, entretien inédit avec Marie-Madeleine Mervant-Roux, Paris, 9 décembre 2006.

celui du théâtre et de la performance. La composition sonore est ici un travail sur le temps, une sorte d'analyse permanente du « direct ».

« Le développement du sonore est [...] proche de l'instantané. Il n'est pourtant pas nul, et le temps bref qui sépare le direct du retour est un temps de regard ou d'écoute qui représente une prise de recul, une déconnexion du tourbillon de l'immédiateté, une rupture de synchronisme[20]. »

Dans tous les cas, la greffe d'un art spécifique du son sur l'art du théâtre, c'est-à-dire le frottement de deux modes de conception et de traitement de l'espace acoustique, assez récent pour qu'aucun processus d'assimilation n'ait encore pu se produire, provoque chez le spectateur le phénomène de « disruption » (mot signifiant « rupture », « fracture »), décrit et analysé par Peter Boenisch[21].

UNE NÉCESSITÉ POUR LA RECHERCHE : CONSIDÉRER DANS LA DURÉE LE PROCESSUS INTERMÉDIAL

À certaines périodes de l'histoire, l'irruption de nouvelles technologies sonores fait bouger en profondeur les pratiques et les imaginaires et crée un terrain favorable aux projets les plus fantaisistes, souvent vite oubliés, mais déclencheurs indirects d'œuvres matures plus tardives (voir la recherche de Melissa Van Drie sur la période sans doute la plus exceptionnelle dans toute l'histoire des technologies sonores : la fin du 19ᵉ siècle[22]). En ce qui concerne l'épisode intermédial contemporain dont j'ai choisi de parler, à savoir l'association délicate (subtile, mais aussi périlleuse) entre théâtre et écriture sonore, il semble que sa genèse remonte à une vingtaine d'années et qu'elle est de nature aussi poétique que

20. Daniel Deshays, *Pour une écriture du son*, p. 70.

21. « Thus, intermediality manages to stimulate exceptional, disturbing and potentially radical observations, rather than merely communicating or transporting them as messages, as media would traditionally do. It is exactly this *disruptive intangibility* in the continuous flow of mediatized information that is encapsulated in the formulae of the third meaning, attraction, and magic moment — and it is also right here where intermediality becomes so eminently powerful within the omnipresent performance paradigm of twenty-first century culture. » Peter Boenisch, « Aesthetic art to aisthetic act: theatre, media, intermedial performance », p. 115.

22. Melissa Van Drie « L'auditeur médiatisé à l'époque du phonographe. Pour une archéologie des relations entre théâtre et technologies sonores », à paraître dans les Actes du colloque « Intermédialité, théâtralité, (re)-présentation et nouveaux médias », Centre de recherche sur l'intermédialité (CRI), 25-28 mai 2007.

125

technique. En 1986, *Paysage sous surveillance*[23] était créé à Bobigny, près de Paris. Une aire de jeu sans décor, de nombreux micros, projecteurs et haut-parleurs posés à vue sur le plateau ; dans la salle, des sièges équipés de petits écrans vidéo où un film parfois concurrençait la scène.

Ce qui n'a pas vieilli du tout, dans ce spectacle, c'est le travail sur le son, ou plutôt, déjà, *sur l'écoute*, un travail techniquement innovant, mais surtout d'une dramaturgie incisive. Certes il y avait eu un déclencheur matériel : l'arrivée d'un matériel électronique haut de gamme, mais la force de la création — dont on peut encore écouter la captation radiophonique — résidait dans son inventivité poétique, sans doute en partie déclenchée par les nouveaux outils technologiques. Le spectacle faisait alterner savamment sons directs et médiatisés : il commençait par dix minutes d'un quatuor à cordes de Philippe Hersant interprété sur scène par l'ensemble Enesco, puis recourait à une bande-son très élaborée, les comédiens étant pour leur part équipés de micros sans fil ; les voix qui, dans le texte de Müller, décrivent l'image subissaient diverses transformations ; celle d'Evelyne Didi, par exemple, était trafiquée à l'aide d'un équaliseur 27 bandes. Dissociées des acteurs-narrateurs, elles participaient d'une sorte de paysage sonore abstrait. L'ensemble constituait un dispositif d'imaginement sophistiqué[24].

Dans la relecture récente du texte de Müller par Jean Jourdheuil, appuyée sur l'étude des manuscrits de l'auteur, le titre original, *Bildbeschreibung*, est traduit par « Description d'une image[25] ». L'interrogation sur la vue a remplacé la problématique sociopolitique de la « surveillance », privilégiée dans les discours

23. *Paysage sous surveillance*, texte de Heiner Müller, traduction et mise en scène de Jean Jourdheuil et Jean-François Peyret, son de Pablo Bergel.

24. Un autre metteur en scène, Matthias Langhoff, témoigne de la force de l'agencement perceptif utilisé au commencement de *Paysage sous surveillance* : « Pour *Egmont* [monté par son père, Wolfgang Langhoff, à Berlin, en 1951, lorsque lui-même était enfant], la chose superbe, c'est que cet orchestre entier était là, tous les soirs, pour jouer quelques minutes seulement — il jouait l'Ouverture de l'*Egmont* de Beethoven, qui dure, je crois, quatre minutes trente — avant une scène qui ne durait elle-même qu'une minute. [...] De tout le spectacle, mon seul souvenir est juste cette petite scène de fin. Je la vois encore devant moi, je vois les acteurs, et moi qui oublie tous les noms... je me rappelle encore aujourd'hui le nom de l'acteur qui jouait Egmont : Hans-Peter Thielen. Je suis sûr que c'est à cause du moment musical que tout s'est ensuite précisément enregistré. ». Matthias Langhoff, en entretien avec Marie-Madeleine Mervant-Roux, « Sans l'écoute il n'y a pas le texte et sans le texte il n'y a pas le théâtre », p. 11-17.

25. Jean Jourdheuil, « Décrire l'image : hypothèses », *Genesis*, n° 26, *Théâtre*, textes réunis et présentés par Almuth Grésillon et Nathalie Léger, Paris, Imec, Jean-Michel Place, septembre 2006, p. 139-140.

des années 1980. Mon hypothèse est que la double question posée ces années-là par Heiner Müller :

1. Qu'est-ce que regarder une image ?

2. Comment conférer au spectacle théâtral l'effet de choc, la densité de certains tableaux (les exemples donnés par Müller dans un entretien sont Chirico et Goya) ?

s'est faite de plus en plus actuelle. De plus, certains spectacles des années 2000 ont en quelque sorte assimilé la redéfinition du théâtre comme lieu d'une constitution possible d'une véritable image, singulière, *par le biais de l'écoute active de la scène* (il convient, disait Müller en 1988, d'« [i]nterrompre le flot d'images[26] »). À l'origine de *Jachères* ? Un rêve de Vincent Dupont sur une photo de Stan Douglas ; *Coda* est nourri de cinéma, de photographie, de peinture ; *Paso doble* est affaire de peintre. Ces artistes-plasticiens ont pris au sérieux l'idée que « l'œil écoute », au sens où l'audition assiste, provoque, relance la vision, mais à condition de la travailler. Bob Wilson est passé par là, comme d'ailleurs les sciences de la perception. La nouveauté réside dans le fait que ce sont désormais les ingénieurs, concepteurs, manipulateurs du son qui ont l'idée — et les moyens — *d'écouter* le théâtre. Et qu'ils pratiquent cette écoute à partir de leur discipline, c'est-à-dire à une distance considérable de l'univers des metteurs en scène, et assez près des spectateurs, qui ont vécu la banalisation des instruments électroniques et l'apparition d'un nouvel amateurisme musical où le musicien et l'amateur ne sont plus clairement distincts l'un de l'autre. Dans les cas évoqués plus haut, le rapprochement du public et de la régie n'était pas uniquement physique, il comportait une dimension d'identification : tout le monde peut avoir un synthétiseur. Ainsi, le plasticien de l'écoute assume assez naturellement une position de médiateur entre le plateau et la salle. Kaye Mortley, réalisatrice de documentaires radiophoniques, soulignait récemment l'inventivité de ceux qui aujourd'hui redécouvrent la radio sans codes ni *a priori* : « Il me semble — mais je parle un peu *ex cathedra* — que la génération "walkman" et la génération "technologique" (ordinateurs — sons bricolés — radios locales) s'intéressent à la radio à la fois comme technique et aussi comme forme d'expression. C'est un intérêt assez libre, irrespectueux, générateur de nouvelles formes[27]. » Il en va

127

---

26. Heiner Müller, « Cinq minutes d'écran noir » (1988), entretien reproduit dans *Foucault, Mozart, Müller*, cahier réalisé par Jean Jourdheuil, dans *Théâtre/Public*, n° 176, Gennevilliers, janvier 2005, p. 82-86.

27. Kaye Mortley, « Philosophie d'un stage », entretien diffusé sur le site de l'association Phonurgia Nova : www.phonurgia.org/kaye1.htm, consulté le 22 octobre 2009.

apparemment de même avec la scène théâtrale et ceux qui la pratiquent sans en savoir grand-chose.

Nous ne conclurons pas un travail encore en chantier et ferons pour finir une simple remarque en relation avec notre objet de recherche. Une des conséquences remarquables de ce type de greffe *interart* est une réactivation de l'activité du spectateur *comme spectateur*, et non comme joueur-*interacteur*. Ces remuements et négociations internes au regard et à l'écoute sont bien moins commentés, moins médiatiques que ceux qui résultent d'autres connexions intermédiales, provoquant des changements spectaculaires de l'assistance et de ses interventions. Leur importance n'en est pas moins grande. Les expériences sonores dites interactives se fondent sur l'hypothèse qu'on entend bien mieux quand on joue. Alain Mahé, Mathieu Oriol, qui jouent et rejouent leurs écoutes, entendent magnifiquement, mais pas de la même façon que celui qui ne fait rien d'autre et s'inscrit dans un autre temps, entre sensation et conscience, entre mémoire et réflexion. C'est cette activité esthétique vitale que nos exemples ressuscitent.

Sense & Sensation:
the Act of Mediation and its Effects

JULIE WILSON-BOKOWIEC AND MARK BOKOWIEC

A theory of cultural change is impossible without knowledge of the changing sense ratios affected by various externalisations of our senses.

Marshall McLuhan[1]

INTRODUCTION

What happens when we mediate? What are the effects of mediation on the body? Are we being altered by technology?

In this data drenched age of information exposure, the deep proliferation of communication technologies and the cyborization of the body, an analysis of the effects of our interactions with new technologies is important if, as McLuhan suggests, we are to begin to understand how such interactions are affecting change in arts practices. Most theorists and art critics take a broadly descriptive or generalised overview when discussing the impact of new technologies on the arts. But it is perhaps within the more intimate realm of the senses, the psychophysical and the neurological, that new technology is having its most significant changes. As artists working with interactive new technology, our focus is not only upon the development of new artistic products and the exploration of the emerging outward aesthetics, but also on the psychophysical effects of our interactions.

In discussing his use of "chance operations" the composer John Cage, an early exponent of electronic music, stated that instead of "self-expression" he felt himself to be involved in "self-alteration".[2] Through acts of creativity Cage

1. Marshall McLuhan, *The Gutenberg Galaxy: The Making of Typographic Man*, London, Routledge and Kegan Paul, 1962, p. 42.
2. John Cage and Joan Retallack, *Musicage: Cage Muses on Words, Art, Music*, Hanover, Wesleyan University Press and University Press of New England, 1996, p. 139.

observed his relationship to the raw material of his art in order to identify and negate his own propensity to control, to alter his perception and redefine his role within the creative process. Cage saw this not simply as a method for the creation of artistic products, but as a way of life; creative endeavour as a form of existential meditation and means of self-alteration. For Cage, it was a practice that was as much about moving inside a dynamic creative space as it was about observing himself and altering, through increased awareness, the way in which he operated within it. Cage's notion of self-alteration is not therefore metaphorical; rather it is a concrete psychophysical effect of engaging in a creative process—a natural consequence of being-in-the-world as an artist—a life-art-process, where the boundaries between life and art are blurred. Fundamental to this approach was the notion of "divorcing oneself from thoughts of intention"[3] and the temptation to take overall control of the making process. Cage was concerned with stripping away conventional aesthetic principles through the use of "chance operations" in order to discover the "ecological" nature of the creative process and to allow its natural "organicity"—the functioning of its innate ecosystem—to generate new forms.[4] Cage saw himself as existing within any given quasi-ecosystem defined as a creative "work" first and foremost as a participant-one of several participating elements.

While part of our work with interactive technologies is concerned with the utility of configuring or encoding "control"—the polar opposite of Cage's principle of creative non-intention—our aesthetic goal has been to discover a form of physical interaction with new technology that enables an "organicity" of expression at both the human and computer level. Our technical endeavours have been concerned with developing facility: the performers' utilitarian and expressive skills and the hardware and computer systems ability to provide broad and multi-dimensional responsive environments that are accurate, sensitive and complex enough to sustain long-term interest. This drive for facility is fuelled by a belief that increased capability enables a greater and broader palette of interactive sensations and a more intimate and significant coupling of human and technology. An aspirational coupling that Gilles Deleuze described as going beyond the mere vibration of two elements within their own level or zone, abstracted and separate,

3. Richard Kostelanetz, *Conversing with Cage*, New York and London, Routledge, 2003, p. 232.

4. Perhaps the most striking and famous example of this is Cage's 4' 33" (in three movements) (1952).

but a "coupling" that resonates in the manner of "seizure"[5] as "the sensation of the violin and the sensation of the piano in the sonata."[6] This is not, generally speaking, how we understand our everyday relationship with new technologies. In the everyday we are forced to work with technologies, developed by multinational companies that are designed to meet the general needs of the many not the specific needs of the few. This means that the vast majority of us have no choice in the way new technologies drive our behaviour. Indeed one might go so far as to say that technologies have a tendency to dictate the form and terms of our interactive behaviour. Off-the-shelf technologies[7] are inherently limited in terms of what they will do, and therefore constrain our use of them. Yet, new technology is changing our lives in profound and far reaching ways. Technology allows humans to operate machines and systems at speeds that far exceed human cognition. New technology allows us to multitask, to search and acquire vast amounts of data and information with more agility than we could perform with our physical bodies. Through new technology we can travel virtually, to communicate with sites and people across the globe, to see and hear the world from the comfort of our office and home. On the surface new technology seems to have the power to extend our bodies capabilities. Through our computer terminals we are able to reach out both to the real world and the virtual worlds evolving in cyberspace. New technology seems to promise a utopia of new experiences and sensations. However, theorists such as Paul Virilio suggest that such technology merely recodes human perception as a function of computer processing and does not therefore enhance our perceptual experience. Virilio suggests that rather than extending the body, technology subjugates, reducing the complexities and vagaries of the sensual to the utility of machine code. Further to this he suggests that the ability of new technology to collapse space and time serves only to isolate the human body in the concrete present of real-time and geographic space.[8]

We know from a range of research that the proliferation of communication technology in our everyday lives is producing a range of psychophysical effects. One of the most publicised and commonly experienced is Continuous Partial Attention disorder. CPA is a consequence of what Linda Stone[9] sees as

5. The sense and sensation of being seized by each other: of being possessed or in possession of each other.

6. Gilles Deleuze, *Francis Bacon: the Logic of Sensation*, trans. Daniel W. Smith, London and New York, Continuum, 2003, p. 67-68.

7. Including software and Internet sites designed for mass use and consumption.

8. Paul Virilio, *Open Sky*, trans. Julie Rose, London and New York, Verso, 1997, p. 74.

9. Linda Stone is a former Vice President of Microsoft.

the *"always on"* culture: a culture in which we are continuously bombarded with information, data and opportunity. Speaking about audiovisual excess Paul Virilio suggests that this "orbital state of siege" we find ourselves in is "temporally circumscribed by the instant interaction of "telecommunications" that confuses near and far, inside and outside and thereby affects the "nature of the building" our intellectual constructs, "the figure of inertia" the human agent and therefore the "morphological stability of reality" itself.[10] However there is a world of difference between the general use of new technologies in the everyday and the specific use of artist-created new technologies. We believe that it is perhaps within the realm of the arts that different relationships can be forged, more intimate couplings created, and more significant effects may be registered.

132

In this paper we will discuss one aspect of our work with The Bodycoder System: the real-time one-to-one mapping of sound to gesture and the sensory and perceptual consequences associated with this method of interaction. Before doing so, a description of the system is appropriate.

THE BODYCODER SYSTEM

The Bodycoder System, the first generation of which was developed in 1995, comprises of a sensor array designed to be worn on the body of a performer. The sensor array combines up to sixteen channels of switches and movement detection sensors (bend sensors) to provide the performer with decisive and precise control of a dimensional interactive Max Signal Processing environment running on an Apple Macintosh platform (fig. 1). A radio system is employed to convey data generated by the array to the hardware and computer systems. The Bodycoder is a flexible system that can be reconfigured at both the hardware/sensor and software levels according to our creative and aesthetic needs. Generally speaking the sensors placed on the large levers of the body are utilized for more skilled and acute sound manipulations, while less flexible levers are utilized to perform less subtle manipulations. Switches can be assigned a variety of functions from software patch to patch or from preset to preset. Similarly, the expressivity/sensitivity and range of each of the sensors can be changed, pre-determinately from patch to patch. Switches provide the performer with the means of navigation through the various MSP patches and sub-patches, thus allowing the performer to initiate live sampling, to access sound synthesis parameters and to control and move between MSP patches from inside the performance. (Fig. 1)

10. Paul Virilio, *Polar Inertia*, trans. Patrick Camiller, London, Thousand Oaks and New Delhi, SAGE Publications, 2000, p. 30.

In one of our pieces, *The Suicided Voice* (2005-2007), the Bodycoder is used to remotely sample, process and manipulate the live vocals of the performer using

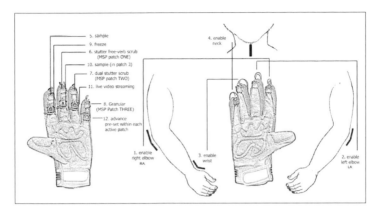

Fig. 1: Bodycoder System: interface configuration for *The Suicided Voice*, 2005-2007.

a variety of processes within MSP. In this piece the acoustic voice of the performer is "suicided" or given up to digital processing and physical re-embodiment in real-time. Dialogues are created between acoustic and digital voices and gender specific registers are subverted and fractured. Extended vocal techniques make available unusual acoustic resonances that generate rich processing textures that are then immediately controlled on the limbs of the body. (Fig. 2)

The Bodycoder System differs from other data acquisition systems that analyze movement data but do not allow the performer or human agent access to that data. For us the performer's ability to selectively input and control the

Fig. 2: Bodycoder System: *The Suicided Voice* in rehearsal, 2005-2007.

data acquired from his or her body, to navigate hardware and software elements, to manipulate, influence progress and work expressively "within" the system is essential if the performer is not to be reduced to the role of "doer"—a mere human agent reduced to machine code. In order to achieve this, the Bodycoder interface includes elements that provide the performer with both expressive and utilitarian functions. Expressive functionality is chiefly associated with the proportional bend sensors located on any of the bend and flex areas of the body and our preferred type of expression is usually kinaesonic.

KINAESONICS

The term "kinaesonic"[11] is derived from the compound of two words: "kinaesthetic" meaning "the movement principles of the body" and "sonic" meaning "sound". Kinaesonic therefore refers to the one-to-one mapping of sonic effects to bodily movements. In our practice this is primarily executed in real-time.

Simple kinaesonic operations, such as the playing of a small range of notes across the large axis of the arm, are relatively easy. After the position of arm to note/sound has been established, such actions can be executed with minimum physical and aural skill. However, when something like an eight octave range is mapped to the smaller axis of a wrist, the interval between notes/sounds is so small and the physical movement so acute that a high degree of both physical control and aural perception is required to locate specific tones or sonic textures. The absence of consistent visual clues and the lack of tactile feedback further complicate this action.

In the case of composed pieces with pre-configured and consistent sonic responses, kinaesonic skills can be honed through the rehearsal process. However with compositions that are wholly or partially based on the live sampling of sonic material, the slightest change in quality of live input, means that there are always slight differences in sound and in the physical location of the sound mapped to the body. This is made even more acute when working in combination with live processing.

Unlike the interface of a traditional musical instrument the Bodycoder has few fixed protocols and expressive constraints. For example in *Hand-to-mouth* (2007) the interface, including both switches and bend sensors, is entirely located

11. For a full description of this, see Julie Wilson-Bokowiec and Mark Bokowiec, "Kinaesonics: The Intertwining Relationship of Body and Sound," *Contemporary Music Review. Special Issue: Bodily Instruments and Instrumental Bodies*, London, Routledge Taylor and Francis Group, vol. 25, n° 1-2, 2006, p. 47-58.

on the hands of the performer (fig. 3). Indeed within a single composition like *The Suicided Voice* qualities of kinaesonic expression can change from moment to moment together with the physical location of processing parameters such as pitch, which in movement one of the piece is located at the site of the left elbow and in movement two on the left wrist. So, within a single work, the architecture of the system changes. This means that the performer must adopt an equally flexible approach to working within the System. The ability to multitask across a range of both utilitarian and expressive functions forms a significant part of that flexibility. Shifting expressive qualities and the fluidity of system protocols has a major impact on the performers' focus and perceptions from moment-to-moment. An ability to multitask across a range of expressive and utilitarian parameters, while working sensitively and precisely through a range of perceptual and performative states, is therefore a particular skill required of the performer. (Fig. 3)

135

Since the Bodycoders' inception in 1995, the system has developed in parallel with the performers' skills. In 2004 both the system and the performer reached what might be described as a plateau of technical capability and performer facility. It was at this point that we began to note the emergence of a range of peculiar sensations and perceptions associated with moments of acute kinaesonic expression.

In 2005 while we were in the final stages of developing *The Suicided Voice* we noted that at certain moments of acute physical and aural focus that required difficult finite control, a sensation of feeling sound at the site of physical manipu-

Fig. 3: Bodycoder System: *Hand-to-mouth*. Performance at The Watermans, London, 2007.

lation was registered. Specifically, this occurred within a sequence of fast live sampling and real-time control on the right elbow lever. The sensation, very much like a resistance, might be described as similar to stroking ones' arm across an uneven sandpaper texture—the texture being perceived as both inside and on the surface of the epidermis. The sensation offered a grainy resistance that correlated to the textural features of the sound being manipulated. Could this peculiar sensation be described as a hallucination? According to *The Diagnostic and Statistical Manual of Mental Disorders* compiled by the American Psychiatric Association, hallucination is defined as "a sensory perception that has the compelling sense of reality of a true perception but that occurs without external stimulation of the relevant sensory organs."[12] In the case of the Bodycoder System, the sensation of "feeling sound" involves both tactile (motion orientated) and auditory stimulation; the resulting sensation cannot therefore be easily described as hallucinatory. The perception of the audible becoming tangible and tactile is therefore more correctly described as "cross-modal" and synaethesic in nature.

136

CROSS-MODAL PERCEPTION

It is true to say that no sense organ or sense perception functions in isolation. To see is not simply an optical operation, otherwise sight would be nothing more than the registering of light without depth or definition. To see involves "our own body's potential to move between the objects (seen) or to touch them in succession... we are using our eyes as proprioceptors and feelers."[13] Equally, "to hear" is not simply a matter of aural reception, but involves a similar form of proprioception that includes a projective sense of movement toward a sound subject that allows us to intuit distance and direction. A sense of touch—vibration to auditory nerve—is also required to elicit velocity, pitch and texture. Most of the time, we are unaware of the relational calculations the brain is undertaking. Such calculations are, in general, prereflective. The Bodycoder System does not provide the performer with any form of visual or tactile feedback, as is the convention with most acoustic instruments. Sensors are not themselves felt as tactile objects on the body and while it is true to say that the body feels itself moving, the sensation of kinesis is much less defined than the sensation of touch. If we therefore hypo-

12. *The Diagnostic and Statistical Manual of Mental Disorders*, American Psychiatric Association, 4th Edition, 1994, p. 767.

13. Brian Massumi, "Sensing the Virtual, Building the Insensible" in Stephen Perrella (ed.), Hypersurface Architecture, special issue of Architectural Design (Profile n° 133), vol. 68, n° 5-6, May-June 1998, p. 16-24.

thesise that the sensation of feeling sound experienced at moments of interactive operation with the Bodycoder System is a sense reflex associated with normal, yet prereflective cross-modal functioning of the brain, then why is it being registered as a concrete perception at moments of acute kinaesonic interaction? Our initial thoughts were that this might have something to do with working in real-time.

It is common, at the beginning of the making and development process of a new piece, for the performer to feel frustrated and overwhelmed by the system, particularly by the various real-time response speeds. Although real-time response speeds do alter according to the computer's processing speed for any given processing parameter, and of course response speeds can be "tweaked" in the programming, we tend to favour the most immediate response. Generally speaking, from inside the Bodycoder System, the sensing of the computer response speeds from moment-to-moment within a piece are always acutely felt, since the tempo of the real-time dialogic interaction between computer and performer is very much metered by response times. Getting used to the varying tempi of response is something that only long periods of rehearsal can alleviate. Much has been written about the "action feedback loop" of human computer interaction. It is well known that computers can respond at speeds that far exceed human cognition. It is very disconcerting in certain moments of a performance to feel the computer's response times exceed the speed of one's own cognition. At such moments one feels a real frisson of crisis. It is the sense of stepping off a pavement and nearly getting run over by a car because the car was moving too quickly to register its approach at the point of stepping onto the road. It is a near-miss experience that triggers very strong sensations and physical reactions including sweating, flushing and an increase in heart rate. It is the sense of being right on the edge of one's abilities to control and maintain one's position within the dialogue. So is the peculiar sensation of "feeling sound" a psychophysical reaction to acute response speeds? Certainly, it could be a contributing factor along with the geographic disassociation of sound from its perceived point of manipulation.

Like most electro-acoustic sound orientated systems, sound is diffused across a speaker array that can be situated metres away from the performers' body. So, the point of manipulation—of kinaesonic interaction—is not the point of sound diffusion. From an audience point of view this does not seem to degrade their understanding or enjoyment of the performance since most people accept as an aesthetic norm the use and function of speaker arrays and their connection to the operations of a performer or instrumentalist. For musicians who play acoustic instruments, sound is always produced at the point of its manufacture—it emanates from a visible, tactile instrument. One of the reasons why we define the Bodycoder as a "system" and not as an "instrument" in the classical sense is because it is not an object (in the sense of a piano or a violin), it cannot easily be seen in its entirety, it is not tactile (it has no keyboard/fretboard, etc.) and it does not produce sound from the point or physical site of human/instrument inter-action. While we tend to use close monitoring—foldback speakers that provide the performer with audio feedback—these are still located a short distance away from the performers' body. In the case of more physical full-body pieces such as *Lifting Bodies* (2000)[14] and *Spiral Fiction* (2003)[15] essentially dance pieces-mon-itors may be located beyond the performance space. The dislocation of sound from its perceived point of kinaesonic execution and manipulation adds another degree of difficulty for the performer. Even though the intellect can rationalise the concept of dislocation, the sensual body still has to find ways of working with dislocation. The fact that at points of acute kinaesonic interaction—at moments of high difficulty—the body seems to acquire the sensation of tacticity, suggests that the brain is trying to "compensate" or "facilitate" interaction by providing its own kind of feedback, in effect closing the gap between site and dislocated sound source. It creates a sensation of "proximity" by recreating the proximal sensation of a texture—a tacticity in the arm, based on what the mind/body knows about movement and touch from other familiar patterns of proprioception. This sug-gests that what lies within the prereflective is a reservoir of sensate resources-small algorithms for experience—proprioception patterns that can be re-configured and used to help orientate the body. This might seem like an outlandish claim, but we have all experienced similar sensations in milder forms. Witness the sen-sation of resistance when playing Wii Tennis, or similar so called "immersive" games, when clearly neither the software nor the hardware are configured for that kind of feedback. We have all felt nausea brought on by the sensation of speed and velocity generated by certain VR rides, the physical movement of which does not correlate with the perception of extreme movement we think we are experi-encing. Is this merely a case of the brain being fooled or is there something else at work here?

14. Julie Wilson-Bokowiec and Mark Bokowiec, "*Lifting Bodies*: Interactive Dance—Finding new Methodologies in the Motifs Prompted by new Technology—a Critique and Progress Report with Particular Reference to the Bodycoder System," *Organised Sound*, Cambridge, Cambridge University Press, vol. 5, n° 1, 2000, p. 9-16.

15. Julie Wilson-Bokowiec and Mark Bokowiec, "Spiral Fiction," *Organised Sound, Special Issue: Interactive Performance*. In association with the International Computer Music Association, Cambridge, Cambridge University Press, vol. 8, n° 3, 2003, p. 279-287.

Within the area of neuroscience it has long been established that if conflicting information is present across different sensory modalities, then our perception
of events may be degraded or altered in ways that reflect a synthesis of the different sensory clues. One example of this is the McGurk effect, here described by
Sophie Donnadieu in *Analysis, Synthesis and the Perception of Musical Sound:*

> If the auditory syllable is a /ba/ and if the subjects see a video tape of a speaker pro-
> ducing a /ga/, they report having heard a /da/. This /da/ syllable is an intermediate
> syllable, the place of articulation of which is between those of /ba/ and /ga/. This
> clearly shows that visual and auditory information can be integrated by subjects, the
> response being a compromise between normal responses to two opposing stimuli.[16]

What is interesting here is the notion that a conflict between auditory and
visual stimuli can result in a "third" compensatory perception. Although this
does not explain the phenomena of tacticity experienced with the Bodycoder
System, it does provide evidence that such perceptual phenomena are observed
to occur as a result of different sensory combinations. Most recently the work of
Lenggenhager, Tadi, Metzinger and Blanke[17] into bodily self-consciousness has
contributed to discourse concerning the sensory effects of new technology, in
this case Virtual Reality representations, on the experience of a human agent.
In their 2007 paper Lenggenhager, Tadi, Metzinger and Blanke describe how
they designed an experiment that used conflicting visual-somatosensory input
in virtual reality to disrupt the spatial unity between the self and the body. They
found that "during multisensory conflict, participants felt as if a virtual body
seen in front of them was their own body and mislocalized themselves toward
the virtual body, to a position outside their bodily borders."[18] The experiment, that
used both the visual and tactile stimulations of the subject, showed that " humans
systematically experience a virtual body as if it were their own when visually
presented in their anterior extra-personal space and stroked synchronously."[19] This
"misattribution" of feeling, which is often referred to as "proprioceptive drift" has

139

16. Sophie Donnadieu, "Mental Representation of the Timbre of Complex Sounds,"
in James W. Beauchamp (ed.), *Analysis, Synthesis, and Perception of Musical Sounds: The
Sound of Music*, New York, Springer, 2007, p. 305.

17. Bigna Lenggenhager, Tej Tadi, Thomas Metzinger and Olaf Blanke, "Video Ergo
Sum: Manipulating Bodily Self-Consciousness," *SCIENCE*, vol. 317, 24th August 2007.

18. Bigna Lenggenhager, Tej Tadi, Thomas Metzinger and Olaf Blanke, "Video Ergo
Sum: Manipulating Bodily Self-Consciousness," p. 1096.

19. Bigna Lenggenhager, Tej Tadi, Thomas Metzinger and Olaf Blanke, "Video
Ergo Sum: Manipulating Bodily Self-Consciousness," p. 1098.

also been recreated by more "analogue" means by Ehrsson, Spence and Passing-ham to test feelings of "ownership" for a rubber hand:

> We used functional Magnetic Resonance Imaging (fMRI) to investigate the brain mechanisms of the feeling of ownership of seen body parts. We manipulated owner-ship by making use of a perceptual illusion: the rubber hand illusion. During the experiment, the subject's real hand is hidden out of view (under a table) while a realistic life-sized rubber hand is placed in front of the subject. The experimenter uses two small paintbrushes to stroke the rubber hand and the subject's hidden hand synchronizing the timing of the brushing as closely as possible. After a short period, the majority of subjects have the experience that the rubber hand is their own hand and that the rubber hand senses the touch.[20]

What is interesting about all of these examples is the necessity for "synchro-nous" one-to-one real-time sensory stimulation to instigate the sensation of "mis-location", auditory "compensation" and "ownership". On the basis of this evidence we can perhaps hypothesise that the real-time interaction of the Bodycoder System, coupled with kinetic and auditory sense stimulation, perhaps problema-tised by sound dislocation and action-response speeds, stimulates the sensation of "feeling sound" Moreover, like the McGurk effect, the tactile sensation of sound at the point of kinaesonic operation could perhaps be said to be a "compensatory" or "third" perception that is perhaps akin to an intermediary /da/.

CONCLUSION

Merleau-Ponty states "if we were to make completely explicit the architectonics of the human body, its ontological framework, and how it sees itself and hears itself, we would see that the structure of its mute world is such that all the possibilities of language are already given in it."[21] Some of these languages may yet be unfamiliar, their awakening reliant on particular kinds of stimulation from the external world. We know that our environment is changing—it is being populated by new and interesting technologies. Technologies that have the power to turn us inside-out, make our inner worlds visible and audible and allow our imagina-tions to fly from the body. Equally, the body seems to have the power to reach out to project a sensation of itself on virtual objects such as a rubber hand and an

20. Henrick Ehrsson, Charles Spence and Richard E. Passingham, "That's My Hand! Activity in Premotor Cortex Reflects Feeling of Ownership of a Limb," SCIENCE, vol. 305, 6th August, 2004, p. 875.

21. Maurice Merleau-Ponty, The Visible and the Invisible, trans. Alphonso F. Lingis, Evanston, Northwestern Univerity Press, 1968, p. 155.

avatar inside a VR environment. Merleau-Ponty hypothesised that such sensual perceptions and potentials, many of which are described in this paper, are already "innate" within the hitherto "mute" realm of the pre-reflective. Equally it could be proposed that they are the effects of the new relationships the body is forging in relation to a world saturated with new technology. To seek to further articulate and refine such unique sensual registers through art practice may be self-altering. Whether innate or emergent, such sensual registers represent a potentially new language, the "organicity" of which is yet to be fully explored.

We believe that our work with the Bodycoder System demonstrates that the mind and body can re-configure its sense ratios when prompted by technology and crucially that it can find the resources within itself to fully participate in a sensual dialogue with new technology. We believe that the kind of synesthetic perception that is becoming an integral part of our work with the Bodycoder System does not alienate the body as Paul Virilio has argued. It does affect intellectual constructs, human agency, and it does disrupt the "stability of reality"[22] if by "real" we mean only normal sense to sensation experience and not those peculiar "cross-modal" sensations occasioned by conflicting sensory information presented across different sensory modalities.

In his seminal book *Parables for the Virtual*, Brian Massumi states, "synesthetic forms are dynamic. They are not mirrored in thought; they are literal perceptions."[23] There is now a great deal of research emerging out of the area of neurology that upholds this hypothesis, but we are yet to understand its purpose. There is no doubt that in terms of our work with the Bodycoder System, the sensation of feeling sound in an area of the body where acute kinaesonic expression takes place, provides the performer with a sensate register that enhances control and interaction. It intervenes at moments when control becomes difficult and could therefore be said to assist interactive operations.

We would suggest that our work with the Bodycoder System contributes to the evidence of the way in which the mind/body is making available new registers that have the potential to facilitate closer and more skilled articulations between humans and computer/digital environments. Such registers may, at some point in the future, be found to constitute a new sensate "organicity" that shapes and informs more sophisticated human-technology articulations and interactions. That we can even consider looking beyond conventional aesthetic forms to

22. Paul Virilio, *Polar Inertia*, p. 30.

23. Brian Massumi, *Parables for the Virtual: Movement, Affect, Sensation*, Durham and London, Duke University Press, 2002, p. 186.

consider the possibility of the existence of new creative dynamics that lay outside the purely intellectual realm is due in large part to the work of John Cage and artists such as Jackson Pollock, William Burroughs and other pioneers of instinct and chance. In 1967 Marshall McLuhan proposed that the next medium "may be the medium of consciousness"[24] itself. Far from being non-intentional, the new "organicity" of the medium may arise out of the intentionality of "control" and "real-time" interaction. It may be characterised by cross-modal perceptions similar to the sensation of "feeling sound" described in this paper and other sensations arising out of the work in areas of neurology. The new organicity of "consciousness as medium" and the new operations and aesthetics made available through the medium may arise out of an intimate state of "seizure"—the sense and sensation of the coupling of humans and technologies.

24. Eric McLuhan and Frank Zingrone (ed.), *The Essential McLuhan*, London, Routledge, 1995, p. 296.

Artiste invité
Guest Artist

Goulet, scénographe de Marleau

JOHANNE LAMOUREUX

P our de nombreux Montréalais, Michel Goulet demeure « l'homme des chaises », une étiquette réductrice qui ne rend justice ni à la diversité du répertoire d'objets de sa pratique de sculpteur, ni à la complexité de sa prise en compte de l'espace public. C'est évidemment la controverse autour de l'aménagement de la Place Roy qui, en 1990, inscrivit le travail de Goulet, artiste déjà célébré par le milieu des arts visuels, dans l'œil aveugle d'un ouragan médiatique. Mais *Les leçons singulières*, dont l'installation à la Place Roy venait marquer la relance, après vingt ans d'inertie, d'un ambitieux programme de sculpture publique dans la métropole, constitue un cas de figure révélateur dans les annales pourtant bien fournies des controverses qui ont marqué le tournant des années 1980-1990. La guerre culturelle, qui généralement opposait, en deux clans fantasmés comme réels et monolithiques, une supposée élite culturelle à l'homme de la rue, prenait ici une tournure déstabilisante, car ce fictionnel Monsieur Tout-le-monde, malgré le fait qu'il ait cette fois trouvé à s'incarner en résidents d'un quartier fier de sa haute réputation culturelle — le Plateau Mont-Royal —, continuait à clamer son mécontentement d'usager dérangé et antagoniste. Se confirmait une sourde et profonde aliénation du milieu des arts visuels au sein d'une scène culturelle plus large, toujours prête à dénoncer les plasticiens contemporains, et à travers eux, la possible imposture, la contribution incertaine et la scandaleuse opacité de leur travail[1].

Pourtant, ces chaises, dans leur distribution apparemment aléatoire et dans leur désordre aéré, figuraient, de façon quasi emblématique, le problème de la place publique contemporaine. Elles donnaient à voir des sièges individuels, « singuliers », mais pour la plupart inoccupables, comme si elles cherchaient à rappeler, dans la foulée de ce que suggérait Rosalyn Deutsche à la suite de Claude

1. Lise Lamarche, « Leçons singulières : une sculpture urbaine », *RACAR : Revue d'art canadienne/Canadian Art Review*, vol. 18, nᵒˢ 1/2, p. 91-96. Je remercie ma collègue pour l'accès privilégié qu'elle m'a offert à ses archives Goulet.

Lefort[2], qu'en régime démocratique, la seule intervention qui puisse « tenir » en toute légitimité politique une place publique consisterait à en affirmer et à en préserver le vide. Les chaises des *Leçons singulières* de la Place Roy ont peut-être bien à voir, sinon avec le vide, du moins avec la *vacance*, figure atténuée de l'absence. Il conviendrait à cet égard de leur reconnaître une double filiation.

D'une part, au sein d'une tradition des arts visuels, leur caractère quasi idéel, non décoratif, fait signe vers le travail conceptuel de Joseph Kosuth (*One and Three Chairs*, par exemple, qui juxtapose une chaise, une photographie de cette chaise et la définition du mot « chaise » dans le dictionnaire) dont Goulet délaisse le traitement ascétique et démonstratif au profit d'une modulation ludique et bricoleuse à partir de modèles épurés. D'autre part, leur prolifération renvoie paradoxalement à une affirmation de l'absence et du vide, d'une façon qui rappelle un certain théâtre de l'absurde que Goulet a bien fréquenté alors que, dans les années 1960, il se colletait une première fois aux coulisses du théâtre. On pensera ici au désir d'« encombrer le plateau de plus en plus avec le vide » par lequel Eugène Ionesco commentait la fonction de l'objet et du mobilier dans *Les chaises*[3]. Certes, Goulet distribue davantage qu'il n'accumule ; le vide se figure dans l'écart plutôt que dans l'excès et l'absence se décline sans pathos dans un désordre concerté, qui, sur la place publique, demeure déconcertant, sans jamais courtiser le chaos.

C'est peu après que cette controverse s'est apaisée que Denis Marleau approche Michel Goulet pour la scénographie de *Roberto Zucco* de Bernard-Marie Koltès dont il prépare la mise en scène pour une production du Théâtre Ubu. Or, il ne semble pas, à mesurer l'ensemble produit par cette collaboration au fil de neuf productions entre 1993 et 2008, que Marleau ait été à la recherche d'un scénographe de l'objet (même si on a un peu envie de dire que le metteur en scène s'est tourné, à ce moment précis, vers un artiste qui venait de réaliser le tour de force de semer le vent à partir d'un motif quasi iconique de la passivité : la chaise est après tout une parfaite indexation de la fonction spectatorielle). Ce n'est donc pas à analyser la distribution des objets sur le plateau de scène (même si le plateau de *Merz* à Beaubourg présente une configuration familière) ou à recenser les chaises, voire le mobilier, que Goulet dispose sur les planches qu'on comprendra la nature du travail scénographique du sculpteur. On notera quand même la beauté du hasard qui contraint Goulet, dans sa première scénographie,

---

2. Rosalyn Deutsche, « Questioning the Public Space », *Public*, n° 6, 1992, p. 60.

3. « Sur Les Chaises », *Notes et contre-notes*, cité dans Eugène Ionesco, *Les chaises* (1958) (préface de Michel Lioure), Paris, Gallimard, coll. « Folio théâtre », 1996, p. 23.

à évoquer un parc public sur scène, ce à quoi il s'emploie sans évocation végétale, en faisant lever l'idée de nature urbaine par une nuée de bicyclettes suspendues, affirmant de la sorte cette matérialité métallique et incisive qui traverse aussi bien ses installations, muséales ou publiques, que ses conceptions scénographiques. Les effets de transplantation du travail plastique de Goulet sur scène ne relèvent pourtant pas d'une telle redondance figurative. Ce que d'entrée de jeu Goulet semble avoir trouvé au théâtre, c'est un usager, non pas un flâneur urbain ou un passant pressé, non pas l'éternel et hypothétique destinataire crispé ou critique de l'art contemporain, mais des acteurs, pour lesquels et à travers lesquels la disposition des échelles, des passerelles, des escaliers, du mobilier, se transforme, se fait proprement *dispositif*, entendu selon le récent commentaire de Giorgio Agamben comme «tout ce qui a, d'une manière ou d'une autre, la capacité de capturer, d'orienter, de déterminer, d'intercepter, de modeler, de contrôler et d'assurer les gestes, les conduites, les opinions et les discours des êtres vivants[4]». Ces dispositifs produisent l'acteur comme *sujet*, puisque, comme le précise encore Agamben, ce dernier, ce «tiers» est le résultat d'une rencontre corps à corps entre deux classes : les êtres vivants et les dispositifs[5].

Dès *Roberto Zucco*, mais aussi dans les scénographies suivantes, Goulet déploie pour l'acteur un espace qui contraint ce dernier à laisser le plateau. Pour lui, il réinvente la fonction du vide. L'acteur devra donc grimper des échelles, maîtriser des escaliers, longer des passerelles déployées au-dessus du plateau (*Roberto Zucco*) ou fréquenter des chemins étroits tendus au bord d'un gouffre (*Les reines*), apparaître au balcon, y lancer son texte vers une interlocutrice qui, elle aussi, se trouve suspendue à un autre niveau, enchâssée et en quelque sorte «flottant» dans son propre dispositif. Dans *Les reines* ou dans *Le passage de l'Indiana*, l'effet est encore renforcé par la reproduction photographique : nimbés de lumière, le travail d'éclairage les isolant parfois dans une espèce d'écrin lumineux, les personnages occupent différentes hauteurs de la scène où ils paraissent suspendus et vibrants comme des langues de feu autonomes. Dans la scénographie pour l'opéra *Le château de Barbe-Bleue* de Béla Bartók, présenté au Grand Théâtre de Genève en 2007, Goulet fait carrément l'économie du plateau ; se dresse alors, au milieu d'un vide de treize mètres, une construction polymorphe et caméléon, une île escarpée, frangée d'une aire de jeu terriblement étroite. Si le travail de Marleau défait systématiquement la boîte scénique,

147

---

4. Giorgio Agamben, *Qu'est-ce qu'un dispositif?*, trad. Martin Rueff, Paris, Payot & Rivages, coll. «Rivages poche. Petite Bibliothèque», 2007, p. 31.

5. Giorgio Agamben, *Qu'est-ce qu'un dispositif?*, p. 27.

Goulet contribue à cette déconstruction par un travail à la fois matériel et aérien, qui impose aux acteurs un sens du risque et de la précarité. À croire que la relative oblitération de l'acteur qui caractérise souvent, et de plus en plus, le travail de Marleau, c'est-à-dire les relais et la relève technologiques et médiatiques qui problématisent et rendent incertaine la présence souvent résiduelle de l'acteur, a ici un pendant non technologique, une formulation première qui tient aux possibles effets de la configuration spatiale et matérielle de l'espace, à une certaine façon dont la scénographie, jointe à l'éclairage souvent, contribue à délester l'acteur de sa pondération, à le produire pour le spectateur, comme une figure légèrement dématérialisée, traversée d'absence et d'incertitude, même quand il y a présence réelle.

À travers l'expérience de ce passage intermédial qui pose, à la ville comme à la scène, le sens possible du vide, de ses effets et de ses usages, le travail d'art public de Goulet se trouve transformé de manière inattendue. Les chaises acquièrent une voix et l'usager une fonction. Ainsi, en 2008, la Ville de Montréal offrait à la Ville de Québec, dans le cadre du 400ᵉ anniversaire de cette dernière, une œuvre intitulée « Rêver le nouveau monde[6] ». Goulet y revient sur le motif des chaises, mais cette fois, celles-ci, au nombre de 44, sont distribuées irrégulièrement le long d'un axe prononcé, et elles cultivent une fonction de décélération du citoyen. Les citations gravées sur 40 d'entre elles ralentissent la circulation, elles invitent l'usager à interrompre sa course, à se rapprocher, à circuler entre les chaises pour trouver l'angle qui permet de lire un texte d'un auteur, quitte pour y parvenir à s'asseoir sur les vers d'un autre. Voici les chaises de Goulet occupées par un double travail de mémoire, travail d'inscription en amont et en aval, travail de déchiffrement au nom duquel parfois, les usagers vont, ponctuellement, jusqu'à prendre possession de la place vide.

6. Voir la monographie consacrée à cette installation, Louise Déry et Michel Goulet, *Rêver le nouveau monde*, Montréal, Ville de Montréal, Galerie Simon Blais et Galerie de l'UQAM, 2008.

Michel Goulet,
Denis Marleau

Les leçons singulières (volet I), 1990, laiton, bronze, acier inoxydable, eau.
Place Roy, Montréal, collection de la Ville de Montréal.
Crédits photographiques : Michel Goulet.

Merz Variétés, de Kurt Schwitters; mise en scène de Denis Marleau. Une production du
Théâtre UBU en collaboration avec le Centre Georges Pompidou, Paris. Créé à Beaubourg
dans le cadre de la rétrospective Kurt Schwitters, janvier 1995.
Crédits photographiques: Guy Simard. Courtoisie du Théâtre UBU.

Le Petit Köchel, Normand Chaurette; mise en scène de Denis Marleau. Une création du Théâtre UBU en coproduction avec le Festival d'Avignon et l'Hexagone, Scène nationale de Meylan (France). Créé au Festival d'Avignon, juillet 2000.
Crédits photographiques: Marlène Gélineau-Payette. Courtoisie du Théâtre UBU.

Ce qui meurt en dernier, de Normand Chaurette ; mise en scène de Denis Marleau.
Une coproduction du Théâtre UBU et de l'Espace GO. Créé à l'Espace GO, janvier 2008.
Crédits photographiques : Michel Goulet. Courtoisie du Théâtre UBU.

Roberto Zucco, de Bernard-Marie Koltès ; mise en scène de Denis Marleau. Une coproduction de la Nouvelle Compagnie Théâtrale, du Théâtre UBU et du Festival de théâtre
des Amériques (assistante à la scénographie : Catherine Granche). Créé à la salle Denise-
Pelletier, juin 1993.
Crédits photographiques : Josée Lambert. Courtoisie du Théâtre UBU.

Roberto Zucco, de Bernard-Marie Koltès; mise en scène de Denis Marleau. Une coproduction de la Nouvelle Compagnie Théâtrale, du Théâtre UBU et du Festival de théâtre
des Amériques (assistante à la scénographie: Catherine Granche). Créé à la salle Denise-
Pelletier, juin 1993.
Crédits photographiques: Denis Marleau. Courtoisie du Théâtre UBU.

Les reines, Normand Chaurette ; mise en scène de Denis Marleau. Une création du théâtre UBU, en coproduction avec le Théâtre français du Centre national des arts (Ottawa), le Théâtre d'Aujourd'hui (Montréal) et le Théâtre du Nord (Lille, France). Créé au Centre national des arts, octobre 2005.
Crédits photographiques : Yanick Macdonald. Courtoisie du Théâtre UBU.

Les reines, Normand Chaurette ; mise en scène de Denis Marleau. Une création du théâtre UBU, en coproduction avec le Théâtre français du Centre national des arts (Ottawa), le Théâtre d'Aujourd'hui (Montréal) et le Théâtre du Nord (Lille, France). Créé au Centre national des arts, octobre 2005.
Crédits photographiques : Yanick Macdonald. Courtoisie du Théâtre UBU.

Le passage de l'Indiana, de Normand Chaurette; mise en scène de Denis Marleau. Une coproduction du Théâtre UBU et du Centre national des arts du Canada. Créé à La Chartreuse, Villeneuve-les-Avignon, Festival d'Avignon, juillet 1996.
Crédits photographiques: Josée Lambert. Courtoisie du Théâtre UBU.

Le château de Barbe-Bleue, de Béla Bartók ; mise en scène de Denis Marleau et Stéphanie Jasmin. Une création du Grand Théâtre de Genève, Suisse. Créé au Grand Théâtre de Genève, juin 2007.
Crédits photographiques : Michel Goulet. Courtoisie du Théâtre UBU.

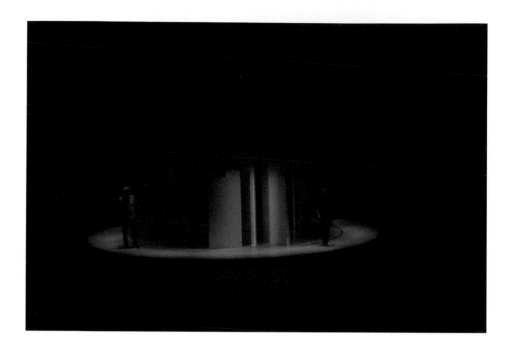

Le château de Barbe-Bleue, de Béla Bartók; mise en scène de Denis Marleau et Stéphanie Jasmin. Une création du Grand Théâtre de Genève, Suisse. Créé au Grand Théâtre de Genève, juin 2007.
Crédits photographiques: Michel Goulet. Courtoisie du Théâtre UBU.

Rêver le Nouveau monde, 2008. Acier inoxydable et bronze. Fragments de textes poétiques.
Legs de la Ville de Montréal à la Ville de Québec pour son 400e anniversaire.
Crédits photographiques : Ivan Binet.

Hors dossier
Miscellaneous

Paul Zumthor (1915-1995).

Document
Oralité — un inédit de Paul Zumthor

PHILIPPE DESPOIX

P aul Zumthor (1915-1995) fut, en son temps, l'un des principaux promoteurs du concept de poésie orale, l'artisan d'une pensée de la littérature et de la culture nourrie de l'étude des phénomènes d'oralité. Nous publions ci-dessous l'un de ses derniers textes resté inédit en français. Entièrement consacré à l'oralité et au développement de sa conceptualisation, cet essai condense de manière remarquable la compréhension ouverte qu'en eut Zumthor — une conception qui, par ailleurs, a fortement marqué la généalogie des approches intermédiales.

Médiéviste d'envergure internationale, spécialiste de littératures romanes, historien et théoricien du fait littéraire, mais aussi écrivain et poète, Paul Zumthor connut un parcours multiple dont les stations principales ont été Genève[1], Paris, Amsterdam et Montréal. C'est là qu'il fut à l'origine du programme de littérature comparée de l'Université de Montréal ; là encore que, dans les années 1980, ce grand savant de la culture pré-gutenbergienne réorienta son travail dans le sens d'un comparatisme culturel et historique généralisé. Son *Introduction à la poésie orale* (1983), qui intègre en particulier les apports de l'ethnologie, en forme certainement l'aboutissement le plus notable[2].

L'étude publiée ici s'inscrit clairement dans ce vaste projet historico-anthropologique. Elle constitue l'original français de l'entrée « Mündlichkeit/ Oralität » commandée à Paul Zumthor par les éditeurs allemands du dictionnaire historique des *Ästhetische Grundbegriffe* (Concepts esthétiques fondamentaux)

---

1. D'origine suisse, Paul Zumthor avait fait ses débuts autour de « l'École de Genève » fondée par le comparatiste Albert Béguin et comprenant, entre autres, Georges Poulet et Jean Starobinski.

2. Voir Paul Zumthor, *Introduction à la poésie orale*, Paris, Éditions du Seuil, coll. « Poétique », 1983.

et publiée dans son quatrième volume en 2002[3]. Une première version de l'article avait été remise par Zumthor à la direction éditoriale du dictionnaire en novembre 1989; celle-ci fut retravaillée — la facture du typoscript en témoigne — en fonction des contraintes propres à une encyclopédie d'histoire des concepts, puis retournée aux éditeurs courant 1994, l'année précédant sa mort[4]. La version révisée de la traduction en allemand n'a plus pu être relue par l'auteur, et sa publication dans cette langue fut posthume. L'original français de cet essai était demeuré jusqu'à ce jour dans les archives berlinoises de l'équipe éditoriale du dictionnaire historique.

Il s'agit là, sans aucun doute, d'un des derniers grands textes théoriques de Zumthor, dont la maturité fut marquée par un intérêt renouvelé pour la performance et ses différentes modalités, ainsi que pour les formes de représentation de l'espace et de la mémoire. Conçu dans la suite immédiate de son étude *La lettre et la voix* (1987), ce texte apparaît comme un abrégé du déploiement, non seulement de la notion, mais aussi de *sa* pensée de l'oralité[5]. Son caractère singulier tient à ce que l'auteur fut lui-même un acteur de l'histoire conceptuelle qu'il présente. Même le format contraignant de l'entrée de dictionnaire qui lui sert de cadre n'a que peu d'incidence sur un style qui reste étonnamment personnel.

Témoignant de son immense connaissance des faits oraux, Zumthor met ici particulièrement l'accent sur la valeur qualitative de la vocalité, sur le corps comme médium de la voix, sur l'indissociabilité de la parole poétique et du chant, tout autant que du geste. Définie par la performance même, l'oralité apparaît ainsi comme une forme élémentaire de théâtralité. Zumthor ne renvoie toutefois pas à une oralisation de type archaïque: on sera frappé par l'attention qu'il

166

---

3. Voir Karlheinz Barck et al. (dir.), *Ästhetische Grundbegriffe: Historisches Wörterbuch in sieben Bänden*, vol. 4, Stuttgart, J. B. Metzler, 2000-2006, p. 234-256. Nous remercions Karlheinz Barck, directeur éditorial du *Dictionnaire historique*, ainsi que les éditions Metzler, pour l'autorisation de publier l'original de ce texte; nos remerciements vont également à Marie-Louise Ollier pour ses précisions et son amical soutien.

4. Voir la lettre à Karlheinz Barck du 12 novembre 1989, Zentrum für Literatur- und Kulturforschung, Berlin; ainsi que « Nachbemerkung der Herausgeber », dans Karlheinz Barck et al. (dir.), *Ästhetische Grundbegriffe: Historisches Wörterbuch in sieben Bänden*, p. 255 *sq.*

5. Pour les principales publications savantes de Paul Zumthor depuis la fin des années 1980, voir Paul Zumthor, *La lettre et la voix. De la littérature médiévale*, Paris, Éditions du Seuil, coll. « Poétique », 1987; *Performance, réception, lecture*, Longueuil, Le Préambule, coll. « L'Univers des discours », 1990; *La mesure du monde. Représentation de l'espace au Moyen Âge*, Paris, Éditions du Seuil, coll. « Poétique », 1993; *Babel ou l'inachèvement*, Paris, Éditions du Seuil, coll. « La couleur des idées », 1997.

porte aux techniques de reproduction modernes — disque, bande magnétique, radio, télévision, film, etc. — et à leurs effets de « remédiation » des phénomènes d'oralité. Sa revendication d'une forte autonomie du fait oral va ici de pair avec l'analyse de ses rapports complexes au monde de l'écrit, tout comme de celle des formes nouvelles d'oralité médiatisée. Ce croisement productif d'une théorie de la littérature, d'une histoire des « médiats[6] » et d'une anthropologie comparée permet de penser ensemble des manifestations aussi diverses que le chant des troubadours provençaux, les lamentations des rites de deuil africains, la poésie sonore qu'est la *Lautdichtung*, ou encore le dernier air de blues à la mode.

Au-delà de l'impressionnante synthèse, ce texte s'avère aussi programmatique dans le sens où il pointe une série de questions ouvertes. Elles concernent l'absence d'une esthétique générale de l'oralité ; les conséquences théoriques jamais tirées de l'artifice analytique commun séparant les formes textuelles des configurations « socio-corporelles » dans lesquelles elles se réalisent ; le caractère encore provisoire et inachevé, enfin, de la description des traits et des techniques qui font la spécificité des formes orales. Autant de questions dont nous héritons et qu'autorise une conception qui, loin des interprétations fixées sur la seule lettre, réaffirme le rapport nécessaire de la voix aux rythmes du corps, de la poésie au registre musical, et de la performance à ses techniques de mise en scène.

167

6. Graphie utilisée par Paul Zumthor dans l'ouvrage *Introduction à la poésie orale* ; celle utilisée dans le texte suivant, conçu pour une traduction allemande, est la latine : *medium, media*.

Oralité[1]

PAUL ZUMTHOR

C e mot abstrait a été formé il y a peu d'années, sur l'adjectif *oral*, dans les emplois où celui-ci qualifie un fait littéraire. *Oralité* réfère, de façon assez vague, à un type de communication opérée par voie buccale et sonore : aucune notion précise ne s'y attache. Son étude critique passe nécessairement par celle des expressions formées à l'aide de l'adjectif : langue orale, tradition orale, littérature orale. Par ailleurs, il nous est impossible, dans les conditions historiques actuelles, de considérer les faits d'oralité sans comparaison, au moins implicite, avec les faits de langue écrite, tradition livresque, « littérature » proprement dite.

I- ORALITÉ ET VOCALITÉ

La communication orale remplit, dans le groupe social, une fonction en grande partie d'extériorisation. Elle fait entendre, collectivement et globalement, le discours que cette société tient sur elle-même. Elle assure ainsi la perpétuation du groupe en question et de sa culture : c'est pourquoi un lien spécial et très fort l'attache à la « tradition », celle-ci étant, en son essence, continuité culturelle. Les voix humaines forment ainsi, dans l'existence du groupe, un bruit de fond, une stimulation sonore qui, dans certains cas, prend une acuité plus grande car elle fait appel aux formes profondes de l'imagination collective : ces cas constituent la « poésie orale ».

Plusieurs ethnologues ont, dans cette perspective, distingué entre le *parlé*, communication vocale exprimant l'expérience ordinaire du locuteur et l'*oral*, communication formalisée de façon spécifique, et transmettant, en même temps qu'une expérience, un type particulier de connaissance qui, pour l'auditeur, est re-connaissance, inscription du message dans un modèle familier (même si, pour des raisons circonstancielles, ce modèle est rejeté) : édifice de croyances, d'idées,

1. Les notes de la version allemande du texte ont été reprises, tout en conservant en fin de document la bibliographie originale proposée par Zumthor.

d'habitudes mentales intériorisées constituant comme la mythologie du groupe. Le discours oral, selon cette définition, est le contraire du discours scientifique. Chargé de connotations, c'est à ce titre surtout qu'il est social ; lié à tous les jeux que permet le langage, il tend à renforcer, à sa racine même (qui est de nature linguistique), le lien collectif ; sa force persuasive provient moins de l'argumentation que du témoignage.

Cette idée s'est imposée, progressivement, aux exégètes du Nouveau Testament, puis aux hellénistes, durant les années 1930-1950. La comparaison qu'opéraient ces chercheurs entre oralité et écriture révélait peu à peu que ces termes ne sont pas homologues ; que l'oralité ne se définit pas plus par rapport à l'écriture que l'écriture par rapport à l'oralité. Ces constatations aboutirent, vers 1960, aux thèses du Canadien McLuhan[2] et bientôt de ses nombreux disciples. D'abord très contestées, ces thèses ont fini par s'imposer et pouvaient, dès environ 1975-1980, être considérées comme acquises. Elles se ramènent, pour l'essentiel, à ceci : un message ne se réduit pas à son contenu manifeste, mais comporte un autre contenu, latent, tenant à la nature du moyen de communication (voix, écriture manuscrite, écriture imprimée, informatique) utilisé. Dans l'optique de McLuhan, oralité et écriture correspondent à deux directions culturelles inconciliables : dans une civilisation de l'oralité, l'homme reste branché directement sur les cycles naturels ; sa conception du temps est circulaire (tout revient toujours) ; les comportements sont étroitement régis par les normes collectives ; il règne une confuse nostalgie du nomadisme originel. Inversement, un monde de l'écriture disjoint la pensée et l'action, le langage perd de sa force créatrice propre, une conception linéaire du temps triomphe, ainsi que l'individualisme et le rationalisme.

On se rend compte aujourd'hui que ces oppositions (souvent très atténuées en pratique) sont moins historiques que catégorielles. Depuis au moins deux millénaires ont coexisté, dans des régions de plus en plus nombreuses, oralité et écriture. Les tendances propres à l'une et à l'autre doivent être vues comme des axes de polarisation : axes antagonistes, engendrant des tensions variables dont l'histoire est celle même des sociétés européennes depuis l'Antiquité.

> It is useful to approach orality and literacy synchronically, by comparing oral cultures and chirographic (i.e., writing) cultures that coexist at a given period of time. But it is absolutely essential to approach them also diachronically or historically, by comparing successive periods with one another. Human society first formed itself with

2. Marshall McLuhan, *The Gutenberg Galaxy: The Making of Typographic Man*, Toronto, University of Toronto Press, 1962.

the aid of oral speech, becoming literate very late in its history, and at first only in certain groups... Diachronic study of orality and literacy and of the various stages in the evolution from one to the other sets up a frame of reference in which it is possible to understand better not only pristine oral culture and subsequent writing culture, but also the print culture that brings writing to a new peak and the electronic culture which builds on both writing and print[3].

Cette conception, héritée de McLuhan, néglige cependant un facteur capital, dont l'importance n'est apparue clairement que vers 1980 : les qualités et valeurs (physiques, psychiques et symboliques) attachées à la voix humaine comme telle.

La voix, en effet, possède une réalité matérielle, définissable en termes quantitatifs (hauteur, timbre, etc.) ou qualitatifs (registre, etc.), au point que des mythes anciens lui attribuent une existence autonome (la nymphe Écho, l'enchanteur « entombé » Merlin). Simultanément, l'objet qu'est la voix est l'élément le plus subtil du concret observable. C'est là le paradoxe de la voix, dont proviennent en grande partie les difficultés que rencontre son étude.

171

> Rien, en fait, écrit, de son point de vue psycho-médical, Tomatis, n'est moins phy-siologique que de parler. Sans doute est-ce là un phénomène humain, mais il n'existe pas pour autant d'organe physiologiquement préconçu à cet effet. Rien, en effet, dans le catalogue anatomique de nos accessoires, n'est destiné réellement à cet usage. Nous avons été munis, certes, d'un appareil digestif ; nous avons aussi été dotés d'un appareil respiratoire, mais rien ne nous a été spécialement délivré pour le langage... Quel agencement savant, quelle combinaison invraisemblable il a donc fallu pour atteindre ce but ! Un premier ensemble fait d'une partie de l'appareil digestif : les lèvres, la bouche, le voile du palais, la langue, les dents ; et un second se rattachant à l'appareil respiratoire : le larynx, les fosses nasales, le poumon, le diaphragme, la cage thoracique se sont rassemblés à des fins acoustiques... Fallait-il réellement espérer que l'homme fût doté d'un organe électivement adapté au langage ? Le verrions-nous muni d'un organe purement phonatoire ? Nous ne le pensons pas. Le caractère vrai-ment informationnel du langage humain implique une adaptation plus profonde de tout son organisme. Cette adaptation commence par ce jeu de bouche à oreille que nous savons dès le premier jour de la vie saisir et capter[4].

La voix se prête à traduire les nuances affectives les plus fines. Aussi, pour l'individu qui se sert de sa voix, celle-ci s'identifie, à un niveau psychique *profond*,

---

3. Walter J. Ong, *Orality and Literacy: The Technologizing of the Word*, Londres, Methuem, 1982, p. 3.

4. Alfred Tomatis, *L'oreille et le langage*, Paris, Éditions du Seuil, coll. « Points Sciences », 1978, p. 74.

avec sa volonté d'exister et de se dire. Quand elle se tait, la voix semble se retirer dans le silence du corps, dont elle sortira de nouveau peu après. Elle est souffle ; elle émane du corps et, symboliquement, elle le fait être. C'est pourquoi bien des mythes antiques et des religions modernes figurent la création du monde comme l'effet d'une parole ou d'un souffle. Des recherches psychanalytiques récentes ont montré la permanence de ces traits mythiques dans l'inconscient humain, sous diverses formes archétypales. La voix y est liée à des images de force primordiale, d'énergie et de volonté de sortir de soi.

En cela, la voix déborde la parole. La plupart du temps, la voix sert à transmettre linguistiquement un message. Mais sa fonction ne se limite pas à cet office. Le langage transite par la voix et, ce faisant, se colore des valeurs proprement vocales. Dans et par la voix, le langage (quel que soit le message qu'il transmet) se charge d'une sorte de souvenir des origines de l'être, d'une intensité vitale émanant de ce qu'il y a en nous d'antérieur au langage articulé. Les émotions les plus intenses suscitent chez l'homme le son de la voix, indépendamment de tout langage : cri de bonheur, cri de guerre, effroi devant la mort subite, cris des enfants dans leurs jeux, comme autant d'échos du cri natal. Même effet, dans l'art du chant, qui souvent s'évade en pures vocalises.

Point de vue d'un phonéticien :

> La vibration des cordes vocales est le premier mouvement rigoureusement périodique déclenché par une activité musculaire dirigée, volontaire. Ce mouvement vibratoire est perçu, d'une part, comme sensation musculaire, et d'autre part, comme sensation auditive. La haute régularité, la périodicité jouent visiblement un rôle très important... La voix chantée, qui se distingue par la régularité de la courbe mélodique (c'est-à-dire par un niveau tonal à peu près constant dans l'intervalle d'une syllabe), produit une sensation particulièrement plaisante. Il serait d'autant plus difficile d'échapper au problème posé par la qualité spécifique de la voix chantée que le degré de *mélodicité* joue un rôle essentiel dans l'expression des sentiments[5].

Ces caractères sont ceux de toute communication orale. Il est clair cependant qu'ils sont plus ou moins accusés et efficaces selon l'intention qui préside à la communication : très faibles dans la communication purement utilitaire ; souvent atténués dans la conversation courante, ils atteignent un haut degré dans la communication émotive, allusive, non directement utilitaire qui constitue, en son essence, l'acte de poésie orale.

---

5. Iván Fónagy, *La vive voix : essais de psycho-phonétique*, Paris, Payot, coll. « Langages et sociétés », 1983, p. 117.

En régime d'oralité, cet acte est produit par un corps, qui parle et est totalement présent, même si, pour une raison quelconque, on ne le voit pas dans et par la voix entendue. Celle-ci emplit un espace qui est celui de ce corps, mais dépasse ses limites visuelles, et a pour seules bornes celles de la portée acoustique. Cela permet au diseur ou au chanteur d'innombrables jeux, dont profitent les praticiens de la poésie vocale. L'ensemble des valeurs ainsi attachées à l'existence biologique de la voix s'inscrivent simultanément dans le sentiment linguistique des auditeurs et dans leur imagination, parfois même dans leur conscience idéologique, au point qu'il est souvent difficile de distinguer entre les différentes sortes d'effets qu'elles produisent. Elles se cumulent en une impression globale et très forte : impression d'émergence de quelque puissance primitive, exigeante, aspirant à une sorte d'unanimité des corps et des cœurs.

173

C'est sur ces valeurs que se fonde implicitement l'esthétique de toute poésie orale, ainsi (comme l'ont montré Scheub et Calame-Griaule[6]) que celle de formes connexes, tel le conte traditionnel : le langage émane d'une voix, et celle-ci d'un corps agissant dans un espace concret ; en conséquence, l'« œuvre » est unique, car elle n'a d'existence réelle qu'une seule fois (lorsqu'on entend une voix la dire ou la chanter) ; répétée, elle n'est plus identiquement la même. De plus, comme le note Scheub, « time is a key to understanding the mechanics of this aesthetic system. Different temporal experiences occur in a performance. Real time is independent of the performance... Performance time is real time[7]. » On doit toutefois constater qu'aucune esthétique générale de l'oralité n'a encore été explicitement constituée. Nous ne possédons guère jusqu'ici que des descriptions externes de genres poétiques oraux particuliers (ainsi Greenway, Bausinger, Finnegan, Anders, Zumthor[8]).

Cette situation, qui fut celle de la poésie vocale depuis les origines de l'humanité, s'est partiellement transformée, au 20e siècle, du fait de l'invention

6. Harold Scheub, *African Oral Narratives, Proverbs, Riddles, Poetry and Song*, Boston, G. K. Hall, 1977 ; Geneviève Calame-Griaule, *Ethnologie et langage : la parole chez les Dogon*, Paris, Gallimard, coll. « Bibliothèque des sciences humaines », 1965.

7. Harold Scheub, « Body and Image in Oral Narrative Performance », *New Literary History* 8, 1976-1977, p. 350.

8. John Greenway, *American Folksongs of Protest*, New York, Barnes, 1960 ; Hermann Bausinger, *Formen der « Volkspoesie »*, Berlin, Erich Schmidt, 1968 ; Ruth H. Finnegan, *Oral Literature in Africa*, Nairobi, Oxford University Press, 1976 ; Wolfhart H. Anders, *Balladensänger und mündliche Komposition : Untersuchungen zur englischen Traditionsballade*, Münich, W. Fink, 1974 ; Paul Zumthor, « Paroles de pointe : le rakugo japonais », *Nouvelle Revue Française*, n° 337, février 1981, p. 22-32.

et de la diffusion de techniques permettant de fixer la voix par gravure ou impression magnétique : disque, cassette, film (cinéma, vidéo), radio, télévision. L'oralité se trouve ainsi médiatisée : une machine sert de relai entre le locuteur et l'auditeur.

L'oralité médiatisée (tant que n'auront pas été créés d'autres *media*, encore imprévisibles) ne diffère de l'oralité directe que par certaines modalités. Pour l'essentiel, elle ne s'en distingue pas vraiment. Plus encore : intervenant après plusieurs siècles d'hégémonie de l'écriture, les *media* auditifs ou audiovisuels restituent à la voix humaine une autorité sociale qu'elle avait perdue. Certes, elle se trouve ainsi compromise dans l'appareil technologique (et industriel-commercial), mais elle bénéficie de la puissance de celui-ci. Au cours des cinquante dernières années, les *media* ont rendu, aux messages qu'ils transmettent, l'ensemble presque complet des valeurs vocales ; ils ont conféré à nouveau, au discours ainsi transmis, sa pleine fonction impressive, par laquelle (indépendamment de son contenu) il pèse de tout son poids sur les intentions, les sentiments, les pensées de l'auditeur et, le plus souvent, l'incite à l'action (d'où l'usage fait de ces techniques dans la publicité). La poésie orale médiatisée (ainsi, celle que transmettent le disque, la cassette, la vidéo) participe de façon éminente de ce statut nouveau, et en manifeste avec éclat les caractères.

Les *media* agissent sur la double dimension spatiale et temporelle de la voix. Par là, ils atténuent (sans l'éliminer tout à fait, mais en la rejetant dans l'imaginaire) la présence physique conjointe du locuteur et de l'auditeur. Ils permettent une manipulation du temps, semblable à celle que permet le livre : le disque, la cassette, peuvent répéter indéfiniment et identiquement le message ; la seule limitation dans le temps est l'usure du matériel. D'où une possibilité (en principe illimitée elle aussi) de déplacement spatial.

Les conditions naturelles de l'exercice vocal sont ainsi bouleversées. Mais la situation de communication n'est que partiellement modifiée. À ces voix médiatisées, on ne peut répondre, c'est-à-dire que le facteur de communication interpersonnelle s'est affaibli, ou même a disparu. Pourtant, si la réitérabilité du message entraîne une certaine dépersonnalisation, en même temps elle accentue le caractère naturellement communautaire de la poésie orale : l'oralité médiatisée est devenue l'un des éléments de la culture de masse. Le poids de la technique et de ses implications économiques constitue une servitude parfois très lourde, limitant, et même éliminant, la spontanéité de la voix. La sociabilité de la voix vive et directe cède la place à une hyper-sociabilité circulant dans les réseaux de télécommunication, sur la base desquels se constitue un nouveau lien collectif, dont la nature nous est encore mal connue.

La mobilité spatio-temporelle du message oral médiatisé introduit une distance entre sa production et sa consommation. La présence physique du locuteur (lors de la consommation de l'œuvre) est effacée ; il reste l'écho, fixé, de sa voix (et, au cinéma, à la télévision ou la vidéo, une image visible). L'auditeur, en revanche, est bien présent ; mais lors de l'enregistrement en studio, il n'existait que comme figure abstraite et anonyme de futur consommateur. Le message lui-même se produit, se vend, s'achète : mais sous la forme d'un objet dont un instrument décrypteur (et financièrement coûteux) doit l'extraire. Tous ces facteurs contribuent à déplacer l'acte communicatif : au terme de ces processus, la perception que l'auditeur a de l'œuvre se trouve dépouillée de tout élément de « tactilité » (de la possibilité, même virtuelle, de toucher le corps de l'autre et d'en sentir corporellement la présence) ; seules subsistent, entières (et parfois affinées par ce dépouillement), l'ouïe et, éventuellement, la vue.

La diffusion des *media* s'est accompagnée d'un mouvement encore peu connu, quoique représenté aujourd'hui dans la plupart des pays industrialisés : celui de la « poésie sonore » (*Lautdichtung*), dont les premières expériences datent de 1920-1930, mais qui n'a pris forme qu'après 1950. Originellement, l'ambition des initiateurs était de rendre leur plénitude à la voix humaine et à toutes ses puissances en les libérant des servitudes du langage ; mal distincte du chant, la poésie modulait des sons dénués de signification linguistique mais propres à épanouir les richesses latentes de l'appareil phonatoire. À partir de 1965, les « poètes sonores » ont utilisé l'instrumentation électronique (du magnétophone au synthétiseur) pour dégager, amplifier et manipuler les éléments de vocalité non perceptibles dans l'usage naturel de la voix.

II- LE MOT ET LE CONCEPT DE « LITTÉRATURE ORALE »

Diachroniquement, il convient de distinguer quatre étapes dans la diffusion, l'usage et l'acception de ce terme.

L'ère des folkloristes

L'expression de « littérature orale » apparaît et se répand dans l'usage au cours des vingt dernières années du 19ᵉ siècle. Le premier à l'employer fut le Français Paul Sébillot dans ses recherches sur l'art populaire breton[9]. Le terme resta longtemps propre aux folkloristes, désignant pour eux le corpus des chansons, contes,

---

9. Paul Sébillot, *Littérature orale de la Haute-Bretagne*, Paris, Maisonneuve et Larose, coll. « Les littératures populaires de toutes les nations », 1881.

proverbes, et formes apparentées, transmises de bouche à oreille en milieu populaire, surtout rural.

De cet emploi initial, la *littérature orale* conserve de lourdes connotations ethnologiques qui l'ont jusqu'ici empêché d'entrer de plein droit dans le vocabulaire critique. Comme l'écrivait en 1960 H. Levin dans sa Préface à Lord :

> The term « literature », presupposing the use of letters, assumes that verbal works of imagination are transmitted by means of writing and reading. The expression of « oral literature » is obviously a contradiction in terms. Yet we live at a time when literacy itself has become so diluted that it can scarcely be invoked as an aesthetic criterion. The Word as spoken or sung, together with the visual image of the speaker or singer, has meanwhile been regaining its hold through electrical engineering. A culture based upon the printed book, which has prevailed from the Renaissance until lately, has bequeathed to us, along with its immeasurable riches, snobberies which ought to be cast aside[10].

L'expression « littérature orale » comporte d'autre part une contradiction interne qui la rend équivoque et d'apparence peu scientifique : le second élément, *orale*, renvoie clairement à la voix humaine, mais le premier réfère à une *littera* qui ne peut être autre que l'écriture, négation même de toute communication vocale. Les hommes de terrain qui, il y a un siècle, associèrent pour la première fois ces mots mal compatibles, ne se posaient pas de question doctrinale ; leur intention était toute pratique : ils voulaient distinguer globalement les chansons et contes recueillis par eux, de ce qui restait à leurs yeux la seule, la vraie « littérature », l'écrite. Une certaine parenté, une similitude dans les fonctions sociales respectives, était indéniable entre, par exemple, le roman « littéraire » et la légende ou le conte oraux, entre la poésie lyrique et la chanson « populaire ». Il importait donc de séparer ce qui appartenait en propre à la classe « cultivée », et le reste.

Sur de tels fondements ne pouvait se construire aucune théorie. La complexité de l'oralité et la diversité des faits que l'on désigne par ce terme étaient purement et simplement ignorées. Il suffisait de collecter les faits (les textes) et de les décrire. On en était encore à ce point vers 1950. L'adjectif *oral* servait de critère de classement ; mais on l'employait de manière négative et externe : était oral ce qui se transmettait sans médiation de l'écriture. Les chercheurs ne s'interrogeaient pas sur le fait que l'absence d'écriture signifie une opération positive de la voix humaine, et que celle-ci ne s'exerce pas sans qu'émergent des valeurs spécifiques, inaccessibles à l'écriture. On admettait tacitement

10. Harry Levin, préface dans Albert Bates Lord, *The Singer of Tales*, Cambridge (Mass.), Harvard University Press, 1960, [s. n.].

l'existence de deux « littératures », différant par leur mode de communication, en vertu d'une opposition simple : cependant, dans le couple écriture/oralité, le second terme était conçu comme subordonné, et qualitativement inférieur. Dans toute l'Europe occidentale, la diffusion de cette conception de l'oralité coïncida chronologiquement avec l'instauration de l'enseignement obligatoire. Les faits sont apparemment liés entre eux, ainsi qu'avec une évolution séman-tique qui amena les savants issus de la classe dominante à dépouiller les mots *peuple* et *populaire* de leur aura romantique (cf. *Volksgeist, Volkspoesie, Volkslied* dans l'usage qu'en avaient fait Herder et Grimm) pour leur donner des nuances de rudesse, manque d'instruction, inculture. D'où, dans la première moitié du 20ᵉ siècle, un flottement terminologique : appliqués aux termes *culture, poésie,* ou même *littérature,* les qualificatifs *populaire* et *oral* alternaient parfois, et leurs connotations tendaient à se confondre. Il en résultait, dans l'esprit des spécialistes non moins que du public « cultivé », une association, du reste confuse, entre oralité et folklore.

De tels préjugés ne sont toutefois pas à rejeter en bloc. Produits par une certaine société, à un moment donné de l'histoire, ils ne peuvent certes pas être universalisés ; mais on peut tirer profit de l'intuition centrale qu'ils dissi-mulent : celle du caractère absolument original (et non comparable avec quoi que ce soit d'autre) de l'oralité des communications. Rien néanmoins n'autorise à identifier *populaire* et *oral* ; et *folklore* renvoie à un ordre particulier de faits sociaux. L'ensemble des recherches depuis une trentaine d'années nous amène aujourd'hui à dissocier définitivement, dans leur emploi critique, ces trois termes, même si, dans quelques cas concrets, ils se recoupent.

Vers une conception positive de l'oralité

En fait, l'idée d'oralité n'a commencé à prendre sens que dans la mesure où, très progressivement, elle s'est dissociée de celle de « popularité ». Cette évolution est due à l'influence conjuguée de deux écoles de pensée regroupées autour de deux maîtres, qui travaillèrent (dans des domaines du reste très différents, et sans contact l'un avec l'autre) entre la fin du 19ᵉ siècle et le milieu du 20ᵉ siècle : le linguiste suisse Ferdinand de Saussure, qui mit, plus fortement que ses prédécesseurs « néo-grammairiens », l'accent sur le caractère oral du langage, cette oralité en définissant le mode d'existence profond et la spécificité ; le philo-logue et médiéviste espagnol Ramón Menéndez Pidal, dont l'œuvre immense se constitua, pour l'essentiel, entre 1900 et 1950. Ce qu'a de vague, en effet, le terme de *populaire* lui interdisait d'en faire un usage qualitatif ; le mot désignait plutôt à ses yeux un certain point de vue sur l'objet, extérieur à celui-ci, et de définition variable : comportait-il une référence à des traits archaïques, ou ethniques, à des formes supposées spécifiques, à une classe d'auteurs ou à un public ? Toutes ces conceptions étaient, vers 1900, simultanément en cours, et interféraient les unes dans les autres. Menéndez Pidal eut le mérite, spécialement dans ses études sur le *Romancero*[11], de proposer une première classification de la terminologie : il distinguait, parmi tout ce qui est l'objet d'une transmission orale, « poésie populaire » (compositions de date récente, répandues dans un assez large public, pendant une période limitée, et de forme stable) et « poésie traditionnelle » (compositions collectivement assimilées par un vaste public, et objet d'une activité incessante de variation et de re-création). Quoique l'on ait reproché parfois à Menéndez Pidal d'avoir ainsi généralisé des distinctions qui ne sont vraiment valables que pour un petit nombre de textes, l'accent théorique était mis désormais sur l'existence interne des œuvres, et non plus sur les circonstances matérielles de leur diffusion.

Dans la brèche ainsi ouverte s'engagèrent plusieurs chercheurs et théoriciens. C'est parmi les médiévistes et les africanistes que s'élevèrent les discussions les plus vives et de fécondes polémiques, dans la mesure, du moins, où leurs études se concentraient sur les processus de verbalisation. Ainsi, dès les années 1940, Chaytor[12] ; dans les années 1950 et 1960, McLuhan, Ong, et d'autres. Dès les années 1980 parurent des bibliographies sur ce sujet. La question de l'oralité de l'épopée, en particulier, fixa pendant près de vingt ans les recherches et les réflexions, et suscita diverses suggestions théoriques. Au début des années 1970, il était devenu impossible d'associer automatiquement le fait de l'oralité avec un concept de nature socio-historique. Cette association pouvait se justifier dans certains cas, mais elle ne tenait pas à la nature des choses. En 1977, l'africaniste Finnegan tirait une conclusion provisoire :

> The three ways in which a poem can most readily be called oral are in terms of (1) its composition, (2) its mode of transmission, and (3) (related to 2) its performance. Some oral poetry is oral in all these respects, some in only one or two. It is important to be clear how oral poetry can vary in these ways, as well as about the problems involved in assessing each of these aspects of « oral-ness ». It emerges that the « oral » nature of oral poetry is not easy to pin down precisely[13].

11. Ramón Menéndez Pidal, *Romancero hispánico, hispano-portugués, americano y sefardí. Teoria e historia*, Madrid, Espasa-Calpe, 1953.

12. Henry J. Chaytor, *From Script to Print, an Introduction to Medieval Literature*, Cambridge, Cambridge University Press, 1945.

13. Ruth H. Finnegan, *Oral Poetry. Its Nature, Significance and Social Context*, Cambridge, Londres, New York, Cambridge University Press, 1977, p. 17.

Ce point de vue est encore assez limité car il ne prend pas en compte, comme telles, les valeurs propres de la voix. Le concept d'oralité reste ici une forme abstraite ; il n'est pas encore apte à fonctionner comme un dispositif de discours, comme la force d'attraction d'autres concepts qui s'organiseraient autour de lui et auxquels il communiquerait son dynamisme : vocalité, musicalité, théâtralité.

Rupture du lien avec l'idée de littérature
Restait à la notion d'*oralité* à se libérer des contraintes issues de l'opinion selon laquelle ce terme s'oppose à « littérature » de manière fondamentale. Cette opinion non seulement subsiste aujourd'hui mais s'est renforcée et modernisée sous l'influence indirecte de la sémiotique et de la « linguistique du texte » pratiquées dans les années 1960 et 1970, ainsi que du développement rapide, depuis 1950-1960, des recherches américaines regroupées sous l'appellation de *oral history* (expression où l'adjectif désigne la nature des documents considérés). À ces deux facteurs il faut du reste ajouter l'intérêt croissant, chez les chercheurs des États-Unis, pour la culture noire, généralement perçue sous l'angle de sa théâtralité.

Sur ce point encore, une intuition juste (l'« incomparabilité » de l'oral) est cachée et viciée par un présupposé qualitatif, l'écriture étant donnée (implicitement ou explicitement) pour seule apte à certaines complexités sémantiques. Ce présupposé a des racines historiques profondes, car il remonte à la rhétorique médiévale, et se trouva fortifié par la « Renaissance » européenne des 15ᵉ et 16ᵉ siècles : d'où à la fois sa solidité et sa nocivité scientifique. Il demeure actif, aussi bien dans les diverses nations d'Europe que (de façon, il est vrai, légèrement atténuée) en Amérique du Nord : les nuances que l'on observe parfois entre savants, par exemple allemands, français, espagnols, tiennent à l'objet concret de leur étude ou à certains caractères de leur tradition culturelle : ainsi, l'Espagnol sera mieux disposé que le Français à percevoir l'originalité et la spécificité de la tradition orale. Ces différences n'effacent pas le trait essentiel, la valorisation indue de l'écrit.

Notre concept de littérature s'est en effet formé de façon graduelle, à une époque relativement récente, au cours des derniers siècles du moyen âge ; il ne s'imposa tout à fait (exprimé par le terme, devenu technique, de littérature) qu'à l'époque des Lumières. Il implique une volonté de systématisation des textes, conçue comme avènement qualitatif, universalité, humanisme, mais en même temps, comme produit d'une institution. Dès sa première diffusion, le texte s'inscrit dans le trésor commun de la « culture littéraire », mais y demeure

pas à la nature des choses. En 1977, l'Africaniste R.Finnegan tirait une conclusion provisoire :

"The three ways in which a poem can most readily be called oral are in terms of (1) its composition, (2) its mode of transmission, and (3) (related to 2) its performance. Some oral poetry is oral in all these respects, some in only one or two. It is importabnt to be clear how oral poetry can vary in these ways, as well as about the problems involved in assessing each of these aspects of "oralness". It emerges that the "oral" nature of oral poetry is not easy to pin down precisely" (Finnegan 1977, p.117)

180

Ce point de vue est encore assez limité car il ne prend pas en compte, comme telles, les valeurs propres de la voix. Le concept d'oralité reste ici une forme abstraite; il n'est pas encore apte à fonctionner comme un dispositif de discours, comme la force d'attraction d'autres concepts qui s'organiseraient autour de lui et

auxquels il communiquerait son dynamisme : vocalité, musicalité, théâtralité.

3. Rupture du lien avec l'idée de littérature

Restait à la notion d'*oralité* à se libérer des contraintes issues de l'opinion selon laquelle ce terme s'oppose à "littérature" de manière fondamentale. Cette opinion non seulement subsiste aujourd'hui mais s'est renforcée et modernisée sous l'influence indirecte de la sémiotique et de la "linguistique du texte" pratiquées dans les années 1960 et 70, ainsi que du développement rapide, depuis 1950-60, des recherches américaines regroupées sous l'appellation de *oral history* (expression où l'adjectif désigne la nature des documents considérés). A ces deux facteurs il faut du reste ajouter l'intérêt croissant, chez les chercheurs des Etats-Unis, pour la culture noire, généralement perçue sous l'angle de sa théâtralité.

Sur ce point encore, une intuition juste (l'incomparabilité de l'oral) est cachée et viciée par un présupposé qualitatif, l'écriture étant donnée (implicitement ou explicitement) pour seule apte à certaines complexités sémantiques. Ce présupposé a des racines historiques profondes, car il remonte à la rhétorique

Feuillet 14 du manuscrit original.

propriété intouchable d'un « auteur » dont la subjectivité se livre ainsi, éternellement offerte à la sensibilité d'un public éduqué à cette fin. Le texte littéraire est voulu clos, et senti tel. Mais, par là même, il provoque le commentaire et l'interprétation, au point qu'il n'y a pas de littérature sans discours sur la littérature. Tous ces caractères enfin sont liés à une double action de l'homme : écriture, et lecture. Or, aucun d'eux ne se retrouve dans la pratique de l'oralité, sinon de manière externe et quasi fortuite, lorsque se produit (cas fréquent aujourd'hui) une influence « littéraire » sur l'organisation du message oral. C'est pourquoi, dans les études de cette matière, il est préférable d'employer l'expression de *poésie orale* (fût-ce un peu abusivement, à propos des contes) plutôt que de tomber dans les équivoques provenant de littérature. Par « poésie » en effet, on peut entendre tout art du langage, dans sa généralité anthropologique et, à ce titre, indépendant des modalités historiques ; « littérature » désigne simplement l'une de ces modalités : le moyen âge, jusqu'au 13e ou 14e siècle, l'avait ignorée. Ce n'est pas un hasard, dans ces circonstances, si la génération de 1770-1820 (celle même qui commençait à réfléchir sur le « fait littéraire ») fit simultanément la découverte du moyen âge et celle de la poésie orale encore vivante dans les terroirs européens[14].

Élargissement de la perspective
Une influence venue d'un tout autre horizon contribua de nos jours à dramatiser ces oppositions : elle est due à l'impact qu'eurent, dans les années 1970 et 1980, sur divers critiques et historiens de la littérature, les recherches phonétiques, acoustiques, médicales et psychanalytiques consacrées à la voix humaine. Ces recherches furent surtout intenses en France, et l'on pourrait parler à ce propos d'une école de Paris (Tomatis, Vasse, Fónagy et d'autres[15]). Les premiers à en percevoir l'intérêt pour les études « littéraires » et textuelles furent le critique Barthes[16] et le philosophe Derrida[17], qui se fondaient par ailleurs sur les écrits d'acteurs de théâtre tels qu'Antonin Artaud.

14. Werner Krauss, « Das Mittelalter in der Aufklärung », *Das wissenschaftliche Werk*, vol. 5, Berlin, Weimar, Aufbau, 1991, p. 145 à 163.

15. Alfred Tomatis, *L'oreille et le langage* ; Iván Fónagy, *La vive voix : essais de psycho-phonétique* ; Denis Vasse, *L'ombilic et la voix : deux enfants en analyse*, Paris, Éditions du Seuil, coll. « Le Champ freudien », 1974.

16. Roland Barthes, *Le grain de la voix : entretiens, 1962-1980*, Paris, Éditions du Seuil, 1981.

17. Jacques Derrida, *L'écriture et la différence*, Paris, Éditions du Seuil, coll. « Tel Quel », 1967.

Cette évolution générale, et l'état des recherches nous obligent aujourd'hui à généraliser, indépendamment de tout autre concept, celui d'oralité. Certes, il n'y a pas, concrètement, d'oralité en soi, mais de multiples manifestations particulières, dont les caractères propres sont plus ou moins accusés. Pourtant, leur substrat commun reste toujours perceptible. Il tient à la spécificité linguistique de toute communication vocale. En ce sens, la notion d'oralité met en cause un caractère remarquable de la civilisation d'origine européenne depuis deux ou trois siècles, la littérarisation de la culture.

Radicalement sociale, autant qu'individuelle, la voix, en transmettant un message, signale en quelque façon la manière dont son émetteur se situe dans le monde et à l'égard de l'autre à qui il s'adresse. La présence, dans un même espace, des participants de cet acte de communication, les met en position de dialogue (réel ou virtuel), engageant ici et maintenant, dans une action commune, leur totalité individuelle et sociale. L'écriture est inapte à produire de tels effets, sinon de façon indirecte et métaphorique.

III- LA PERFORMANCE

L'histoire de toute œuvre poétique comporte cinq phases distinctes, de durée en général très inégale : sa production, sa transmission, sa réception première, sa conservation, enfin toutes les réceptions postérieures à la première. Dans toute société possédant une écriture, chacune de ces phases se réalise, soit par un acte de la voix (et de l'oreille), soit par une action d'écriture (et de lecture). Il y a donc théoriquement dix possibilités : une seule (celle où tout s'opère par écriture et lecture) a dominé, dans les structures de notre civilisation, pendant plusieurs siècles, et s'applique à notre concept de « littérature ». On peut parler de poésie orale lorsque transmission et réception s'opèrent par la voix et l'ouïe, et donc coïncident en une seule et même action. Cette action est la *performance* (dans le cas d'improvisation, la phase de production se fond, elle aussi, dans la performance). L'existence d'une performance est le seul élément définitoire de l'oralité ; même si la production et la conservation de l'œuvre requièrent l'usage de l'écriture, le fait de la performance suffit à en faire pleinement une œuvre orale. Dans certains cas, la première réception a lieu en performance alors que les suivantes, ou un certain nombre d'entre elles, passent par l'écriture-lecture (ainsi, sans doute, de l'épopée médiévale ; les exemples modernes sont nombreux).

La performance, le facteur constitutif de toute poésie orale, en est l'instance de réalisation. D'où sa complexité, et les difficultés dues aux médiations, qu'elle comporte parfois. Les chercheurs l'ont souvent remarqué ; ainsi, Hymes, à propos de poèmes oraux amérindiens :

> One might sum up the three aspects of oral performance in terms of « verses », « expectations » and « voices ». When all three are fully realized in a performance, one would find the following. *Poetic form*: the organization in terms of verses, lines, stanzas, scenes... together with a disposition of markers of such organization. *Rhetorical form*: the organization in terms of sequences of onset, ongoing action, and outcome... *Vocal realization*: direct quotation, rather than reported speech; the taking of the voice of those who speak, differentiating them[18].

De même, Finnegan, de façon plus générale :

> ... with oral performances there can be problems. What is one to say, for instance, of the not unknown situation when one poet composes a piece for another to deliver... When both categories (composers and performers) proceed orally, there is no problem. But what about the case when the composition is written, and only the delivery or performance oral[19] ?

183

Les conventions, règles, normes régissant la poésie orale embrassent en effet, outre le texte, son occasion, son public, la personne qui le compose et celle qui le transmet. L'ensemble de ces termes, quand on les applique à la description d'une œuvre écrite, y désigne une multiplicité d'éléments plus ou moins secondaires, accompagnant l'entité textuelle ; en situation d'oralité, il renvoie à une fonction globale où sont engagés ensemble tous ces facteurs.

La performance met en œuvre, en leur attribuant une importance égale, le texte, ses « acteurs », des moyens ; et elle se situe parmi des circonstances qui, elles aussi, deviennent par là signifiantes. Les « acteurs » sont le diseur ou chanteur, et son public ; les moyens, la voix, le geste ou, aujourd'hui, le *medium*. L'idée de circonstances, en revanche, ne peut être trop simplifiée car, à la limite, elle embrasse tout le contexte événementiel et culturel ; il est néanmoins possible de la ramener aux catégories de temps et de lieu. La plupart des cultures, au cours de l'histoire, ont été si conscientes de l'inséparabilité de ces composantes de la performance, qu'elles les ont soigneusement codifiées, ou même ont distingué entre les genres poétiques oraux selon le degré de codification (le plus haut degré définissant le rite) : ainsi, généralement, en Afrique ; souvent, en Asie ; de façon moins nette, à plusieurs époques, en Europe (par exemple, aujourd'hui, l'exécution des hymnes nationaux). Plus la codification est forte, mieux le texte

---

18. Dell H. Hymes, « Discovering Oral Performance and Measured Verse in American Indian Narrative », *New Literary History* 8, 1976-1977, p. 440 *sq*.

19. Ruth H. Finnegan, *Oral Poetry. Its Nature, Significance and Social Context*, p. 20.

échappera, dans le cours du temps, au changement ; affaiblie ou inexistante, elle donne libre cours aux variations, qui ont souvent été (abusivement) considérées comme caractéristiques de l'oralité. La performance manifeste en effet, chez le diseur non moins que chez son auditeur, un savoir-faire, une compétence, qui révèle, dans telles circonstances particulières, un savoir-être commun : ce trait doit être socialement maintenu et confirmé ; d'où l'abondance des régulations de toute espèce imposées par les traditions, et qui donnent en général à la poésie orale, surtout dans les sociétés de type pré-moderne, une apparence beaucoup plus complexe que la poésie écrite. Mais ces régulations ont une visée concrète : en effet, quel que soit le sens du texte dit ou chanté, la performance impose à ce texte un référent primaire, évident, qui est de l'ordre du corps vivant.

Quant au moyen vocal mis en œuvre et qui constitue le *mode* de la performance, il se situe (du point de vue acoustique) au niveau, soit du *parlé*, soit du chant. Quoique la limite entre ces niveaux soit culturelle et diffère dans le temps, l'espace et les civilisations, toujours et universellement l'opération de la voix est perçue comme comportant deux registres. L'un (le *parlé*) n'utilise qu'une faible partie des ressources vocales ; le rôle de l'organe phonatoire consiste alors à émettre des sons conformes à diverses règles linguistiques (et éventuellement esthétiques) de nature conventionnelle : la voix reste comme en retrait, elle n'use pas complètement de sa liberté propre. Dans le registre chanté, au contraire, la voix éclate, rejette, au moins partiellement, les contraintes linguistiques ; elle épanouit ses capacités au point que la parole s'y exalte, même si parfois sa compréhensibilité diminue. Dans le *parlé*, le langage s'asservit la voix ; dans le chant, il se soumet à elle, se prête à son jeu. C'est là un déplacement de valeurs auquel, d'une manière ou d'une autre, toutes les cultures humaines ont été sensibles, dont elles ont cherché à tirer des effets, et que parfois elles ont codifié : souvent même, c'est ainsi que, dans l'esprit des usagers, se distinguent les genres poétiques oraux. Le chant relève en effet de l'art musical autant ou plus que de l'art poétique : il constitue à ce titre une pratique signifiante privilégiée, propre à toucher, dans l'auditeur, le point central sur lequel s'articule son univers symbolique : d'où une très forte personnalisation des rôles, interprète et auditeur se trouvant engagés dans une passion commune. Le *parlé* a tendance, au contraire, à atténuer l'importance de la présence physique de l'interprète, à la fondre parmi les circonstances. Ainsi s'explique sans doute le fait que, dans le monde contemporain, la seule véritable poésie de masse soit celle de la chanson.

Même dans le *parlé*, toutefois, tout élément musical n'est pas absent : il n'y a pas, en performance, de degré musical zéro : même un conteur adopte dans sa prose parlée une certaine scansion, un schème rythmique qui constitue une marque distinguant son conte d'un énoncé du langage courant. Si un diseur s'exprime en vers, cet effet s'accroît et se transforme en une musicalité spécifique. On se demande : à partir de quel point éprouve-t-on le sentiment de passer de la poésie à la musique proprement dite ? De quel côté ranger les lieder de Schubert, composés sur des poèmes de Schiller, Goethe ou autres poètes ? Ces questions sont mal posées : ce qui compte, du point de vue de l'oralité, c'est, dans tous les cas, la structuration vocale du texte, créatrice d'une forme globale ; c'est le fait de l'investissement progressif du langage par la musicalité. À l'extrême limite, le texte finit par se diluer en pures vocalises ou, comme chez les chanteurs de rock aujourd'hui, devient presque inaudible. Mais, de toute manière, voix et mélodie, parole et sonorités, activement unies en performance, produisent un même et unique sens.

185

Rien, dans ce qui fait la spécificité de la poésie orale, n'est concevable autrement que comme partie d'un ensemble signifiant où jouent couleurs, odeurs, formes visuelles mobiles et immobiles, animées ou inertes : cet ensemble constitue le « décor » où se projette l'œuvre poétique ; il se découpe, sans s'en dissocier, dans la continuité de l'existence sociale, où il marque un instant fortement chargé de significations symboliques.

C'est pourquoi toujours le temps et le lieu de la performance connotent (parfois, au point d'en effacer la dénotation) le message qu'elle transmet. Beaucoup de sociétés humaines ont exploité ce fait en le codifiant, lui aussi : en établissant une relation entre la transmission (ou l'audition) du message poétique et certains moments de la durée cosmique ou historique. Notre société moderne semble s'être libérée à cet égard ; pourtant, les exemples restent nombreux qui attachent pour nous certaines formes de poésie orale à des temps particuliers de l'histoire collective (ainsi, les chants révolutionnaires) ou individuelle. Le seul fait que, souvent, les performances soient organisées d'avance, programmées, annoncées, constitue une marque temporelle forte, signifiant que la communication poétique s'opère dans un temps privilégié, étranger à celui de l'expérience quotidienne. Il en va de même des lieux, car il n'est pas indifférent que la performance se produise dans un théâtre, dans une usine ou dans la rue : cette localisation concourt évidemment au sens global. L'histoire de la poésie orale européenne pourrait être faite de ce point de vue là. Pendant des siècles, le lieu favori des chanteurs et récitants fut la rue : non par hasard, mais en vertu d'un dessein d'intégration à la vie collective ; au 19e siècle, l'évolution des mœurs urbaines bourgeoises isola cette poésie dans des lieux déterminés : clubs, cafés, « guinguettes », « boîtes » ; d'où, par contraste, de nos jours, une revalorisation des espaces ouverts et publics.

L'exécutant, interprète de l'œuvre en performance, joue le rôle essentiel dans la transmission. Sans éclipser tout à fait l'auteur dans la conscience des auditeurs, il se manifeste seul et, dans la mesure où il prête au texte sa voix, où il fait voir, en le disant, son visage et son corps, il fixe sur lui l'ensemble des perceptions de l'auditoire. Toutes les puissances significatrices de la performance passent par lui, se réalisent dans et par son action. De là sans doute (dans notre société profondément marquée par les coutumes de l'écriture) l'idée fausse (mais très répandue) que la poésie orale est anonyme : beaucoup de folkloristes écartent purement ct simplement toute notion d'« auteur » des études sur la poésie orale. Cette position excessive n'en est pas moins significative. Parler de l'anonymat d'une œuvre, c'est avouer une ignorance insurmontable faute d'information suffisante : rien de plus. Pour une raison complémentaire, la performance (où l'information provient d'une présence, évidente) n'est jamais anonyme et, le plus souvent, l'auditeur se contente de la connaissance qu'il acquiert ainsi.

Une sorte de pacte lie l'auditeur à l'interprète. L'auditeur admet que l'œuvre transmise en performance, grâce à l'art de tel interprète qu'il entend et qu'il voit, est unique et non réitérable. Le même texte, dit ou chanté dans d'autres circonstances, par un autre interprète, ne sera pas tout à fait le même texte : ce qui diffère entre ces deux performances se définit principalement en termes de perception et d'émotion, c'est-à-dire par rapport à ce qu'a de plus personnel la réception de l'œuvre. L'auditeur contribue ainsi à la production de celle-ci. Des rapports de réciprocité s'établissent, en performance, entre l'interprète, le texte et l'auditeur, et provoquent l'interaction de chacun de ces trois éléments avec les deux autres. Même dans les sociétés qui ne permettent pas à l'auditeur d'intervenir directement dans la performance pour en modifier le cours, tout interprète adapte en quelque manière sa voix, son action, et les modalités du texte transmis à la nature, ou même aux réactions immédiates, de l'auditoire.

On pourrait ainsi sans paradoxe distinguer deux rôles dans la personne de l'auditeur : celui de récepteur et celui (au moins, virtuel) de co-auteur. Ce dédoublement tient à la nature de la communication interpersonnelle que constitue la performance, quelles que soient les modalités de celle-ci. Dans deux cas exceptionnels la personne de l'auditeur coïncide même avec celle de l'interprète (auteur apparent) : dans le chant ou la récitation solitaires (je chante ou récite pour moi-même) ou dans un certain type d'exécution chorale (une pluralité d'interprètes chante ou récite pour eux-mêmes). En toutes situations, c'est dans la performance et au niveau de l'auditeur-participant que se manifeste la dimension historique de la poésie orale. Telle est sans doute la raison profonde pour laquelle quelque forme de participation poétique performancielle constitue un élément indispensable de la socialité humaine, un facteur essentiel de la cohésion des groupes.

La voix, expansion du corps, suffit à le rendre présent lorsqu'un obstacle empêche la perception visuelle. Mais dès que celle-ci intervient, la présence prend un poids plus lourd, se fait plus concrète encore ; et la voix même, plus intensément vivante et signifiante. C'est pourquoi la performance requiert, en même temps que l'émission et l'audition d'une parole, « monstration » et vision, c'est-à-dire théâtralité.

L'objet principal ainsi offert à la vue (et dont le spectacle conditionne l'ensemble de la vision), c'est le corps d'où émane la voix. Les mouvements de ce corps se trouvent ainsi intégrés à une poétique. En fait, toutes les traditions de poésie orale à travers le monde ont associé voix et geste. Un certain modèle gestuel (souvent strictement codé) fait partie de la compétence de l'interprète et contribue à créer chez l'auditeur les conditions psychophysiologiques de la participation. En performance l'interprète, en même temps qu'il fait entendre sa voix, exhibe son corps : mais il n'en appelle pas ainsi à la seule visualité ; il s'offre à un contact, même si, par convention sociale, ce contact est rarement réalisé. Un élément érotique, plus ou moins diffus, imprègne ainsi la performance. Le corps de l'auditeur répond, ne serait-ce que de manière intérieure, à cette stimulation ; un désir s'éveille en lui, de répondre au geste par le geste, de se mouvoir, de danser.

Techniquement, la plupart des codifications gestuelles distinguent (en leur attribuant des valeurs symboliques diversifiées) trois niveaux de mouvement corporel : la mimique (regard et mouvements du visage) ; le geste au sens étroit (mouvement d'un membre, spécialement tête, buste, bras, mains) ; et la danse (mouvement complet du corps). Ces distinctions (qui servent parfois à la définition de genres poétiques) demandent toutefois à être complétées ou éclairées par celle qu'ont introduite, depuis quelques années, divers ethnologues entre les degrés de signification produite par la motion du corps. L'étude des faits africains, en particulier, a amené à opposer mouvements conventionnels et mouvements imitatifs ou descriptifs ; mouvements formulaires, indicatifs et explétifs. Plusieurs classifications ont été proposées qui toutes font ressortir le fait que le geste est corrélé à la musicalité de la performance plutôt qu'à la séquence linguistique transmise par la voix. Il peut donc rarement être interprété comme un signe proprement dit. De quelque manière que le groupe social l'utilise, la fonction du geste dans la performance manifeste le lien fondamental attachant, dans la genèse même, la poésie au corps humain. L'importance de ce fait a été ressentie, dans de nombreuses cultures, de façon si intense que le besoin est apparu d'accroître l'espace corporel en agrandissant la portée du geste ou en en accentuant les traits significatifs. Cet effet est atteint, soit par le grimage (qui accroît la visibilité et l'ampleur de la mimique), soit par le masque (qui fige les traits, dont l'immobilité se charge de sens et par contraste valorise les mouvements du reste du corps). Le vêtement, enfin (ou le port d'un objet particulier), peut concourir au même résultat, au niveau du corps entier. Les cultures traditionnelles en présentent de nombreux exemples; dans l'histoire européenne, l'un des plus notables fut la *commedia dell'arte*.

Au-delà du corps, ce sont les circonstances matérielles entourant la performance (son décor) qui se trouvent engagées dans ce procès global, multiple, complexe, de signification. Certaines traditions l'ont réglé avec soin; mais, même hors de toute codification, jamais le décor de la performance n'est indifférent à la manière dont est reçu le message poétique, ni à l'interprétation qu'en fait l'auditeur. En ce sens, peu de chose distingue, du théâtre, la poésie orale; et les exemples ne manquent pas de situations où la distinction perd toute pertinence. Dans toute performance, le théâtre est présent, comme une virtualité prête à se réaliser. L'usage des *media* masque le corps moins qu'il ne le semble. Historiquement, les *media* ont permis, de nos jours, à la société technologique de renouer des traditions (presque perdues à l'âge de l'écriture) de contact sensoriel et de convivialité concrète.

Disque, cassette, radio, *media* auditifs, éliminant la vision, atténuent l'aspect collectif de la réception; en revanche, ils touchent individuellement un nombre illimité d'auditeurs. Un appareil aveugle et sourd tient lieu d'interprète: la voix qu'il fait entendre est celle d'un être humain, l'auditeur le sait; mais cette conscience est, la plupart du temps, trop faible pour susciter une participation intense. L'imagination de l'auditeur lui permet de recréer en esprit les autres éléments de la performance: mais c'est là une opération intimement personnelle. La performance s'est intériorisée. Les *media* audiovisuels restituent l'image d'une présence totale et évitent à l'auditeur cette clôture symbolique. Pourtant, alors que la poésie orale directe engage l'auditeur, par son être entier, dans la performance, la poésie orale médiatisée laisse insensible quelque chose en lui. L'exemple de l'Afrique actuelle, où se sont répandus largement mais depuis peu d'années disque, radio et télévision, montre quelle mutation culturelle considérable constitue le passage de l'une à l'autre de ces deux oralités. La perte de la perception d'une présence physique constitue un traumatisme que seule la durée (donc, la formation de traditions nouvelles) permet de surmonter. Dans la performance médiatisée, la participation proprement dite (identification collective avec le message reçu, sinon avec celui qui le transmet) tend à faire place à une identification solitaire avec le modèle que semblent proposer, soit le message, soit son émetteur. La magie de la voix est néanmoins si forte qu'il suffit d'une circonstance favorable, d'une certaine conjoncture émotive, pour que se produise une rencontre entre plusieurs de ces solitudes, et que se retrouve une unanimité, souvent explosive, sinon violente, comme on l'a vu lors de certains grands rassemblements de jeunes.

IV- CRITÈRES CULTURELS DE CLASSIFICATION

Tous les effets décrits ci-dessus sont culturellement conditionnés, beaucoup plus fortement que les effets produits par l'écriture. Les caractères d'immédiateté et de présence physique propres à toute communication vocale interdisent de considérer la poésie orale du même point de vue critique que l'écriture. Les critères qui permettent de situer l'une et l'autre ne sont pas toujours fondamentalement différents ; mais leur importance relative et leurs combinaisons ne sont pas les mêmes. Certains d'entre eux, secondaires quand on envisage l'écriture, sont absolument prioritaires en ce qui concerne l'oralité : en particulier, ceux qui tiennent aux couples d'opposition présence/absence et proximité/éloignement, c'est-à-dire, pour l'essentiel, l'idée de distance.

189

Critères diachroniques

Historiquement, il convient de distinguer trois types d'oralité. Chacun d'eux correspond, en principe, à une situation particulière de culture. En fait, dans le monde contemporain, par suite de l'interpénétration des cultures, beaucoup de situations sont mixtes. La distinction reste néanmoins théoriquement valable.

Le premier type, l'oralité « primaire », ne comporte aucun contact avec l'écriture. Il se rencontre, soit dans les sociétés dépourvues de tout système de symbolisation graphique, soit (plus rarement) dans des groupes sociaux analphabètes complètement isolés. Historiquement ce type précède les autres. En Europe, il régna seul pendant des millénaires, avant que ne se répandent, tardivement, les écritures gréco-latines ou, dans le Nord, le système runique. Il détermina encore, durant le moyen âge, la situation réelle de larges couches du monde paysan, dont la vieille culture traditionnelle, opprimée, comporta une poésie d'oralité primaire, dont l'existence est indirectement prouvée mais dont les œuvres elles-mêmes sont irrémédiablement perdues.

Les deux autres types d'oralité ont pour trait commun de coexister, au sein du groupe social, avec l'écriture. On parlera d'oralité « mixte » lorsque l'influence de l'écrit demeure externe, partielle, ou s'exerce avec retard ; on la dira « seconde » lorsqu'elle se recompose à partir de l'écriture, au sein d'un milieu où celle-ci tend à affaiblir (jusqu'à les éliminer) les valeurs de la voix dans l'usage, dans la sensibilité et dans l'imagination. En inversant le point de vue, on peut dire que l'oralité mixte est provoquée par l'existence d'une culture « écrite » (au sens de : qui possède une écriture) ; l'oralité seconde, par confrontation avec une culture « lettrée » (où toute expression est plus ou moins fortement marquée par la présence de l'écrit). L'oralité seconde existe en régime d'hégémonie de l'écrit ; l'oralité mixte ignore cette hégémonie mais vit en régime de concurrence, où se dessinent des tensions, variables avec le temps et les registres d'expression (courant, technique, scientifique, juridique, etc. et poétique). Entre le 6ᵉ et le 16ᵉ siècle en Europe et en milieu urbain, tantôt l'un tantôt l'autre de ces types l'emporta, selon les régions et les classes sociales. Du 17ᵉ à la fin du 19ᵉ, l'évolution générale amena (avec de fortes différences régionales dans le rythme de cette évolution) la disparition quasi totale de l'oralité mixte, au profit de l'oralité seconde. Au 20ᵉ siècle, les données de la situation ont complètement changé, du fait de l'invention et de la diffusion des *media* sonores, puis audiovisuels (voir plus haut).

Critères synchroniques

Synchroniquement, quel que soit le type d'oralité, un fait détermine tous les autres : avant la création des *media* sonores, et contrairement à l'écriture, la communication orale est perçue uniquement dans le présent. Le poème oral peut se maintenir longtemps dans la mémoire de l'auteur, de l'interprète, des auditeurs ; mais sa concrétisation est discontinue et, chaque fois qu'elle se produit, le poème réémerge dans le présent. Or, dans l'ordre de la perception, le présent est celui d'un individu ou d'un groupe réels, à un moment précis de leur histoire. Il importe donc de tenir compte de ces divers éléments dans le classement des faits.

Pour l'observateur recueillant ceux-ci, il n'y a qu'un ensemble réel d'œuvres orales : l'ensemble de celles qu'il peut (ou pourrait) physiquement entendre, dans le présent actuel : c'est là un ensemble extrêmement étendu, entre les éléments duquel on constate deux espèces de diversification. D'une part, tout individu a la possibilité, grâce à des déplacements plus ou moins longs, d'entendre des poèmes, chansons, contes, etc. aussi bien chez lui, dans sa ville ou son village, à quelque distance, voire dans un pays lointain : sur ce plan purement spatial, les distinctions que l'on peut introduire sont d'ordre externe, fondées sur la géographie (on parle ainsi de la chanson allemande, de la poésie africaine, des contes hindous, du *rakugo* japonais, etc.) ou sur l'usage d'une langue naturelle (l'épopée bantoue, etc.). D'autre part, la distance entre l'observateur-auditeur et

190

le texte peut être d'ordre culturel, c'est-à-dire relative à un ensemble (complexe et parfois hétérogène) de représentations, comportements et discours communs à un groupe humain, dans un temps et un espace donnés. Pour celui qui les entend, les textes oraux apparaissent plus ou moins bien intégrés à sa propre culture vivante : une chanson de cabaret entendue dans sa langue et dans un lieu dont l'auditeur a l'habitude, ou le poème déclamé par un poète son compatriote, sont immédiatement perçus avec leurs implications psychiques, idéologiques, politiques, etc., c'est-à-dire dans leur fonction et leur nécessité. D'autres œuvres orales parviennent, en revanche, d'au-delà d'une distance petite ou grande, mais qui les rend opaques : l'auditeur en perçoit le charme, mais la fonction lui en reste obscure ou même incompréhensible. Ainsi, un citadin européen de la fin du 20e siècle à l'écoute d'une chanson paysanne traditionnelle de son propre pays, de contes folkloriques du pays voisin, de récits épiques de la Haute-Égypte ou d'incantations d'aborigènes australiens. Il est vrai que certains de ces effets de distance sont parfois produits aussi par l'écriture (lire à Berlin un roman classique chinois...), mais l'oralité les rend beaucoup plus forts puisqu'ils sont associés à la présence physique commune du locuteur ou chanteur et de l'auditoire.

L'opposition ainsi définie n'est pas toujours d'une parfaite netteté car elle dépend en partie du degré de conscience culturelle des individus ; elle reste néanmoins opératoire en synchronie. Diachroniquement, elle peut varier : telle œuvre, vivante pour une certaine génération, tombe, à la suivante, dans le folklore. Inversement, le *blues* américain tiré du folklore noir du sud des États-Unis a pris depuis le milieu du 20e siècle des racines vivaces dans la conscience culturelle moderne, bien au-delà de son terroir d'origine, du seul fait que sa « découverte » joua un rôle majeur dans l'évolution récente des techniques musicales et des formes du chant.

La fonction d'une poésie orale se manifeste par rapport à l'horizon d'attente des auditeurs. Indépendamment de tout jugement rationnel, et dans l'immédiateté de la communication, le texte entendu répond à une question que se pose l'auditeur : point d'ancrage du texte dans son affectivité profonde et ses fantasmes, dans son idéologie, dans ses habitudes personnelles. C'est de là que tirent leur force de persuasion de nombreux chansonniers et conteurs. Il se produit une sorte d'identification entre l'auditeur, le texte, son interprète, son auteur : identification accélérée lorsque l'audition a lieu dans le contexte de quelque grand mouvement de passion collective. Si les circonstances se dramatisent, l'œuvre communiquée peut susciter la participation chorale des auditeurs, qui en deviennent ainsi les interprètes. Tel est le cas des chants révolutionnaires, patriotiques, guerriers, religieux, toute cette poésie, de valeur inégale mais parfaitement enracinée dans la tradition orale vivante de chacune de nos nations. De toute manière, on a dans ce cas un fait de poésie fonctionnelle.

En revanche, lorsqu'elle provient d'un milieu culturel senti comme marginal ou tout à fait étranger, la poésie orale est perçue par l'auditeur (à des degrés divers, selon les circonstances et les individus) comme différente : elle manque d'attache vitale en lui, ne suscite pas de réponse immédiate ; elle apparaît mineure ou exotique. Son audition procure parfois un grand plaisir : mais celui-ci tient justement à sa différence.

Aujourd'hui, toute forme de poésie orale se détache ainsi sur un arrière-fond puissamment dramatisé. Une culture liée à la civilisation technologique en voie d'universalisation domine la sensibilité et l'imaginaire de la plupart des peuples, et y impose ses stéréotypes. Au sein de l'espace européen et américain, il a suffi de deux siècles pour déséquilibrer, folkloriser et en partie anéantir les vieilles cultures locales ; en Asie et en Afrique, le même processus, pour n'avoir pas tout à fait atteint son terme, est devenu irréversible, et il s'accélère de jour en jour. Or, ces cultures étaient en grande partie fondées sur l'oralité, alors que la nôtre a été, jusqu'ici, liée à l'hégémonie de l'écrit. D'où, par ailleurs, le fait que les réactions de défense, parfois qualifiées de « contre-culture », mouvements contestataires ou marginaux, associent souvent leur action à diverses manifestations d'oralité, spécialement par le moyen du chant, qui se trouve ainsi fortement fonctionnalisé et, en quelques cas, ritualisé.

Cette situation amène à distinguer, à l'époque contemporaine, deux catégories de poésie orale, selon que celle-ci est ou n'est pas enracinée dans l'existence sociale des individus ; en d'autres termes, selon qu'elle y remplit ou non une fonction clairement perçue par la collectivité. Cette distinction est valable par elle-même, quoique le classement qu'elle permet varie dans l'espace et dans le temps : à chaque époque de l'histoire et, en principe, dans chaque région du monde, coexistent des formes fonctionnelles et des formes peu ou pas fonctionnelles de poésie orale. La séparation entre elles n'est évidemment pas la même, par exemple, pour un Européen du 13ᵉ ou du 20ᵉ siècle ; ni, au 18ᵉ, pour un Européen et un Chinois... Par rapport aux sociétés vivant dans la civilisation technologique d'aujourd'hui, notre monde comporte deux types de traditions poétiques ayant perdu, ou en voie de perdre, toute fonctionnalité. Ce sont celles qui appartiennent à des cultures menacées d'assimilation ou d'étouffement, mais possédant encore, malgré leur affaiblissement, une certaine cohésion interne : ces formes sont senties comme des survivances. D'autres appartiennent à des cultures d'ores et déjà désintégrées, qui parfois ne survivent que dans la mémoire de quelques individus isolés : ce sont alors de simples reliques. Exemples de

« survivances » : la poésie des ballades balkaniques, spécialement en Roumanie, à l'époque où elles furent recueillies, en très grand nombre, dans les années 1950-1960[20] ; les *bylines* russes jusque dans les années 1930[21] ; plusieurs des grandes épopées asiatiques, comme le *Gesar* au Tibet, ou le *Ulahingan* aux Philippines. Exemples de « reliques » : la plupart des chansons de bergers recueillies dans les montagnes d'Europe ; et sans doute le *Heike* japonais. La poésie du folklore européen et nord-américain se répartit entre les deux catégories, mais tend à se réduire à l'état de relique.

Entre poésie fonctionnelle et survivance, la différence tient parfois au seul point de vue de l'observateur : ainsi, beaucoup d'antiques formes traditionnelles de poésie orale assument encore une fonction forte dans l'existence de communautés villageoises d'Afrique noire (par exemple, les chants de deuil), mais apparaissent comme des survivances aux citadins du même pays ou aux ethnologues. Au cours des années 1960, Jackson recueillit, dans quelques prisons du sud des États-Unis, des chants de prisonniers, très fortement fonctionnalisés pour ceux qui les chantaient, mais remontant à d'anciens chants d'esclaves[22]. En France, une partie (infime) des chansons du folklore paysan des 18e et 19e siècles a été sauvée grâce à une mutation fonctionnelle qui en a fait des chansons enfantines ; celles-ci étaient encore très vivantes, comme telles, vers 1960[23]. En revanche, une forme ou un texte tombé au statut de relique ne peut guère se refonctionnaliser que si, recueilli par un artiste, il entre parmi les éléments d'une création originale. Dans un contexte culturel très différent du nôtre, c'est sans doute ce qui se produisit au moyen âge lorsque les dernières reliques d'une très vieille poésie orale de tradition populaire furent intégrées à la poésie de cour par les troubadours, trouvères et *Minnesänger*.

Les poésies aujourd'hui « folkloriques » de l'Ouest européen (Angleterre, France, Espagne, Portugal) offrent un bon exemple historique de ces variations. Ce corpus de chansons et de contes ne fait, en Europe même, que survivre, de

193

20. Alexandru I. Amzulescu, *Balade populare românesti*, Bucarest, Editura pentru Literatura, 1964.

21. Nora K. Chadwick et Viktor M. Žirmunskij, *Oral Epics of Central Asia*, Cambridge, Cambridge University Press, 1969, p. 321 *sq*, 336.

22. Bruce Jackson, *Wake Up Dead Man: Afro-American Work Songs from Texas Prisons*, Cambridge (Mass.), Harvard University Press, 1972.

23. Henri Davenson (pseudonyme d'Henri-Irénée Marrou), *Le livre des chansons, ou introduction à la connaissance de la chanson populaire française : s'ensuivent cent-trente-neuf belles chansons anciennes choisies et commentées*, Neuchâtel, Éditions de la Baconnière et Paris, Éditions du Seuil, coll. « Les Cahiers du Rhône », 1955, p. 60 *sq*.

plus en plus artificiellement : et bien des éléments en sont, au cours des deux
dernières générations, complètement tombés dans l'oubli. Or, à une époque
où ses traditions conservaient encore leur pleine fonction sociale, aux 16ᵉ et
17ᵉ siècles, cette poésie avait été importée sur le continent américain. Elle s'y
adapta à des conditions nouvelles, et s'y développa de façon originale, au point
de constituer, aux 18ᵉ et 19ᵉ siècles, plusieurs ensembles fortement typés. Ceux-
ci demeuraient dans la continuité des traditions européennes, et étaient sentis
par les usagers comme un simple prolongement de ces traditions. Ainsi, on a
relevé au Québec des milliers de chansons composées, il y a un, deux, voire
trois siècles, en milieu colonial, sur des modèles venus de France (ou même
malgré la différence des langues, d'Écosse). Cette poésie était encore pleinement fonctionnelle au Nouveau Monde quand déjà, vers 1880, elle se mourait
en France[24]. Même phénomène dans l'Amérique anglaise, où des genres comme
le *hillbilly* ou les « chansons de l'Ouest », qui avaient tiré leur sève de la vieille
tradition des ballades anglaises et irlandaises, étaient bien vivants encore aux
alentours de 1920[25]. L'Amérique latine est, de ce point de vue, plus riche encore.
On a recueilli et publié récemment au Mexique plus de dix mille *coblas* « populaires » remontant à d'anciennes traditions espagnoles[26]. Dès le milieu du
19ᵉ siècle ont été signalés, dans la plupart des pays hispanophones d'Amérique
centrale et méridionale, des surgeons du *Romancero* ibérique, qui souvent
comportent une mutation thématique, mais conservent intactes la plupart des
structures formelles[27]. Le *corrido* mexicain provient sans doute de la même
souche[28]. Au Brésil, la même veine alimente en partie la *litteratura de cordel*,
semi-vocale (conservation par écrit, mais diffusion orale), qui, dans les années

194

24. Jean-Claude Dupont, *Héritage d'Acadie*, Montréal, Leméac, coll. « Connaissance »,
1977 ; Jean-Guy Rens et Raymond Leblanc, *Acadie, expérience : choix de textes acadiens, com-
plaintes, poèmes et chansons*, Montréal, Parti pris, coll. « du chien d'or », 1977.

25. Tristram P. Coffin, *The British Traditional Ballad in North America*, Philadelphie,
The American Folklore Society, 1950.

26. Margit Frenk Alatorre, *Cancionero folklórico de México*, Mexico, Colegio de
México, 1975-1977.

27. Ramón Menéndez Pidal, *Romancero hispánico, hispano-portugués, americano y
sefardi. Teoria e historia*.

28. Vicente T. Mendoza, *El Romance español y el corrido mexicano. Estudio compa-
rativo*, Mexico, Ediciones de la Universidad nacional autónoma, 1939.

1960-1970 encore, jouait un rôle social important parmi les populations du Nord-Est[29].

On voit ainsi une même tradition s'éteindre en un lieu, et simultanément prendre ailleurs une vigueur nouvelle, selon qu'elle a été capable ou non de résister à une mutation de la société. Lorsque cette mutation a atteint un point critique et touche à des valeurs éprouvées jusqu'alors comme essentielles, la tradition poétique orale se trouve mise en cause dans le lien vital qui l'attache à l'existence sociale de l'homme. Ainsi, l'industrialisation de l'Europe a tué la tradition très ancienne des chansons de travail; aux États-Unis, le même phénomène, vécu dans le contexte de la conquête de l'Ouest, de l'aventure des pionniers et de l'épopée des chercheurs d'or, n'a pas eu le même effet mais a permis au contraire la création et l'essor de toute une poésie qui, à moyen terme, alimenta le *folksong* et, indirectement, l'ensemble assez varié des *protest songs* des années 1960.

195

L'accélération du temps historique, propre à la culture engendrée par la civilisation technologique, joue au détriment des formes de poésie «traditionnelle», dont la force expressive et le sens proviennent, pour une part, de leur continuité et de leur ancienneté. Une très puissante motivation sociale (c'est-à-dire une très vigoureuse re-fonctionnalisation) est nécessaire pour que la forme ressurgisse par-delà la rupture de la continuité traditionnelle. Dans les exemples cités ici, l'existence de cette motivation ne fait pas de doute. Les cas semblables sont nombreux dans l'histoire récente: ainsi, l'usage fait par les partis politiques du Nigeria des chants alternés d'invective propre à la tradition Yoruba.

V- Y A-T-IL DES FORMES ORALES SPÉCIFIQUES?

La question peut se reformuler ainsi, en termes critiques conventionnels: y a-t-il une «littérarité» orale, différente de celle qui fait d'un écrit une œuvre littéraire? La différence des registres en cause (voix, d'une part; lettre, de l'autre) implique que les exigences correspondantes sont fondamentalement différentes. Ni le niveau où se constitue la forme (vocale, d'une part; écrite de l'autre) ni les procédures qui la produisent ne peuvent être identiques. Il faut toutefois distinguer deux perspectives, selon que l'on considère l'oralité comme telle, en général, ou le texte oralement transmis.

Du fait de la performance, la structuration poétique, en régime d'oralité, s'opère moins par des procédés stylistiques que par une dramatisation du discours. La norme est moins définissable en termes de linguistique que de sociologie.

29. Paul Zumthor, «L'écriture et la voix (d'une littérature populaire brésilienne)», *Critique*, vol. 36, n° 394, 1980, p. 228-239.

Ce caractère amène à distinguer l'œuvre et le texte (qui, dans l'écrit, coïncident) : l'œuvre embrasse la totalité des éléments de la performance ; le texte est la séquence linguistique auditivement perçue. Le texte est l'une des composantes de l'œuvre ; l'œuvre n'existe pas sans le texte ; mais elle n'existerait pas non plus sans ses autres composantes. D'où la difficulté que l'on éprouve à saisir ce qu'ont de spécifique les formes textuelles orales : isolées du reste de la performance, elles perdent leur identité. Le texte à destination orale, en effet, devient art au sein d'un lieu émotionnel manifesté en performance, lieu d'où procèdent et où tendent à revenir toutes les énergies constituant l'œuvre vive. C'est la performance, et elle seule, qui transmue la communication orale en objet poétique, lui confère socialement l'identité en vertu de laquelle on la perçoit comme poème.

196   Cette interpénétration du texte et des facteurs performanciels apparaît clairement aux yeux de l'ethnologue ou du critique (s'il n'est pas aveuglé par des habitudes venues de l'écriture) lorsqu'il tente de définir, au sein de la poésie orale, des genres particuliers. La définition, en effet, est toujours contrainte de déborder plus ou moins le plan linguistique, et d'embrasser, avec les modalités langagières des textes, divers éléments expressifs non linguistiques, lesquels dépendent de circonstances, elles-mêmes liées à la fonction sociale remplie par la performance. Ainsi, aucune définition de l'épopée ou du conte merveilleux ne résiste à l'examen si elle ne tient pas compte des règles mimiques ou de l'espace de jeu corporel et collectif que comportent ces genres.

C'est donc par un pur artifice d'analyse (nécessaire, mais dont il ne faut pas être dupe) que l'on peut étudier séparément les formes *textuelles* (celles qui régissent le *texte oral*, au sens étroit), et les formes « socio-corporelles » qui, encadrant, soutenant et orientant les premières, constituent avec elles l'œuvre proprement dite. La désignation de ces deux séries de formes (au pluriel) ne doit pas faire oublier qu'ensemble elles constituent une forme unique, la seule « forme » de chacun des poèmes réalisés en performance.

Les formes « socio-corporelles » sont toutes celles qui résultent d'une formalisation de la présence et de l'action du corps individuel (voix, geste, costume, etc.) et du corps social (mouvements physiques et psychiques, inter-relations performancielles, rapports avec l'univers ambiant).

Quant aux formes textuelles, c'est en 1936 que pour la première fois fut suggéré (par J. Meier à propos du *Kudrun* médiéval[30]) que la poésie orale possédait des règles et tendances stylistiques propres, assez facilement discernables par opposition à celles de la poésie écrite. Depuis lors, de très nombreux travaux

---

30. John Meier, *Balladen*, vol. 1, Leipzig, P. Reclam, 1935, p. 15, 31, 52, 55.

ont été consacrés à cette question. Les plus notables ont eu pour objet la poésie épique des sociétés traditionnelles et du moyen âge européen. À la suite des travaux de l'Américain M. Parry, puis de son disciple A. B. Lord, une véritable école s'est formée et est largement représentée aujourd'hui dans les pays anglo-saxons et en Allemagne[31]. Les recherches de ces savants (ethnologues, anthropologues, médiévistes) sont polarisées par une théorie dite « formulaire ». Celle-ci s'est constituée d'abord en vue d'expliquer les poèmes d'Homère à la lumière de techniques épiques observées, vers 1935, chez des chanteurs yougoslaves. Dès la fin des années 1950, on l'avait appliquée, simultanément, à d'autres chants épiques encore vivants (ainsi, les ballades roumaines), à l'ancienne poésie anglo-saxonne et germanique, puis au *Romancero* et aux chansons de geste françaises. L'idée de base est que le discours épique oral procède par reprise d'éléments expressifs nucléaires, les « formules », dont les combinaisons et la variation constituent une trame linguistique et poétique sur laquelle se brodent les éléments non formulaires conférant son sens propre au récit.

J. Rychner décrivait ainsi le mode de composition des épopées médiévales :

> Le jongleur va traiter son thème de façon presque entièrement traditionnelle, grâce à des motifs stéréotypés sur le plan du récit aussi bien que dans l'expression ; sur le plan du récit ces motifs isoleront certains moments, toujours les mêmes, et dans l'expression ces moments seront rendus de façon analogue par les mêmes formules. Les motifs sont essentiels à la composition et à la mémorisation des chansons. Ceux qui ont étudié l'épopée yougoslave ont noté, quant à la composition, que le chanteur qui maîtrise bien sa gamme de motifs peut composer sans notes écrites. Les motifs, allégeant sa mémoire, lui permettent, libéré du détail, de se concentrer sur le dessin d'ensemble de la chanson. La composition par motifs, qui doit son existence à l'absence d'écriture, est une technique qui remplace, dans une certaine mesure, la graphie. Les motifs importent autant à la mémorisation : un chanteur en pleine possession des motifs et des formules traditionnels peut reproduire un chant qu'il n'a entendu qu'une fois ; il appliquera sa mémoire à la trame générale du récit, qui est généralement simple, sans se soucier trop de la lettre du chant ; il retiendra, par exemple, qu'en tel endroit du récit, les héros se battent, mais ne cherchera pas à mémoriser ce combat, car il sait, de métier, raconter un combat : le moment venu, il développera sans difficultés le motif traditionnel[32].

31. Edward R. Haymes, *A Bibliography of Studies Relating to Parry's and Lord's Oral Theory*, Cambridge (Mass.), Harvard University Press, 1973.

32. Jean Rychner, *La chanson de geste : essai sur l'art épique des jongleurs*, Genève-Lille, E. Droz-Giard, coll. « Société des publications romanes et françaises », 1955, p. 127.

La « théorie formulaire » eut, dans les années 1960 et 1970, un succès universel, en particulier en Allemagne. La bibliographie qu'en publia en 1985 J. M. Foley réunit plus de deux mille titres, en toutes langues[33] ! Chaque titre est suivi d'un bref commentaire, ce qui permet un survol de cet immense champ de recherche et de réflexion. Il est d'autant plus nécessaire d'émettre une importante réserve : la théorie formulaire ne touche pas à ce qu'il y a d'essentiel dans l'oralité poétique. D'une part, elle ne s'est prouvée tout à fait pertinente que dans son application à un corpus européen, ce qui interdit de lui attribuer une valeur universelle ; d'autre part, elle s'applique mal à d'autres genres que l'épopée : elle comporte alors tant d'exceptions qu'elle perd sa signification.

En dehors de cette théorie aujourd'hui battue en brèche, les recherches portant sur les formes textuelles orales sont dues jusqu'ici aux seuls ethnologues ou folkloristes, et sont en général des monographies dont les auteurs, conscients ou non de la complexité du problème, se gardent de généraliser. Chez plusieurs observateurs, le fait que l'œuvre existe seulement en performance crée l'impression que son aspect verbal est moins soigné que son aspect rythmique ou musical. Il n'est pas certain que cette impression soit toujours fausse. Les exécutants interrogés sur leur art, dans des sociétés à dominance orale, le décrivent en termes évoquant une maîtrise du jaillissement discursif, l'élaboration progressive d'un sens (lié à l'ensemble de la situation performancielle) au moyen d'une large gamme de techniques dont chaque ethnie, et parfois chaque chanteur, détient la propriété. Ce qui finalement importe au poète oral, c'est l'harmonie qu'il peut établir entre l'intention formalisante régissant le texte du poème, et une autre intention, moins nette, diffuse dans l'existence sociale du groupe auditeur. L'art des paroles a un autre but que lui-même. Il est assumé par un art vocal qui le déborde de toutes parts, et tient à des racines anthropologiques si profondes que, en quelque mesure, il reste « primitif ». Or, les études d'ethnolittérature menées depuis les années 1930, 1940, 1950, en particulier parmi diverses populations de l'Asie tenues pour peu évoluées, tendent à prouver l'extrême complexité du discours « primitif ». On en vient à se demander si le langage poétique oral, comme tel et en toute circonstance, ne comporte pas l'intention fondamentale de compliquer (pour les rendre plus signifiantes ?) les structures du discours.

Sans doute aucun des procédés textuels qui ont été, çà et là, relevés dans la poésie orale n'appartient exclusivement à celle-ci. Certains semblent moins fréquents dans l'écrit, et font donc, statistiquement, plutôt figure de traits d'oralité.

33. John Miles Foley, *Oral-Formulaic Theory and Research: An Introduction and Annotated Bibliography*, New York et Londres, Garland Pub., 1985.

Il est, dans l'état actuel des connaissances, difficile d'affirmer davantage. On peut citer, comme les plus caractéristiques peut-être, les traits suivants :

concernant l'ensemble textuel

— une certaine absence d'unité du texte oral ; celui-ci, la plupart du temps, est multiple, cumulatif, bariolé, et même divers jusqu'au contradictoire ;

— ce caractère est lié au fait que le texte montre une forte tendance à intégrer des matériaux (thématiques ou stylistiques) de réemploi, au point de ressembler parfois à une composition par collage ;

— le même caractère explique peut-être que, le plus souvent, le texte, surtout s'il n'est pas chanté, comporte un signal marquant son début (ainsi, « Il était une fois » dans le conte), comme pour indiquer que l'on émerge en cet instant du flot des discours ordinaires, et que l'on passe sur un autre plan de l'expression ;

— la poésie orale, d'où qu'elle vienne, témoigne d'une surprenante inaptitude à verbaliser les descriptions d'objets, de personnages ou de situations... comme si le geste de l'exécutant pouvait y suppléer ; sur le plan linguistique, la description se réduit presque toujours à un simple cumul qualificatif sans perspective ;

— la recherche d'une unité textuelle compensatoire semble être à l'origine du fait que la poésie orale, en toute culture, a élaboré des genres très brefs (poèmes de deux, trois, quatre vers ; exposés gnomiques réduits à une sentence ; chansons d'une durée de quelques secondes, etc.) ; ces genres sont strictement formalisés, et souvent d'une grande complexité : le temps du discours, écrasé et surchargé de valeurs allusives, ne laisse place qu'aux éléments nucléaires de la phrase, interdisant tout alourdissement circonstanciel. Cette règle de brièveté domine encore, dans notre société, le genre de la chanson (diffusée sur disque ou par radio), dont il est conventionnellement admis que sa durée normale ne doit pas excéder trois à quatre minutes ;

concernant le tissu linguistique du texte

— les divers procédés stylistiques relevés dans les poèmes oraux comportent en général un aspect phonique : la manipulation du donné linguistique tend à provoquer toute espèce d'échos sonores, ainsi qu'à accuser la scansion rythmique ;

— ce trait ne doit pas être dissocié d'un autre, plus général, qui est la fréquence des effets de récurrence ; ceux-ci peuvent affecter, isolément ou ensemble, n'importe lequel des niveaux textuels : sons, syllabes, mots, phrases, images, idées, motifs, etc. Un lien fonctionnel semble attacher cette pratique à l'exercice performanciel (vocal et gestuel) ; elle constitue sans doute un facteur de théâtralité ;

199

— en syntaxe, la construction paratactique est fréquente : les éléments du discours ont tendance à se juxtaposer plutôt qu'à se subordonner ; à la limite, les verbes disparaissent, le discours n'est plus qu'une suite substantivale ;

— divers procédés, d'usage fréquent, servent à intégrer dans la structure du discours l'aspect interpersonnel de la performance : digressions prospectives ou rétrospectives, apostrophes, exclamations, passages de la 3e à la 2e personne, impératifs, etc., créant une tension dramatique générale ;

— le vocabulaire est rarement celui du langage courant, dont il se distingue assez nettement. Dans les sociétés traditionnelles, il est souvent ritualisé, et possède dans chaque genre poétique une certaine spécificité, qui peut toucher même à la prononciation. Dans le monde moderne, l'influence du langage écrit est très forte dans le choix des mots. De toute manière, et même de nos jours encore dans la chanson, la coloration générale de ce vocabulaire est plus ou moins archaïque, comme si la voix revendiquait, en plus de son autorité propre, celle d'une tradition vénérable.

(octobre 1989/1994)

Bibliographie

Ouvrages généraux

BÄUML, BETTY J. et BÄUML, FRANZ H., *Dictionary of Gestures*, Metuchen (N.J.), Scarecrow Press, 1975.

BAUSINGER, HERMANN, *Formen der « Volkspoesie »*, Berlin, Erich Schmidt, 1968.

BOWRA, CECIL MAURICE, *Heroic Poetry*, Londres, McMillan, 1952.

FINNEGAN, RUTH H., *Oral Poetry. Its Nature, Significance and Social Context*, Cambridge, Londres et New York, Cambridge University Press, 1977.

FOLEY, JOHN MILES (dir.), *Oral Traditional Literature: A Festschrift for Albert Bates Lord*, Columbus, Slavica, 1981.

— *Oral-Formulaic Theory and Research: An Introduction and Annotated Bibliography*, New York et Londres, Garland Pub., 1985.

— *Comparative Research on Oral Traditions: A Memorial for Milman Parry*, Columbus, Slavica, 1987.

GOODY JACK, *The Domestication of the Savage Mind*, Cambridge, Londres et New York, Cambridge University Press, 1977.

HAVELOCK, ERIC A., *Preface to Plato*, Cambridge, Belknap Press of Harvard University Press, 1963.

HAYMES, EDWARD R., *A Bibliography of Studies Relating to Parry's and Lord's Oral Theory*, Cambridge (Mass.), Harvard University Press, 1973.

— *Das Mündliche Epos: Eine Einführung in die « Oral-Poetry » Forschung*, Stuttgart, J. B. Metzler, 1977.

LORD, ALBERT BATES, *The Singer of Tales*, Cambridge (Mass.), Harvard University Press, 1960.

McLUHAN, MARSHALL, *The Gutenberg Galaxy: The Making of Typographic Man*, Toronto, University of Toronto Press, 1962.

ONG, WALTER J., *The Presence of the Word: Some Prolegomena for Cultural and Religious History*, New Haven et Londres, Yale University Press, 1967.

— *Interfaces of the Word: Studies in the Evolution of Consciousness and Culture*, Ithaca et Londres, Cornell University Press, 1977.

— *Orality and Literacy: The Technologizing of the Word*, Londres, Methuem, 1982.

ZUMTHOR, PAUL, *Introduction à la poésie orale*, Paris, Éditions du Seuil, coll. «Poétique», 1983.

— *La lettre et la voix: De la littérature médiévale*, Paris, Éditions du Seuil, coll. «Poétique», 1987.

201

La voix et la vocalité

CALAME-GRIAULE, GENEVIÈVE, *Ethnologie et langage: la parole chez les Dogon*, Paris, Gallimard, coll. «Bibliothèque des sciences humaines», 1965.

FÓNAGY, IVÁN, *La vive voix: essais de psycho-phonétique*, Paris, Payot, coll. «Langages et sociétés», 1983.

JOUSSE, MARCEL, *L'anthropologie du geste*, Paris, Gallimard, coll. «Voies ouvertes», 1974.

TOMATIS, ALFRED, *L'oreille et le langage*, Paris, Éditions du Seuil, coll. «Points Sciences», 1978.

VASSE, DENIS, *L'ombilic et la voix: deux enfants en analyse*, Paris, Éditions du Seuil, coll. «Le Champ freudien», 1974.

Aspects de la poésie orale

AMZULESCU, ALEXANDRU I., *Balade populare românesti*, Bucarest, Editura pentru Literatura, 1964.

ANDERS, WOLFHART H., *Balladensänger und mündliche Komposition: Untersuchungen zur englischen Traditionsballade*, Münich, W. Fink, 1974.

CHADWICK, NORA K. et ŽIRMUNSKIJ, VIKTOR M., *Oral Epics of Central Asia*, Cambridge, Cambridge University Press, 1969.

CHOPIN, HENRI, *Poésie sonore internationale*, Paris, J.-M. Place, coll. «Trajectoires», 1979.

COFFIN, TRISTRAM P., *The British Traditional Ballad in North America*, Philadelphie, The American Folklore Society, 1950.

DAVENSON, HENRI (pseudonyme d'Henri-Irénée Marrou), *Le livre des chansons, ou introduction à la connaissance de la chanson populaire française: s'ensuivent cent-trente-neuf belles chansons anciennes choisies et commentées*, Neuchâtel, Éditions de la Baconnière et Paris, Éditions du Seuil, coll. «Les Cahiers du Rhône», 1955.

FINNEGAN, RUTH H., *Oral Literature in Africa*, Nairobi, Oxford University Press, 1976.

GÖRÖG-KARADY, VERONIKA, *Littérature orale d'Afrique noire: bibliographie analytique*, Paris, G.-P. Maisonneuve et Larose, 1981.

GREENWAY, JOHN, *American Folksongs of Protest*, New York, Barnes, 1960.

JACKSON, BRUCE, *Wake Up Dead Man: Afro-American Work Songs from Texas Prisons*, Cambridge (Mass.), Harvard University Press, 1972.

MENÉNDEZ PIDAL, RAMÓN, *Romancero hispánico, hispano-portugués, americano y sefardi. Teoria e historia*, Madrid, Espasa-Calpe, 1953.

ZUMTHOR, PAUL, « Paroles de pointe : le rakugo japonais », *Nouvelle Revue Française*, n° 337, février 1981.

Résumés/Abstracts

Théâtre et intermédialité.
Une rencontre tardive

JEAN-MARC LARRUE

▶ Tandis que le théâtre profite de temps immémoriaux des avancées de la technologie et des ressources d'autres pratiques artistiques pour «représenter» plus efficacement l'intermédialité qui, justement, traite de ces mouvements complexes et omnidirectionnels entre médias, arts et technologies, s'est jusqu'à présent peu préoccupée du théâtre. Et, de leur côté, les études théâtrales commencent à peine à s'ouvrir à l'approche intermédiale. Qualifié d'«hypermédia» (Kattenbelt) ou de média «combinatoire et intégrateur» (Elleström), le théâtre pourrait pourtant bien être, historiquement parlant, la pratique intermédiale par excellence. Comment alors expliquer cette rencontre si lente et si tardive entre le théâtre et l'approche intermédiale? La réponse réside en partie dans l'élaboration et la prégnance d'un discours de résistance médiatique qui fait de la présence — de l'acteur et du spectateur — un trait distinctif et originel de la pratique. Suivant cette logique essentialiste, les technologies de reproduction sont présentées comme des dangers et le recours à certaines d'entre elles comme une «trahison de la promesse ontologique du théâtre» (Phelan). En raison de la primauté qu'elle accorde aux relations, l'approche intermédiale est évidemment peu préoccupée par les questions d'identité et de territoire — et donc de frontières. Elle est, elle-même, une menace au discours essentialiste qui a marqué le champ du théâtre pendant près de trois quarts de siècle.

▶ Theatre has always benefited from technological developments and from the inputs of different artistic practices in the staging of effective "representation." However, intermedial research—precisely based on such complex exchanges between media, arts and technologies—has yet to fully consider theatrical activity. As for theater studies, they are just beginning to really open up to intermedial approaches. And yet, whether by being hypermedia (Kattenbelt) or "combinatory and integrating" media (Elleström), theater could turn out to be, historically speaking, the intermedial practice *par excellence*. How then to explain such a slow and late encounter between theatre and intermedial approaches? The answer lies in part in the elaboration and in the importance of a media resistance attitude which regards presence—that of the actor and of the spectator—as a distinctive and fundamental aspect of theatre activity. According to such an essentialist logic, reproduction technologies are seen as dangers, and the use of some of them as a "betrayal of theater's ontological promises" (Phelan). Because intermedial approaches give a lot of importance to relationships, they do not tend to consider identity and territorial issues—limits and borders. Intermedial approaches are in turn a threat against the essentialist views that have influenced theatre for almost three quarters of a century.

After Brecht: the Impact (Effects, Affects) of Intermedial Theatre

ROBIN NELSON

▶ En s'appuyant sur des exemples tirés de la pratique contemporaine, cet article examine certaines affirmations formulées quant à l'impact du théâtre intermédial. Plus précisément, nous considérons les références faites à Brecht dans un tel contexte et nous distinguons le politique de l'esthétique chez Brecht. L'objectif visé par les praticiens intermédiaux — soit de bouleverser la contenance de ceux qui font l'expérience de leurs œuvres en plus de susciter de nouvelles perceptions par l'intervention d'un jeu radical entre les médiums — semble faire écho, au moins en ce qui a trait aux principes de composition, à la « séparation brechtienne des éléments ». Cependant, sur le plan politique, le drame brechtien visait la compréhension élargie d'individus isolés, en incitant le spectateur à envisager son expérience en rapport à un processus historique ; mais cette position marxiste tenait à un contexte qui a grandement changé après 1968, avant d'être entièrement métamorphosé après 1989. Nous soutenons ainsi dans cet article qu'une nouvelle formulation est exigée, une formulation des impacts des nouvelles perceptions suscitées par les pratiques intermédiales contemporaines. Finalement, nous considérons brièvement la position de

Rancière quant au choc des éléments hétérogènes au sein de la pratique inter-médiale.

▶ This article addresses claims made about the impact of intermedial theatre with reference to examples of contemporary practice. In particular it makes references to Brecht in this context and differentiates between Brechtian politics and aesthetics. The professed aim of intermedial practitioners to dislocate the bearings of experiencers of their work and to afford new perceptions by means of a radical play between mediums appears to resonate, at the level of principles of composition, with Brecht's "radical separation of the elements." However, at the level of politics, Brecht's drama sought a broader understanding of isolated individuals by inviting audiences to see their experience in connection with a total historical process. But, regarding the Marxist trajectory in which Brecht's practice was located, the context changed markedly post-1968, and beyond recognition post-1989. The article thus proposes that a new formulation is required of the impacts of new perceptions elicited by contemporary intermedial practices and ends with a brief consideration of Rancière's account of the clash of heterogeneous elements in intermedial practice.

205

Le « projet multithéâtral »
Transformations intermédiales des scènes italiennes contemporaines

ERICA MAGRIS

▶ Cet article s'intéresse à un mode de création théâtrale systématisé par les compagnies expérimentales italiennes de la « Génération 90 » au début du 21e siècle, que nous proposons d'appeler « projet multithéâtral » : l'artiste de théâtre conçoit la création comme un processus de longue ou moyenne durée, dans lequel il avance par étapes, en réalisant non seulement des spectacles, mais en se consacrant aussi à d'autres formats artistiques. Dans l'histoire des compagnies, la mise en œuvre de cette méthode de travail correspond à l'affirmation de l'usage des technologies numériques du son et de la vision. À travers l'observation de deux exemples, le projet *L'ospite* (*Le visiteur*, 2003-2004), réalisé par la compagnie Motus de Daniela Nicolò et Enrico Casagrande, d'après *Petrolio* (*Pétrole*, 1972-1975) et *Teorema* (*Théorème*, 1968) de Pier Paolo Pasolini, et le projet *Ada, cronaca familiare* (*Ada, chronique familiale*, 2002-2006) réalisé par la compagnie Fanny & Alexander de Chiara Lagani et Luigi De Angelis d'après le roman de Vladimir Nabokov *Ada or Ardor: a Family Chronicle* (*Ada ou l'ardeur*, 1969), nous allons nous interroger sur les enjeux du « projet multithéâtral » par rapport à l'intermédialité numérique au théâtre.

▶ This article discusses a theatre creation process which has been systematized by the experimental Italian companies of the "Generation 90," at the beginning of the 21st century, and whose name would be, as we propose, "Multitheater Project": the theatre artist conceives creation as creative process, whether of long or of medium duration, in which he moves forward step by step, not only by producing shows, but also by working with other artistic media. In regard to the history of companies, the application of such a working method happens with the affirmation of the use of digital technologies of sound and vision. In this article, we will raise issues about the relationships between the "Multitheater Project" and digital intermediality in theatres, by considering two examples: the *L'ospite* project (*Le visiteur*, 2003-2004), produced by Daniela Nicolò and Enrico Casagrande's Motus company and inspired by Pier Paolo Pasolini's *Petrolio* (*Pétrole*, 1972-1975) and *Teorema* (*Théorème*, 1968), and the *Ada, cronaca familiare* project (*Ada, chronique familiale*, 2002-2006), produced by Chiara Lagani and Luigi De Angelis' Fanny & Alexander company, based on Vladimir Nabokov's novel *Ada or Ardor: a Family Chronicle* (*Ada ou l'ardeur*, 1969).

Interartialité et remédiation scénique de la peinture

TATIANA BURTIN

▶ Le propos de cet article est d'approfondir la notion d'interartialité, dont l'archéologie a été élaborée par Walter Moser, et d'étendre son application à des cas peu fréquents afin de la mettre à l'épreuve. La théâtralisation de la peinture sur la scène, examinée dans deux spectacles contemporains, «Art» de Yasmina Reza et *Seuls* de Wajdi Mouawad, offre un bon exemple de résistance d'un art à un autre. La mise en scène d'un tableau interroge le statut et le sens de l'œuvre d'art hors du musée, mais aussi la spécificité de l'esthétique théâtrale, et sa capacité à jouer avec la transparence et l'opacité des arts et des médias qu'elle accueille dans son espace. Par la présence du tableau («réelle» ou reproduite par image vidéo) sur la scène, et par la place des autres corps, notamment celui de l'acteur, face à elle, l'art de la peinture permet au spectateur d'appréhender une nouvelle profondeur de la scène, quelque peu oubliée de nos jours par la perception bidimensionnelle des arts de l'image, appréhension qui remet en cause l'esthétique théâtrale de la distance et de l'illusion.

▶ This article aims to go deeper into the notion of "interartiality"—the archeology elaborated by Walter Moser—and to extend its applications to rare examples, in order to put it to the test. The theatricalization of painting on stage, as seen in two contemporary shows, Yasmina Reza's *"Art"* and Wajdi Mouawad's *Seuls*, is a good example of resistance from an art to another. The *mise en scène* of a picture questions the status and the signification of works of art outside the museum, but it also questions the very specificity of theatrical aesthetic, with its capacity to play with the opacity and transparency of the arts and media that are engaged in its space. Facing the presence of a painting on stage, whether real or video reproduced, and that of the actor, the spectator experiences a new depth of the stage, one that has been slightly forgotten nowadays, with the bidimensional perception of the arts of the image. This experience questions in turn a theatrical aesthetic based on distance and illusion.

Digital Multivocality and Embodied Language in Theatrical Space

207

MICHAEL DARROCH

▶ Cet article examine la variation du rapport entre la voix humaine et l'espace théâtral. Les progrès quant aux technologies du son numérique modifient la matérialité de la voix, et donc la médialité du théâtre contemporain. Le théâtre occidental — qui s'est développé en parallèle avec le passage d'une société orale à une société de l'écrit influencée par l'image — est demeuré un médium principalement visuel qui ravale sans cesse l'oralité. Les nouveaux médias des 19ᵉ et 20ᵉ siècles ont suscité plusieurs essais de « théâtre total », dans lequel on cherchait généralement à retirer la voix et le langage de l'environnement théâtral. En considérant les récentes œuvres multivocales de l'artiste québécoise Marie Brassard, l'auteur montre comment les technologies sonores contemporaines redéfinissent les possibilités de la voix au théâtre, laquelle permet, comme l'affirme McLuhan, « de faire interagir les sens » au sein d'un nouvel espace acoustique.

▶ This paper investigates the changing relation of the human voice to theatrical space. Innovations in digital sound technologies are reconfiguring the materiality of the voice and, consequently, the mediality of contemporary theatre. Western theatre, which developed alongside the shift from an oral to a visually-oriented, literate society, has largely remained a visual medium that continually subsumes orality. New media of the 19th and 20th centuries prompted various proposals for a "total theatre," which generally worked towards removing voice and language from the theatrical environment. Drawing upon the recent multivocal works of Quebec artist Marie Brassard, the author proposes that today's digital sound technologies are redrawing the possibilities for voice in a theatre that enables, in McLuhan's terms, the constant "interplay of the senses" within a new acoustic space.

Quand le son écoute la scène.
Une exploration inédite de la matière théâtrale

MARIE-MADELEINE MERVANT-ROUX

▶ Dans un certain nombre de performances théâtrales récentes, l'intensification de l'expérience du spectateur est de nature perceptive. L'article développe l'hypothèse selon laquelle l'articulation encore brute et tâtonnante de deux médias : le médium archaïque qu'est le théâtre et le médium à l'état naissant qu'est l'« écriture » [ou la « composition »] « sonore », peut provoquer, par ruptures, fractures, « *disruptions* », un renouvellement profond de la relation à la performance scénique. Après avoir présenté quelques exemples, l'auteur suggère de situer la source de cette inventivité intermédiale dans les années 1980, moment où le théâtre se redéfinit comme lieu d'élaboration de véritables images, par le biais de l'écoute active d'une aire de jeu à la fois bruitée et vocalisée. Ce sont désormais les ingénieurs, concepteurs, manipulateurs du son qui ont l'idée — et les moyens — d'organiser l'écoute du théâtre, devenant ainsi de nouveaux médiateurs entre la scène et le public.

▶ The intensification of the spectator's experience is perceptual in several recent theatrical performances. This article proposes that the articulation of two media still raw and groping—the archaic medium of theatre and the emerging media that is "audio" "writing" or "composing"—could create, through fractures, ruptures and "disruptions," a deep renewal of our relationship with stage performances. I will consider some examples before suggesting that such an intermedial inventivity originates from the 1980s, a moment when theatre was redefined as a place for the elaboration of real images through the active listening of an area of play both vocalized and augmented with sound effects. Thus, it is now the engineers, the designers and technicians of sound that have the idea—and the means—to organize the theatrical listening experience, thereby becoming the new mediators between the stage and the audience.

Sense & Sensation: the Act of Mediation and its Effects

JULIE WILSON-BOKOWIEC ET MARK BOKOWIEC

▶ Qu'arrive-t-il lorsque nous faisons l'intermédiaire, que nous faisons médiation ? Quels sont les effets de la médiation sur le corps ? Sommes-nous modifiés par la technologie ? Cet article examine le cas unique d'une perception au modèle croisé qui s'est révélée être associée à des épisodes d'expression kinésonique aiguë lors de performances numériques interactives en temps réel. La fonction et la signification d'une perception au modèle croisé sont considérées à la lumière de la pratique des deux auteurs (laquelle implique le *Bodycoder System*) tout comme à celle de recherches récentes sur la perception corporelle de soi et sur les effets sensoriels des nouvelles technologies en neuroscience. Nos découvertes empiriques apparaissent sur le fond d'un débat théorique qui implique autant la notion d'*organicité* de John Cage que la description sensuelle que fait Gilles Deleuze de la *capture*, en opposition à la menace posée par les télécommunications envers la *stabilité morphologique de la réalité*, comme le propose Paul Virilio. Les auteurs soutiennent dans cet article que la perception au modèle croisé, les délocalisations sensorielles, les effets compensatoires et synesthésiques d'une association de plus en plus étroite et signifiante entre l'humain et le technologique ne représentent peut-être pas, tel qu'on le craint souvent, une perte ou un dérangement de la réalité perceptive; ils soulignent plutôt la détection d'une aptitude humaine demeurée jusqu'ici inconsciente.

209

► What happens when we mediate? What are the effects of mediation on the body? Are we being altered by technology? This article examines the unique occurrence of cross-model perception found to be associated with moments of acute kinaesonic expression in real-time interactive digital performance. The function and significance of cross-model perception is discussed in the light of the author's practice with the Bodycoder System and new research into bodily self-consciousness and the sensory effects of new technology within the area of the neurosciences. Empirical findings are framed by a broader theoretical discussion that draws on John Cage's notion of *organicity* and Gilles Deleuze's sensual description of *seizure*, in opposition to telecommunication's threat to the *morphological stability of reality* proposed by Paul Virilio. The article argues that cross-model perceptions, sensory mislocations, compensatory and synaesthesic effects of increasingly intimate and significant couplings of humans and technologies may not, as feared, represent a loss or disruption of perceptual reality, but rather indicate the register of a hitherto unconscious human facility.

Oralité

PAUL ZUMTHOR

► Conçu comme une entrée d'encyclopédie historique, cet essai met particulièrement l'accent sur la valeur qualitative de la vocalité, sur le corps comme médium de la voix, sur l'indissociabilité de la parole poétique et du chant, tout autant que du geste. Définie par la performance même, l'oralité y apparaît comme une forme élémentaire de théâtralité. Loin de renvoyer à une oralisation de type archaïque, on prête attention aux techniques de reproduction modernes — disque, bande magnétique, radio, télévision, film… — et à leurs effets de « remédiation » des phénomènes d'oralité. La revendication d'une forte autonomie du fait oral va ici de pair avec l'analyse de ses rapports complexes au monde de l'écrit, tout comme de celle des nouvelles formes d'oralité médiatisée.

▶ Conceived as an article for a historical encyclopedia, this essay puts a singular emphasis on the qualitative value of vocality, on the body as a medium for the voice, on the inseparability of gesture, poetical voice and singing. Defined by performance in itself, orality appears here as an elementary form of theatricality. Instead of going back to archaic oralization, the author considers modern technical means of reproduction — audio record, magnetic tape, radio, television, film… — along with their "remediation" of orality phenomena. The demand for a strong oral autonomy leads to an analysis of the complex relationships of orality with the world of the written, as well as with an analysis of new forms of media orality.

Notices biobibliographiques
Biobibliographical Notes

Julie Wilson-Bokowiec est auteur et performeur. Elle a aussi assuré la mise en scène et la création d'œuvres dramatiques, musicales (opéra) et théâtrales. Elle est présentement chercheuse invitée à la University of Huddersfield.

Mark Bokowiec est compositeur. Il dirige les studios de musique acoustique ainsi que le tout nouveau *Spacialization and Interactive Research Lab* à la University of Huddersfield. Il donne également des cours sur la performance interactive, la composition et la conception d'interfaces et de systèmes.

George Brown travaille au théâtre professionnel et universitaire depuis vingt-cinq ans, occupant depuis ses débuts différents postes, comme celui de metteur en scène ou d'acteur, en passant par chorégraphe de combats. Il dirige le département de Theatre Arts à la Bradley University, après avoir été durant neuf ans professeur de théâtre à la TCU, à Fort Worth au Texas. George Brown a mis en scène plus de quatre-vingt-cinq productions théâtrales aux États-Unis, dans les Caraïbes et en Europe, dont *La Tempête*, *Cyrano de Bergerac* et la première mondiale de Smile Natives, *Smile*, présenté à l'occasion de la Carifesta à Saint-Christophe-et-Niévès. Il a chorégraphié les combats et les scènes de batailles de plusieurs productions, dont *Roméo et Juliette* (pour le théâtre Koleso en Russie), *Les liaisons dangereuses*, *Trojan Women*, *Macbeth* et *Sueño* à Stage West (Texas). Son travail le plus récent, *The Adding Machine* de Elmer Rice, est actuellement très remarqué aux États-Unis.

Tatiana Burtin a obtenu une maîtrise de lettres classiques et une licence d'histoire de l'art à l'Université Paris 1 Panthéon-Sorbonne en 2004. Elle poursuit actuellement un doctorat en littérature comparée à l'Université de Paris X-Nanterre, en cotutelle avec l'Université de Montréal, sur la remotivation du personnage de l'avare au théâtre à l'époque de l'émergence de l'esprit capitaliste, en France et en Angleterre. Elle a présenté ses travaux lors du dernier colloque des jeunes diplômés d'études françaises de la New York University, intitulé

211

«Unbecoming Masters» (mars 2009). Elle a récemment publié un article dans la revue *Communication, lettres et sciences du langage* de l'Université de Sherbrooke, sur le mythe d'Eros et de Psyché dans *Elisabeth Costello* de John M. Coetzee (septembre 2009). Depuis peu, les problématiques liées à l'intermédialité au théâtre ont pris une grande importance dans sa réflexion. Par ailleurs, elle pratique la comédie et la mise en scène en amateur.

MICHAEL DARROCH est professeur assistant au département de Communication, Media and Film à la University of Windsor (Canada). Ses recherches portent sur les théories canadiennes et allemandes des médias et de la matérialité, et se concentrent plus particulièrement sur les pratiques médiatiques et artistiques dans un ensemble de contextes urbains. Ses travaux portant sur divers aspects des médias, des technologies, du théâtre, du langage, du son ou de la traduction, ont été diffusés tant dans des revues savantes que dans des ouvrages collectifs. Il a ainsi contribué au *Canadian Journal of Communication*, en publiant, en 2008, un article intitulé «Bridging Urban and Media Studies: Jaqueline Tyrwhitt and the Explorations Group 1951-1957», ou encore, plus récemment, à *Circulation in the City* (sous la direction d'Alexandra Boutros et de Will Straw), par le biais d'un texte intitulé «Language in the City, Language of the City».

PHILIPPE DESPOIX a obtenu son doctorat de l'École des hautes études en sciences sociales à Paris en 1987, après une double formation scientifique et philosophique. Il a, depuis 1989, enseigné la littérature comparée à la Freie Universität de Berlin ainsi que comme professeur invité à la New York University, à The University of Chicago, sur la chaire d'invité Ernst Cassirer de l'Université de Hambourg, puis au Centre canadien d'études allemandes et européennes (CCEAE) de l'Université de Montréal. Il y est aujourd'hui professeur au département de littérature comparée. Il a, entre autres, publié *Éthiques du désenchantement* (Paris, 1995) et coédité plusieurs volumes de et sur Siegfried Kracauer. Sa dernière monographie s'intitule *Le monde mesuré. Dispositifs de l'exploration à l'âge des Lumières* (Genève, 2005). Ses recherches récentes portent sur la fonction des médias dans les processus mémoriels et de transferts culturels. Le groupe de recherche «Médias et mémoire. Perspectives croisées sur l'Allemagne contemporaine», qu'il a dirigé au CCEAE, a en particulier co-publié : *Arts de mémoire* (Montréal, 2007), le n° 18/1 de *CiNéMAS* autour de la DEFA, ainsi que le n° 11 d'*Intermédialités* consacré à «Travailler (Harun Farocki)».

GERD HAUCK est diplômé des universités de Heidelberg, de Sussex, de Cambridge et de Toronto. Il a enseigné à la University of Cambridge et à la University of Toronto. Parmi ses publications académiques, on compte des articles sur l'histoire du théâtre, sur la dramaturgie et sur l'intermédialité, ainsi qu'un livre sur Samuel Beckett. Au cours des six dernières années, ses recherches — à la fois pratiques et théoriques — ont principalement consisté en une exploration des nombreuses convergences entre les médias numériques et la pratique théâtrale. En collaboration avec des collègues d'autres universités, il a produit plusieurs performances télématiques convergentes (lesquelles ont remporté plusieurs prix) impliquant des acteurs et des audiences en direct et en simultané, à partir d'endroits parfois séparés de plusieurs milliers de kilomètres. Le *Globe and Mail* a décrit sa plus récente création, *Alice (Experiments) in Wonderland*, comme « l'un des plus ambitieux projets de théâtre expérimental jamais conçus ». Depuis 2006, Hauck occupe une chaire départementale à la University of Waterloo.

213

JOHANNE LAMOUREUX est professeur titulaire au Département d'histoire de l'art et d'études cinématographiques de l'Université de Montréal. Elle a été commissaire invitée au Musée national des beaux-arts du Québec (*Irene F. Whittome. Bio-fictions* en 2000 et *Doublures* en 2003) et co-commissaire avec Charlie Hill et Ian Thom de l'exposition *Emily Carr : Nouvelles Perspectives* (2006-2008). Elle est l'auteur de *Profession : historienne de l'art* (Presses de l'Université de Montréal, 2007) et coéditrice avec Christine Ross et Olivier Asselin de *Precarious Visualities : New Perspectives on Identification in Contemporary Art and Visual Culture* (McGill-Queen's University Press, 2008). Ses travaux les plus récents portent sur les rapports entre la viande et la modernité.

JEAN-MARC LARRUE est directeur adjoint du Centre de recherche sur l'intermédialité (CRI) de l'Université de Montréal et professeur de théâtre au Collège de Valleyfield. Ses recherches portent sur le théâtre, la modernité et les médias. Il a notamment écrit, seul ou en collaboration, *Le théâtre yiddish à Montréal* (JEU), *Les nuits de la « Main »* (en collaboration avec André-G. Bourassa, VLB), *Le monument inattendu* (HMH-Hurtubise), *Le théâtre à Montréal à la fin du 19ᵉ siècle* (Fides), *Le théâtre au Québec 1825-1980* (avec André-G. Bourassa, Gilbert David et Renée Legris, VLB). Il a également dirigé deux ouvrages collectifs avec Maria S. Horne et Claude Schumacher : *Théâtre sans frontières — Theatre without Frontiers — Teatro sin fronteras* (AITU Press) et *Étudier le théâtre, Studying Theatre, Estudiar el teatro* (AITU Press). Il vient de faire paraître *Vies et morts* *de la création collective — Lives and Deaths of Collective Creation* avec Jane Baldwin et Christiane Page (Boston, Vox Theatri, 2008).

ERICA MAGRIS est sur le point d'obtenir un doctorat en Études théâtrales et Disciplines Linguistiques Modernes à l'Université Sorbonne Nouvelle-Paris 3 et à la Scuola Normale Superiore de Pise, dans le cadre d'une cotutelle européenne. Sa thèse, dirigée par Béatrice Picon-Vallin et Maria Ines Aliverti, porte sur le théâtre italien contemporain en rapport aux technologies audiovisuelles. Elle est chargée de cours à l'Université Sorbonne Nouvelle-Paris 3 et elle collabore à la revue électronique *ateatro*. Ses publications ont paru dans les revues *Théâtre/Public, Ligeia, Coulisses*.

214

MARIE-MADELEINE MERVANT-ROUX est directrice de recherche au CNRS (ARIAS, Atelier de recherches sur l'intermédialité et les arts du spectacle). Ses travaux concernent principalement la figure du spectateur : *L'Assise du théâtre* (1998) ; *Figurations du spectateur* (2006) ; *Du théâtre amateur* (2004). Ses dernières publications sont : *Art et frontalité. Scène, peinture, performance* (*Ligeia*, 2008) et *Claude Régy*, un ouvrage collectif avec DVD-ROM (2008). Elle coordonne pour le CNRS, en partenariat avec le CRI de Montréal, le programme « Intermédialité et spectacle vivant. Les technologies sonores et le théâtre (19e-21e siècles) ».

ROBIN NELSON est professeur de théâtre et de séries télévisées à la Manchester Metropolitan University. Il a publié plusieurs textes portant sur le théâtre et les médias dans des revues comme *Media, Culture & Society, Performance Research, European Journal of Cultural Studies* ou *Journal of British Cinema and Television*. Il est membre fondateur de la revue *Critical Studies in Television* et il a notamment publié les ouvrages *State of Play: Contemporary « High End » TV Drama* (Manchester University Press, 2007), *TV Drama in Transition* (Macmillan, 1997) et, avec Bob Millington, *« Boys from the Blackstuff »: The Making of TV Drama* (Comedia, 1986). Des essais sur *The Sopranos* et *Life on Mars* sont en voie de publication sous forme de chapitres de livre. Robin Nelson a également contribué de manière importante au développement de *Practice as research* (voir *Performance Research*, vol. 11, n° 4, déc. 2006) tout comme à celui du groupe de recherche *IFTR Intermediality, Theatre & Performance*.

PAUL ZUMTHOR (1915-1995), d'origine suisse, fit ses débuts autour de « l'École de Genève » fondée par le comparatiste Albert Béguin et comprenant, entre autres, Georges Poulet et Jean Starobinski. Médiéviste d'envergure internationale, spécialiste de littératures romanes, historien et théoricien du fait littéraire, promoteur du concept de poésie orale, il fut aussi écrivain et poète. Paul Zumthor a connu un parcours universitaire multiple dont les stations principales furent Genève, Paris, Amsterdam et Montréal, où il a été à l'origine du programme de littérature comparée de l'Université de Montréal. Ses principales publications savantes depuis les années 1980 sont : *Introduction à la poésie orale* (1983), *Jeux de mémoire. Aspects de la mnémotechnie médiévale* (1985) ; *La lettre et la voix. De la « littérature » médiévale* (1987) ; *Performance, réception, lecture* (1990) ; *La mesure du monde. Représentation de l'espace au Moyen Âge* (1993) ou encore *Babel ou l'inachèvement* (1997).

215

Protocole de rédaction :

Les auteurs sont priés :
a) de faire parvenir une copie de leur texte par courrier électronique à l'adresse intermedialites@umontreal.ca ;
b) d'inscrire sur la première page de leur manuscrit : 1- le titre de l'article, 2- leur nom ;
c) de fournir un résumé (entre 5 et 10 lignes) de l'article en français et en anglais ;
d) d'annexer à leur texte une notice biobibliographique (environ 5 lignes) indiquant leur statut professionnel et leurs principales publications ;
e) de présenter leur texte dactylographié à double interligne, en Times 12 points, justifié à gauche et à droite, à l'exception des citations, qui doivent être placées en retrait de 1 cm à droite, et des notes en bas de page (les éléments bibliographiques étant intégrés, au fur et à mesure, aux notes), qui devront être présentées en simple interligne ;
f) de présenter les notes et les références textuelles selon le modèle adopté par la revue ;
g) de limiter leur texte à un maximum d'une vingtaine de pages et à un minimum de dix pages.
Pour obtenir une version détaillée du protocole de rédaction, vous pouvez vous reporter au site de la revue.

Orientation de la revue :

Intermédialités est une revue issue du Centre de recherche sur l'intermédialité de l'Université de Montréal (CRI). Fondée par Éric Méchoulan en 2002, elle est dirigée depuis l'été 2006 par Johanne Lamoureux. Les textes qui y sont publiés portent sur l'histoire et la théorie des arts, des lettres et des techniques selon les lignes d'une interrogation intermédiale ou intermédiatique. Les articles regroupés embrassent une diversité d'objets, de supports, et traversent une variété d'axes théoriques et conceptuels.
Le concept d'intermédialité se présentera dans la revue selon trois niveaux d'analyse différents. Il peut désigner, d'abord, les relations entre divers médias (voire entre diverses pratiques artistiques associées à des médias délimités). Ensuite, ce creuset de médias d'où émerge et s'institutionnalise peu à peu un média bien circonscrit. Enfin, le milieu en général dans lequel les médias prennent forme et sens : l'intermédialité est alors immédiatement présente à toute pratique d'un médium. L'intermédialité sera donc analysée en fonction de ce que sont des « milieux » et des « médiations », mais aussi des « effets d'immédiateté », des « fabrications de présence » ou des « modes de résistance ».
La revue, entendant mettre en valeur des pratiques intermédiales actuelles, accorde une place importante à la production artistique. Chaque numéro reçoit la collaboration d'un ou de plusieurs artistes dont une œuvre ou une série d'œuvres inédites sont regroupées dans un dossier qui informe à la fois le sujet spécifique du numéro et les axes de réflexion de la revue.

Politique éditoriale :

La revue *Intermédialités* publie deux « numéros papier » et un « numéro électronique » par année. Chacun de ces numéros regroupe des textes inédits, en français ou en anglais, abordant un même sujet. La revue possède également un laboratoire d'édition qui accueille, une fois par année, sur son site, un nouveau projet électronique. Chaque article publié est accompagné d'un résumé en anglais et en français. Les auteurs qui soumettent un texte à la revue sont tenus de respecter le protocole de rédaction.
Les articles de la revue sont évalués de façon anonyme par deux membres compétents du comité de lecture, puis par le comité de rédaction, à qui revient la responsabilité finale en ce qui a trait à l'acceptation ou au rejet de l'article.

Déjà parus :

n° 1	« Naître », printemps 2003	n° 7	« Filer (Sophie Calle) », printemps 2006
n° 2	« Raconter », automne 2003	n° 8	« Envisager », automne 2006
n° 3	« Devenir-Bergson », printemps 2004	n° 9	« Jouer », printemps 2007
n° 4	« Aimer », automne 2004	n° 10	« Disparaître », automne 2007
n° 5	« Transmettre », printemps 2005	n° 11	« Travailler (Harun Farocki) », printemps 2008
n° 6	« Remédier », automne 2005	n° 12	« Mettre en scène », automne 2008

À paraître :

n° 13 « Programmer », printemps 2009
n° 14 « Bâtir », automne 2009
n° 15 « Exposer », printemps 2010
n° 16 « Rythmer », automne 2010

À lire également sur le site de la revue (www.intermedialites.ca) :
Numéros électroniques
Déjà parus :
n° 1e « Téléphoner », printemps 2006
n° 2e « Réinventer l'histoire : l'uchronie », printemps 2007
À paraître :
n° 3e « Accompagner », automne 2009
n° 4e « Re-dire », printemps 2010

Les dossiers de la revue *Intermédialités*
Viva Paci, *Ce qui reste des images du futur*, hiver 2005, publication conjointe avec la Fondation Daniel Langlois pour l'art, la science et la technologie, www.fondation-langlois.org/flash/f/index.php?Url=CRD/futur.xml.

intermédialités

HISTOIRE ET THÉORIE DES ARTS, DES LETTRES ET DES TECHNIQUES

Déjà parus

nº 1 « Naître », printemps 2003
nº 2 « Raconter », automne 2003
nº 3 « Devenir-Bergson », printemps 2004
nº 4 « Aimer », automne 2004
nº 5 « Transmettre », printemps 2005
nº 6 « Remédier », automne 2005
nº 7 « Filer (Sophie Calle) », printemps 2006
nº 8 « Envisager », automne 2006
nº 9 « Jouer », printemps 2007
nº 10 « Disparaître », automne 2007
nº 11 « Travailler » (Harun Farocki) », printemps 2008
nº 12 « Mettre en scène », automne 2008

À paraître

nº 13 « Programmer », printemps 2009
nº 14 « Bâtir », automne 2009
nº 15 « Exposer », printemps 2010
nº 16 « Rythmer », automne 2010

	Canada*	Étranger*
Numéro individuel	16 $ CAN	22 $ CAN
Abonnement (4 numéros)		
Étudiant	35 $ CAN	50 $ CAN
Individuel	50 $ CAN	65 $ CAN
Institutionnel	120 $ CAN	135 $ CAN

❑ Je désire obtenir le numéro _____ de la revue *Intermédialités*.

❑ Je désire m'abonner à la revue *Intermédialités* pour deux ans à partir de l'année _____.

Nom: _____

Adresse: _____

Institution: _____   Téléphone: _____

Adresse électronique: _____   Nº de l'étudiant: _____

Paiement ci-joint _____ $ CAN.

Chèque** ❑   Mandat-poste** ❑

Carte de crédit: VISA ❑   Master Card ❑

Nº de la carte: └─┴─┴─┴─┴─┴─┴─┴─┴─┴─┴─┴─┴─┴─┴─┴─┘

Date d'expiration: _____

Signature: _____

* Ces montants incluent les frais de transport.
** Chèque ou traite sur une banque canadienne, en dollars canadiens; mandat-poste en dollars canadiens. Veuillez établir chèques et mandats-poste à l'ordre de Revue *Intermédialités*.

Prière d'envoyer le formulaire à: Fides – Service des abonnements, 306, Saint-Zotique Est, Montréal, (Québec) Canada H2S 1L6 • Tél.: 514 745-4290 • Téléc.: 514 745-4299 • Courriel: andres@fides.qc.ca

Pour toute autre information: CRI, Revue *Intermédialités*, Université de Montréal, C.P. 6128, succursale Centre-ville, Montréal (Québec) H3C 3J7, Canada
Site: www.intermedialites.ca
Courriel: intermedialites@umontreal.ca • Tél.: 514 343-2438 • Téléc.: 514 343-2393

www.spiralemagazine.com

Spirale

arts lettres sciences humaines

Abonnements et informations | spiralemagazine@yahoo.com | 514•934•5651

Cinémas est une revue universitaire essentiellement consacrée aux études cinématographiques. Elle entend diffuser des travaux théoriques ou analytiques visant à stimuler une réflexion pluridisciplinaire sur un objet protéiforme en croisant différentes approches, méthodes et disciplines (esthétique, sémiotique, histoire, communications, sciences humaines, histoire de l'art, etc.). Une attention particulière est accordée aux recherches visant à analyser les mutations en cours, tant au sein des pratiques créatrices que des discours théoriques.

La filmologie, de nouveau
Volume 19, numéros 2-3, printemps 2009

Abonnement annuel :
Canada : individuel 30 $; étudiant* 20 $; institutionnel 65 $;
Autres pays : individuel 40 $; étudiant* 30 $; institutionnel 80 $

Chaque numéro simple :
Canada : 14 $; autres pays : 18 $
Chaque numéro double :
Canada : 21 $; autres pays : 25 $
*Joindre photocopie d'une pièce justificative

Revue **Cinémas**
Université de Montréal
C.P. 6128, succursale Centre-ville,
Montréal (Québec), Canada H3C 3J7
Tél. : 343-6111 (poste 3684) et télec. : 343-2393
cinemas@histart.umontreal.ca | www.revue-cinemas.info

Protée est une revue universitaire dans le champ diversifié de la sémiotique, définie comme science des signes, du langage et des discours. On y aborde des problèmes d'ordre théorique et pratique liés à l'explication, à la modélisation et à l'interprétation d'objets ou de phénomènes langagiers, textuels, symboliques et culturels, où se pose, de façon diverse, la question de la signification.

| protee@uqac.ca | www.uqac.ca/protee |
| hôtes : www.erudit.org ; www.puq.uquebec.ca ; www.sodep.qc.ca |

Pour tout renseignement, s'adresser à la revue **Protée** • 555, boulevard de l'Université, Chicoutimi, Québec, Canada (G7H 2B1) • protee@uqac.ca 418-545-5011 (poste 5396) ; télécopieur : 418-615-1202.

PROCHAIN NUMÉRO

• HIVER 2009-2010 •
REGARDS CROISÉS SUR LES IMAGES SCIENTIFIQUES
volume 37 numéro 3

responsable Catherine Allamel-Raffin

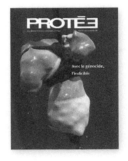

PROTÉE PARAÎT TROIS FOIS L'AN (taxes et frais de poste inclus)

NOM

ADRESSE

CODE POSTAL   TÉLÉPHONE

COURRIEL

CI-JOINT MON PAIEMENT DE _____ $ PAYÉ PAR
○ CHÈQUE   ○ MANDAT-POSTE (CAN$)

CANADA

	1 an	2 ans	3 ans
individu	35 $	63 $	87 $
étudiant	20 $	36 $	51 $
avec copie de la carte étudiante			
institution	40 $	72 $	102 $

ÉTATS-UNIS
> DOLLARS CANADIENS

	1 an	2 ans	3 ans
Individu	40 $	72 $	108 $
institution	54 $	97 $	138 $

AUTRES
> DOLLARS CANADIENS

	1 an	2 ans	3 ans
individu	45 $	81 $	122 $
institution	60 $	108 $	153 $

Paiement par carte de crédit, s'adresser à la Sodep | www.sodep.qc.ca | info@sodep.qc.ca

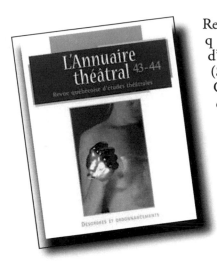

Revue de la Société québécoise d'études théâtrales (SQET) et du Centre de recherche en civilisation canadienne-française de l'Université d'Ottawa (CRCCF), publiée deux fois l'an (en mai et en novembre), *L'Annuaire théâtral* pense le théâtre sous de nouveaux éclairages et privilégie l'histoire contemporaine tout en la contextualisant à la lumière des grandes traditions scéniques et dramaturgiques. Chacun des deux numéros annuels d'environ 190 pages comporte un dossier principal ainsi qu'une section consacrée à des études variées. Des notes de lecture sur des parutions récentes (monographies et périodiques spécialisés) complètent le sommaire.

« Valère Novarina : paroles de théâtre »   42

« Désordres et ordonnancements »   43-44

ABONNEZ-VOUS DÈS MAINTENANT   (1 an, 2 numéros, taxes incluses)

Nom : _____

Adresse : _____

Code postal : _____

Signature : _____

	Canada	À l'étranger
Individu	30 $	35 $
Étudiant*	25 $	30 $
Institution	40 $	45 $

* Une copie de la carte d'inscription est exigée.

Veuillez faire votre chèque ou mandat-poste à l'ordre de l'Université d'Ottawa / *L'Annuaire théâtral* et le faire parvenir avec le bon de commande à l'adresse suivante :

uOttawa

Centre de recherche en
civilisation canadienne-française

L'Annuaire théâtral
CRCCF, 65, rue Université, pièce 041A
Ottawa (Ontario) K1N 6N5
Tél. : 613-562-5800, poste 4007
Téléc. : 613-562-5143
Courriel : annuaire@uOttawa.ca

PROCHAIN NUMÉRO
N° 45
PRINTEMPS 2009

28e
FIFA
FESTIVAL
INTERNATIONAL
DU FILM
SUR L'ART
DU 18 AU 28 MARS 2010
WWW.ARTFIFA.COM

Marquis imprimeur inc.

Québec, Canada
2010